Solução gradual

Carl Honoré

Solução gradual

Tradução de
ANDREA GOTTLIEB DE CASTRO NEVES

1ª edição

CIP-BRASIL. CATALOGAÇÃO NA PUBLICAÇÃO
SINDICATO NACIONAL DOS EDITORES DE LIVROS, RJ

H748s
Honoré, Carl, 1967-
Solução gradual: como resolver problemas de maneira consistente em um mundo cada vez mais veloz / Carl Honoré; tradução de Andrea Gottlieb de Castro Neves. – 1ª ed. – Rio de Janeiro: Record, 2016.

Título original em inglês: The slow fix
ISBN 978-85-01-40167-0
1. Solução de problemas. 2. *Slow movement*. 3. Administração do tempo. I. Título.

13-03570

CDD: 153.43
CDU: 159.955.6

Texto revisado segundo o novo Acordo Ortográfico da Língua Portuguesa.

Título original em inglês:
THE SLOW FIX

Copyright © Carl Honoré, 2013

Todos os direitos reservados. Proibida a reprodução, armazenamento ou transmissão de partes deste livro através de quaisquer meios, sem prévia autorização por escrito.

Direitos exclusivos de publicação em língua portuguesa para o Brasil adquiridos pela
EDITORA RECORD LTDA.
Rua Argentina, 171 – Rio de Janeiro, RJ – 20921-380 – Tel.: (21) 2585-2000, que se reserva a propriedade literária desta tradução.

Impresso no Brasil

ISBN 978-85-01-40167-0

Seja um leitor preferencial Record.
Cadastre-se e receba informações sobre nossos lançamentos e nossas promoções.

Atendimento direto ao leitor:
mdireto@record.com.br ou (21) 2585-2002.

Para Benjamin e Susannah

Não se pode resolver um problema com a mesma consciência que o criou. É preciso aprender a ver o mundo com outros olhos.

Albert Einstein

Sumário

Introdução: Puxando a corda *Andon* — 11

1. Por que a solução rápida? — 29
2. Confissão: A magia dos erros e dos pedidos de desculpas — 45
3. Reflita: Recuar para melhor saltar — 67
4. O pensamento holístico: Ligando os pontos — 83
5. Pense a longo prazo: Planejando hoje o que fazer amanhã — 101
6. Pense pequeno: O diabo está nos detalhes — 123
7. Prepare-se: Pronto para tudo — 141
8. Colabore: Duas cabeças pensam melhor que uma — 153
9. *Crowdsourcing*: A sabedoria das massas — 177
10. Catalisador: O primeiro entre iguais — 199
11. Delegar: Autoajuda (no bom sentido) — 221
12. Sinta: Ajustando o termostato emocional — 245
13. Jogue: Resolvendo problemas um jogo de cada vez — 265
14. Evolua: Já chegamos lá? — 287

Conclusão: Solucionando o futuro gradualmente — 305

Notas — 317
Referências bibliográficas — 329
Agradecimentos — 333
Índice — 335

INTRODUÇÃO

Puxando a corda *Andon*

Pobres dos que não têm paciência!
Que ferimento já se curou sem ter sido por etapas?

William Shakespeare

Em uma sala pequena e sem janelas, numa clínica movimentada da região sul de Londres, um ritual familiar está prestes a começar. Vamos chamá-lo Homem Com Dor nas Costas Visita Especialista.

Talvez você reconheça a cena: as paredes brancas são limpas, exceto por um cartaz de anatomia e algumas manchas de dedos. A lâmpada no teto emite uma luz fluorescente. Paira no ar um leve cheiro de desinfetante. Sobre um carrinho ao lado da mesa de tratamento, agulhas de acupuntura estão dispostas como as ferramentas de um torturador medieval.

Hoje, sou o homem em busca de alívio para dor nas costas. Deito com o rosto virado para baixo, e olhando através de um anel de espuma envolto em papel de seda posso ver a borda de um jaleco branco farfalhando a poucos centímetros do chão. Ele pertence ao doutor Woo, o acupunturista. Embora perto de se aposentar, ele ainda se movimenta com graça. Para as tantas pessoas que mancam em sua sala de espera, ele é um garoto-propaganda dos benefícios da Medicina Tradicional Chinesa.

O doutor Woo está plantando uma pequena floresta de agulhas ao longo da minha coluna. Cada vez que ele fura a pele, ouço um grunhido abafado de triunfo. E a sensação é sempre a mesma: um calor formigante seguido por uma contração estranhamente agradável do músculo. Permaneço imóvel, como uma borboleta vencida diante de um colecionador da era vitoriana.

Depois de inserir a última agulha, o doutor Woo diminui as luzes e me deixa sozinho na penumbra. Pelas paredes finas, posso ouvi-lo conversando com outro paciente, uma jovem, sobre seu problema nas costas. Mais tarde, ele volta para remover as agulhas. Meu humor já está melhorando quando retornamos à recepção. A dor diminuiu e meu corpo se movimenta mais livremente, mas o doutor Woo permanece cauteloso.

"Não se precipite", ele diz. "As costas são complicadas e precisam de tempo para uma cura completa; então, seja paciente." Balanço a cabeça em concordância e olho para o outro lado quando entrego meu cartão de crédito, já sabendo o que vem em seguida. "Você deveria fazer pelo menos mais cinco sessões", ele diz.

Minha reação é a mesma da última vez, a mesma de sempre: marco a próxima consulta enquanto no meu íntimo planejo cancelá-la.

Dois dias depois, precisamente, minhas costas melhoraram o bastante para me levar a cancelar meu retorno, sentindo-me ligeiramente orgulhoso pelo tempo, inconveniência e dinheiro que isso vai poupar. Afinal, quem precisa de várias rodadas de acupuntura? Basta uma para me colocar de volta à ativa.

Ou será que não? Três meses depois, estou outra vez no consultório do doutor Woo, e agora a dor está se refletindo nas minhas pernas. Até mesmo deitar na cama dói.

INTRODUÇÃO: PUXANDO A CORDA *ANDON* 13

Agora é a vez de o doutor Woo ser presunçoso. Enquanto insere as agulhas, ele diz que a impaciência é a inimiga da boa medicina, e então parte para um ataque pessoal. "Alguém como você jamais vai melhorar", diz, mais com pena do que com raiva.

"Porque você é um homem que quer consertar as costas rapidamente." Ai.

Esse é o tipo de diagnóstico que acerta exatamente onde dói. Não apenas sou culpado da acusação — tenho pressa para consertar minhas costas há vinte anos — como também deveria saber que as coisas não funcionam assim. Viajo pelo mundo inteiro falando sobre as maravilhas de reduzir a velocidade, de dedicar o tempo necessário a fazer as coisas o melhor, e não o mais rápido possível. Já fiz meu elogio à lentidão até mesmo em conferências médicas. Mas, embora minha vida tenha sido transformada pela desaceleração, o vírus da pressa continua claramente no meu sangue. Com uma precisão cirúrgica, o doutor Woo me espetou uma verdade inconveniente que evitei durante anos. Quando o assunto é curar minhas costas, continuo viciado na solução rápida.

Meu histórico médico mais parece uma viagem turística com várias paradas. Ao longo das últimas duas décadas, minhas costas foram torcidas, pressionadas e alongadas por uma série de fisioterapeutas, massagistas, osteopatas e quiropráticos. Aromaterapeutas esfregaram bétula, camomila-dos-alemães e óleo de pimenta-do-reino na minha região lombar. Reflexologistas apertaram os pontos de pressão conectados às costas nas solas dos meus pés. Já usei um colete ortopédico, abusei dos analgésicos e relaxantes musculares e gastei uma pequena fortuna em cadeiras ergonômicas, palmilhas e colchões. Pedras quentes, ventosas, correntes elétricas, bolsas térmicas quentes e geladas, cristais, Reiki, ultrassom, ioga, a técnica de Alexander, Pilates — pois é, isso tudo. Cheguei ao ponto de me consultar com uma curandeira brasileira.

Mas nada funcionou. Com certeza tive momentos de alívio ao longo do caminho, mas após duas décadas de tratamento minhas costas continuam doendo — e estão piorando.

Talvez eu simplesmente não tenha encontrado a cura certa para mim. Afinal de contas, outras pessoas conseguiram eliminar as dores nas costas com técnicas do meu plano de tratamento, e até mesmo a curandeira brasileira veio com as melhores referências. Ou talvez — e isso parece muito mais provável — o doutor Woo esteja certo. Em outras palavras, tenho encarado cada um dos tratamentos para a dor nas costas como uma solução rápida, me concentrando nos sintomas sem considerar a raiz do problema, me satisfazendo com o alívio temporário, irritando-me quando o progresso se torna mais lento ou exige mais esforço, antes de partir para outro tratamento num piscar de olhos, como as pessoas obesas que começam uma dieta após outra sem nunca ir até o fim. No dia seguinte, vi um link na internet que anunciava "Terapia Magnética" como uma panaceia para a dor nas costas. Meu primeiro pensamento não foi "Cheiro de falcatrua?", mas sim "Posso encontrar isso em Londres?".

Este não é um livro de memórias das minhas dores nas costas. Nada é mais tedioso do que ouvir outras pessoas se queixando de suas dores e sofrimentos. O que torna a batalha fracassada contra a minha lombar digna de ser explorada é o fato de ela apontar para um problema muito maior que afeta todos nós. Sejamos honestos: quando o assunto é procurar resultados instantâneos, não estou só. Em todos os âmbitos da vida, da medicina e dos relacionamentos aos negócios e à política, somos todos atraídos pelas soluções rápidas.

A busca por atalhos não é algo novo. Há duzentos anos, Plutarco denunciou o exército de charlatões que anunciavam curas milagrosas para os ingênuos cidadãos da Roma Antiga. No fim do século XVIII, casais inférteis faziam fila na esperança de conceber na lendária Cama Celestial de Londres. As instalações amorosas prometiam música romântica, um espelho no teto e um colchão de "trigo novo e doce ou palha de aveia misturada com bálsamo, folhas de roseira e flores de lavanda", além de pelos dos rabos dos melhores garanhões ingleses. Uma corrente elétrica supostamente gerava um campo magnético "calculado para fornecer o nível necessário de força e tenacidade para os nervos". A promessa: concepção instantânea. O custo por uma noite de apalpadas férteis: 3 mil libras na moeda atual.

Hoje, porém, a solução rápida tornou-se o padrão da nossa cultura de avanço acelerado, sob demanda, na qual é só adicionar água e está pronto. Quem tem tempo ou paciência para a deliberação aristotélica e a visão de longo prazo? Políticos precisam de resultados para antes das próximas eleições ou da próxima coletiva de imprensa. Negociantes entram em pânico quando empresários hesitantes ou governos apreensivos não conseguem produzir planos de ação instantâneos. Os websites estão cheios de propagandas anunciando soluções imediatas para qualquer problema conhecido pelo Google: um medicamento à base de ervas para devolver seu apetite sexual; um vídeo para aperfeiçoar sua tacada no golfe; um aplicativo para encontrar o namorado perfeito. Antes, as manifestações sociais nos faziam endereçar envelopes, participar de marchas ou de reuniões nas prefeituras. Agora, a maioria simplesmente clica em "Curtir" ou envia um tweet solidário. No mundo inteiro, médicos são pressionados para curar pacientes às pressas, o que muitas vezes significa prescrever pílulas: a solução rápida consumada. Melancólico? Experimente um Prozac. Dificuldade para se concentrar? Junte-se ao time do Ritalin. Na busca interminável pelo alívio instantâneo, de acordo com uma estimativa, o britânico mediano atualmente consome 40 mil pílulas ao longo da vida.[1] Certamente, não sou o único paciente impaciente na sala de espera do doutor Woo. "A forma mais fácil de ganhar dinheiro atualmente não é curar as pessoas", ele diz. "É vender a promessa da cura instantânea."

Na verdade, gastar dinheiro tornou-se uma solução rápida por si só: uma visita ao shopping tornou-se a cura mais instantânea para a depressão. Fazemos piada sobre "terapia de compras" quando mostramos um novo par de Louboutin ou a última capa para o iPad. A indústria diet transformou a solução rápida num gênero artístico. "Um corpinho para usar biquíni no próximo fim de semana!", alardeiam as propagandas. "Perca 5 kg... em APENAS 3 dias!"

É possível até mesmo comprar uma solução rápida para a sua vida social. Se você precisa de um amigo para acompanhá-lo à academia, um padrinho para o seu casamento ou um tio gentil que torça pelos seus filhos em competições esportivas, ou ainda se quer só um ombro para chorar, pode contratar qualquer um deles numa agência de amigos de aluguel. O preço médio atual por um amigo para lhe fazer companhia em Londres é de 6,50 libras (aproximadamente R$ 20) a hora.

Cada resultado instantâneo sussurra a mesma promessa sedutora de retorno máximo pelo esforço mínimo. O problema é que essa equação não é uma soma. Pense por um momento: beber na fonte da solução rápida está nos fazendo mais felizes, saudáveis e produtivos? Está ajudando a resolver os desafios épicos confrontados pela humanidade neste início de século XXI? Será que realmente existe um aplicativo para tudo? É claro que não. Tentar resolver problemas às pressas, colocando um gesso quando o que se precisa é de uma cirurgia, pode até produzir um alívio temporário — mas geralmente ao preço de postergar problemas maiores. E às vezes as coisas só pioram.

As evidências estão por todos os lados. Mesmo enquanto perdemos quilos com produtos dietéticos que prometem coxas hollywoodianas e abdômens dignos da *Men's Health* a tempo para o verão, as cinturas aumentam ao redor do mundo inteiro. Por quê? Porque não existe essa coisa de "Uma Dica Para Perder a Barriga". Estudos acadêmicos mostram que a maioria das pessoas que perdem peso por meio de dietas recuperam tudo, e na maioria das vezes mais ainda, dentro de cinco anos.[2] Até mesmo a lipoaspiração, uma opção radical na corrida por braços mais finos, pode ser um tiro pela culatra. A gordura drenada das coxas e do abdômen femininos reaparece um ano depois em outro lugar do corpo, como embaixo do braço ou nos ombros.[3]

Às vezes, a solução rápida pode ser pior do que nenhuma solução. Consideremos a "terapia das compras". Comprar a última bolsa da Louis Vuitton pode até melhorar seu humor, mas o efeito geralmente é passageiro. Logo, você estará de volta a uma loja virtual ou ao shopping na tentativa de repetir a sensação agradável — enquanto as contas se amontoam.

Vejamos os danos causados pelo uso exagerado de pílulas. Pesquisas sugerem que quase 2 milhões de americanos atualmente abusam de remédios controlados,[4] com mais de 1 milhão hospitalizado anualmente pelos efeitos colaterais de medicamentos.[5] A overdose de drogas legais hoje é uma das principais causas de morte acidental nos Estados Unidos, onde o mercado negro de medicamentos controlados gerou um aumento considerável no número de roubos armados a farmácias. Até mesmo unidades neonatais estão registrando um pico no número de bebês nascidos de mulheres viciadas em analgésicos. E não é um quadro bonito: em crise de abstinência, os recém-nascidos choram, se debatem e vomitam, esfregam os narizes com força e têm dificuldade para se alimentar e respirar.

Certamente, não podemos resolver problemas só com dinheiro. Em 2008, para resolver o problema da baixa eficiência de suas escolas públicas, a cidade de Nova York começou a estabelecer uma relação entre a renda dos professores e o desempenho dos alunos.[6] Depois de desembolsar mais de 35 milhões de dólares ao longo de três anos, os representantes da cidade suspenderam o programa, que não gerou mudanças nem no rendimento nos exames nem nos métodos de ensino. Acontece que a recuperação de uma escola em decadência, como veremos mais à frente, é algo complicado, que requer muito mais que a mera distribuição de bônus em dinheiro.

Até mesmo nos negócios, em que a velocidade geralmente é uma vantagem, nossa preferência pelas soluções rápidas está gerando consequências indesejáveis. Quando companhias se veem em maus lençóis, ou sob pressão para gerar lucros ou obter um aumento no preço das ações, a reação instintiva na maioria das vezes é enxugar gastos. Mas demitir funcionários às pressas raramente compensa. Pode deixar uma companhia vazia, desmoralizar os funcionários que ficaram e afugentar clientes e fornecedores. Com frequência, essa estratégia deixa problemas mais profundos intocados. Após trinta anos de estudos longitudinais e transversais, Franco Gandolfi, professor de gestão, chegou a uma conclusão definitiva: "De maneira geral, os efeitos financeiros do corte de gastos são negativos."[7]A ascensão e queda da Toyota servem de lição. A fabricante de carros japonesa conquistou o mundo atacando obsessivamente os problemas na raiz. Quando algo dava errado na linha de montagem, até mesmo o funcionário de nível hierárquico mais baixo podia puxar uma corda, conhecida como corda *Andon*, que fazia soar uma campainha e acendia uma lâmpada ("andon" significa "lanterna de papel" em japonês). Como bebês que estão começando a engatinhar, a equipe, então, passava a se perguntar "Por quê? Por quê? Por quê?" repetidas vezes até chegar à raiz do problema. Em todos os casos, eles encontravam uma solução permanente.

No entanto, tudo mudou quando a Toyota mergulhou de cabeça numa corrida para tornar-se a principal fabricante do mundo.

INTRODUÇÃO: PUXANDO A CORDA *ANDON*

A gestão passou a ignorar os limites de sua capacidade, perdeu o controle da cadeia de fornecimento e não dava mais atenção aos alertas que vinham do chão de fábrica. Eles começaram a apagar incêndios sem se perguntar qual havia sido a causa.

Resultado: um recall de mais de 10 milhões de veículos defeituosos que deixou a reputação da companhia em frangalhos, levou à perda de bilhões de dólares em lucros e desencadeou um bombardeio de ações legais. Em 2010, depois de muitas críticas, Akio Toyoda, presidente da companhia, explicou ao Congresso americano como a Toyota perdera o prestígio: "Buscamos um crescimento que estava além da velocidade na qual éramos capazes de desenvolver nossa equipe e nossa organização." Tradução: paramos de puxar a corda *Andon* em favor da solução rápida.

Vemos casos semelhantes nos esportes profissionais. Quando um time está em baixa e o clamor por uma reviravolta deixa a arquibancada e a mídia exaltadas, a diretoria recorre à solução mais antiga do livro de estratégia: demitir o treinador e contratar outro. À medida que o mundo fica cada vez mais impaciente, a pressão por resultados no campo tornou-se frenética. Desde 1992, a média de tempo que um técnico ocupa o cargo no futebol profissional inglês caiu de três anos e meio para um ano e meio. Em ligas inferiores, a norma agora é de seis meses a um ano. Entretanto, transformar o posto do técnico numa porta giratória não é a forma mais eficiente de se administrar um time.[8] Pesquisas acadêmicas mostram que a maioria dos novos técnicos oferece não mais do que uma rápida lua de mel de bons resultados — após alguns jogos, o desempenho do time geralmente volta ao mesmo patamar de antes da troca, ou ainda piora. É exatamente como as pessoas com problema de peso que recuperam todos os quilos perdidos depois de uma dieta radical.

O mesmo acontece na guerra e na diplomacia. A coalizão liderada pelos Estados Unidos fracassou em suceder a invasão baseada na doutrina militar de choque e pavor do Iraque com planos apropriados de longo prazo para a reconstrução do país. Quando as tropas ocidentais se reuniram na fronteira, Donald Rumsfeld, então secretário de Defesa dos Estados Unidos, deu uma roupagem moderna ao velho bordão de que os soldados estariam "em casa para o Natal". De acordo com ele, a guerra no Iraque "poderia durar seis dias, seis semanas. Duvido que chegue a seis meses." O que se seguiu foram anos de caos, carnificina e insurreições, que culminaram numa retirada ignóbil após uma missão cumprida pela metade. Na linguagem maliciosa das Forças Armadas americanas, as altas patentes ignoram a regra sagrada dos sete Ps: "Prior Planning and Preparation Prevents Piss-Poor Performance" [planejar e preparar com antecedência evita um desempenho lamentável].

Até mesmo a indústria tecnológica, esse grande motor de velocidade, está aprendendo que nem todos os problemas podem ser resolvidos pelo simples aumento da capacidade de processamento de dados e pela escrita de algoritmos melhores. Recentemente um time de especialistas de TI entrou na sede da Organização Mundial de Saúde, em Genebra, com a missão de erradicar doenças tropicais como a malária e a dracunculose. Foi um choque cultural. O Departamento de Doenças Tropicais fica a 1 milhão de milhas de distância dos luxuosos escritórios do Vale do Silício. Fichários e bandejas de correspondência cinzentos sob pilhas de pastas percorrem um corredor pouco iluminado. Um bilhete amarelado escrito à mão dizendo "Hors Service" (com defeito) está colado no coletor de moedas da máquina de bebidas. Acadêmicos de sandálias trabalham tranquilamente em escritórios com ventiladores de teto. O lugar lembra o departamento de sociologia de uma universidade com insuficiência de recursos, ou um posto distante de um país emergente. Como a maioria dos especialistas daqui, Pierre Boucher achou a arrogância dos intrusos da TI ao mesmo tempo chocante

INTRODUÇÃO: PUXANDO A CORDA *ANDON*　　**21**

e divertida. "Esses caras da tecnologia chegaram com seus laptops e disseram: 'Nos dê os dados e os mapas e vamos resolver isso para vocês', e eu só pensei 'Vão mesmo?'", ele diz, com um sorriso amargo. "Doenças tropicais são um problema incrivelmente complexo, impossível de resolver com apenas um teclado."

"E os supernerds fizeram algum progresso?", pergunto.

"Não, absolutamente nada", diz Boucher. "No fim das contas, foram embora e nunca mais tivemos notícias deles."

Bill Gates, o sumo sacerdote das soluções rápidas, aprendeu a mesma lição. Em 2005, ele desafiou os cientistas do mundo a desenvolverem planos para os maiores problemas da saúde mundial o mais rápido possível. A Bill and Melinda Gates Foundation doou 458 milhões de dólares a 45 das mais de 1.500 propostas com que foram bombardeados. Havia discussões frenéticas, por exemplo, sobre a criação de vacinas que não precisariam de refrigeração dentro de cinco anos. Entretanto, cinco anos depois, as discussões haviam se tornado bem mais moderadas. Até mesmo os projetos mais promissores ainda estavam muito longe de produzir soluções reais. "Fomos ingênuos no começo", admitiu Gates.

A moral da história está clara: a solução rápida é o caminho errado a se tomar. Sozinho, nenhum algoritmo jamais resolveu um problema de saúde global. Compras impulsivas não transformam vidas. Nenhuma droga é capaz de curar uma doença crônica. Não há caixa de chocolate que conserte um relacionamento em crise. Nenhum DVD educacional pode transformar uma criança em um Einstein mirim. Nenhuma Conferência TED mudou o mundo. Nenhum ataque com aviões não tripulados conseguiu eliminar grupos terroristas. É sempre mais complicado.

Para onde quer que olhemos — na saúde, na política, na educação, nos relacionamentos, nos negócios, na diplomacia, nas finanças, no meio ambiente —, os problemas que enfrentamos são mais complexos e urgentes do que em qualquer outra época. Desempenhos lamentáveis não são mais uma opção. Chegou a hora de resistir à tentação das soluções mal planejadas e dos paliativos de curto prazo para começarmos a consertar as coisas do modo certo. Precisamos encontrar novas e melhores formas de lidar com todos os tipos de problemas. Temos de aprender a arte da Solução Gradual.

Este é o momento em que precisamos definir nossos termos. Nem todos os problemas surgem da mesma forma. Alguns podem ser resolvidos com soluções rápidas e simples. A inserção de uma única linha de código pode resolver o problema de uma página da web que está prejudicando o funcionamento da sua companhia. Quando alguém está engasgado, a manobra de Heimlich pode liberar o objeto alojado na traqueia e salvar a vida da vítima. Meu foco neste livro é um tipo completamente diferente de problema, no qual os parâmetros são indistintos e inconstantes, quando pode não haver uma resposta certa e o comportamento humano faz a diferença. Pensemos nas mudanças climáticas, na epidemia de obesidade ou numa companhia que tem um crescimento tão grande a ponto de ser prejudicial.

Em casos como esses, a solução rápida se concentra nos sintomas, e não na raiz do problema. Seu foco são os alívios de curto prazo, e não a cura definitiva. Os franceses chamam isso de "solução da sorte"; os argentinos "amarram tudo com arame"; em inglês, falamos em "curas com band-aid" e "soluções com fita adesiva". Os finlandeses fazem piada sobre consertar um pneu furado com chiclete. A palavra hindu "jugaad" significa resolver problemas — da montagem de carros ao conserto de bombas hidráulicas — usando qualquer sucata disponível. Minha metáfora favorita para a insensatez das soluções rápidas é a expressão coreana "fazer xixi numa perna congelada": o calor da urina produz um alívio instantâneo, mas logo é substituído por uma dor terrível quando o líquido congela na perna.

Então, o que é a Solução Gradual? Essa é a pergunta que responderemos nas páginas seguintes. Mas já está claro que ela se baseia numa virtude atualmente rara: a paciência.

Sam Micklus sabe disso melhor que a maioria das pessoas. Ele é o fundador da Odyssey of the Mind (Odisseia da Mente), a coisa mais parecida com uma olimpíada de resolução de problemas que temos. Anualmente, estudantes de 5 mil escolas do mundo inteiro são desafiados a resolver um de seis problemas selecionados pelo próprio Micklus. Eles podem ter que construir com pau-de-balsa uma estrutura capaz de suportar um determinado peso, encenar uma peça em que um alimento tem que se defender da acusação de não ser saudável, ou criar uma representação dos tesouros arqueológicos do passado e do futuro. Equipes se enfrentam em competições regionais e depois nacionais para ganhar um lugar nas Finais Mundiais. A NASA é a principal patrocinadora da Odyssey of the Mind, mandando representantes à procura de talentos para o evento.

Converso com Micklus nas Finais Mundiais de 2010 em East Lansing, Michigan. Professor aposentado de desenho industrial de Nova Jersey, ele atualmente mora na Flórida, e é a imagem consumada do aposentado americano, com seus sapatos confortáveis, cabelos brancos e bronzeado leve. Nas Finais Mundiais, porém, cercado pela agitação das crianças que vestem fantasias e fazem os últimos ajustes em suas apresentações para os juízes, ele mais parece um menino na manhã de Natal. Todos o chamam carinhosamente de doutor Sam.

Ao longo de trinta anos no comando da Odyssey of the Mind, Micklus viu o culto à solução rápida dominar a cultura popular. "O grande problema atualmente é que ninguém quer mais esperar nada", ele diz. "Quando peço às pessoas que pensem em um problema por pelo menos um ou dois minutos, dez segundos depois elas já estão consultando os relógios."

Ele bebe um pouco de água numa garrafa de plástico e olha ao redor no gigantesco ginásio onde conversamos. Parece os bastidores de um musical do West End, com crianças correndo de um lado para outro, gritando instruções, montando acessórios de palco e testando jangadas surpreendentemente elaboradas. Os olhos de Micklus repousam sobre um grupo de meninas de 11 anos que se esforça para consertar uma corrente defeituosa em seu trailer de acampamento feito em casa.

"Até mesmo aqui, nas Finais Mundiais, onde falamos sobre os melhores solucionadores de problemas do futuro, as crianças ainda querem agarrar a primeira ideia que surge e começar a trabalhar nela imediatamente", ele diz. "Mas a sua primeira ideia raramente é a melhor, e até encontrar a solução certa para um problema e a colocar em prática podem ser necessárias semanas, ou até mais."

Ninguém, nem mesmo Micklus, acredita que temos de resolver todos os problemas lentamente. Há ocasiões — quando é preciso enfaixar o ferimento de um soldado no campo de batalha ou resfriar um reator nuclear no Japão, por exemplo — em que se sentar com a mão no queixo para ponderar sobre o quadro geral no longo prazo não é uma opção. Nesses momentos, temos que recorrer ao nosso lado MacGyver, pegar a fita adesiva e improvisar uma solução imediata. Quando os astronautas da Apollo 13 contataram Houston sobre seu "problema" em 1970, os especialistas responsáveis pela missão da NASA não iniciaram um inquérito completo para averiguar o que causou a explosão dos tanques de oxigênio da nave espacial. Em vez disso, arregaçaram as mangas e trabalharam sem parar até encontrar a solução mais rápida para modificar os filtros de dióxido de carbono e permitir que os astronautas pudessem usar o módulo lunar como um bote salva-vidas. Em 40 horas, os solucionadores de problemas de Houston encontraram uma solução engenhosa: usar materiais a bordo da nave, como papelão, as mangueiras dos trajes, sacos de plástico para estocagem e até mesmo fita adesiva.[9] Não foi uma solução permanente, mas trouxe a tripulação da Apollo 13 para casa sã e salva. Depois disso, a NASA puxou a corda *Andon*, tendo dedicado milhares de horas para descobrir o que exatamente deu errado nos tanques de oxigênio e desenvolver uma Solução Gradual com o objetivo de garantir que eles não voltassem a explodir.[10]

Mas quantos de nós seguimos o exemplo da NASA? Quando uma solução rápida reduz os sintomas de um problema, como aquela sessão de acupuntura fez com a minha dor nas costas, nossa vontade de puxar a corda *Andon* tende a diminuir. Depois que uma onda gigantesca de dívidas ameaçou torpedear a economia mundial em 2008, governos do mundo inteiro liberaram pacotes emergenciais no total de 5 trilhões de dólares, e essa foi uma solução imediata necessária. Assim que a ameaça de um desastre global diminuiu, porém, o mesmo aconteceu com a determinação para encontrar uma solução definitiva. Em todos os lugares, os políticos fracassaram em empreender a reforma completa capaz de proteger o mundo do Apocalipse Financeiro 2: Continuação.

Muitas vezes, quando uma solução rápida não dá certo, prometemos mudar, mas acabamos repetindo os mesmos erros. "Mesmo quando é preciso uma mudança mais fundamental, as pessoas ainda assim recorrem à solução rápida", diz Ranjay Gulati, professor de administração de empresas da Harvard Business School. "Parecem estar produzindo os sons certos e dando os passos corretos, mas não conseguem ir até o fim, e o que começa como uma solução gradual acaba sendo só mais uma solução rápida. É um problema comum."

A BP é um bom exemplo. Em 2005, a refinaria da companhia no Texas explodiu, matando 15 funcionários e ferindo outros 180. Menos de um ano depois, um vazamento foi identificado em duas ocasiões diferentes num trecho de 25 km de oleoduto corroído da companhia na costa do Alaska. Tendo ocorrido num espaço tão curto de tempo, os dois incidentes deveriam ter sido um alerta de que anos de não observância das normas haviam começado a produzir efeitos. Em 2006, John Browne, então presidente executivo da BP, aparentemente concordou que a época das soluções rápidas havia chegado ao fim. "Precisamos redefinir nossas prioridades", ele anunciou. "E a primeira tarefa é analisar as coisas que aconteceram, consertá-las e entendê-las. Não podemos compreendê-las apenas superficialmente, vamos resolver a raiz do problema."

Porém, isso nunca aconteceu. Em vez disso, a BP insistiu na mesma prática, tendo recebido uma enorme quantidade de repreensões oficiais e uma multa considerável por não ter cumprido a promessa de Browne. Em abril de 2010, a companhia pagou o preço pela sua arrogância quando a plataforma Deepwater Horizon explodiu, matando 11 funcionários, ferindo outros 17, e no fim das contas provocando o derramamento de mais de 200 milhões de galões de petróleo bruto no Golfo do México — o pior desastre ambiental da história dos Estados Unidos.

O fiasco da BP serve para nos lembrar de quão viciante e arriscada a solução rápida pode ser. Mesmo quando vidas e grandes quantias de dinheiro estão em jogo, quando tudo sofre, desde a nossa saúde e nossos relacionamentos até nosso trabalho e o meio ambiente, enquanto somos bombardeados por evidências de que o caminho para o desastre é preparado por soluções band-aid, continuamos gravitando ao redor da solução rápida como moscas em volta de uma lâmpada.

A boa notícia é que podemos pôr fim nesse vício. Não importa qual seja o seu estilo de vida, um número cada vez maior de pessoas está começando a aceitar que, quando precisamos resolver problemas complexos, o caminho mais rápido nem sempre é o melhor, que as melhores soluções surgem quando investimos tempo, empenho e recursos o bastante — em outras palavras, quando reduzimos o ritmo.

Há muitas perguntas a serem respondidas neste livro. O que é a Solução Gradual? É a mesma receita para todos os problemas? Como saber quando um problema foi resolvido corretamente? Acima de tudo, como podemos colocar a Solução Gradual em prática num mundo viciado em velocidade?

Para responder a essas perguntas, viajei pelo mundo, conhecendo pessoas que estão adotando uma nova abordagem para a solução de problemas complexos. Visitaremos o prefeito que revolucionou o transporte público em Bogotá, Colômbia; conversaremos com o agente penitenciário e os presidiários de uma prisão de alta tecnologia da Noruega; descobriremos como os islandeses estão reinventando a democracia. Algumas das soluções que encontraremos podem funcionar na sua vida, na sua organização ou na sua comunidade, mas o objetivo é ir muito além. É expor lições universais sobre como encontrar a melhor solução quando tudo dá errado. Isso significa identificar os denominadores comuns de problemas que aparentemente parecem não ter nenhuma relação. Que lições, por exemplo, os mediadores da paz no Oriente Médio podem tirar do sistema de doação de órgãos da Espanha? Como o programa de regeneração de uma comunidade no Vietnã pode ajudar a aumentar a produtividade de uma companhia no Canadá? Que ideias os pesquisadores franceses que estão tentando reinventar a garrafa d'água podem tirar da reabilitação de uma escola em decadência de Los Angeles? O que todos podemos aprender com a equipe de resolução de problemas da NASA, com os jovens solucionadores da Odyssey of the Mind ou com os aficionados por jogos eletrônicos que gastam bilhões de horas resolvendo problemas online?

Este livro também é uma busca pessoal. Após anos de falsos despertares e medidas deficientes, de atalhos e distrações, quero realmente entender qual é o problema das minhas costas. Será a minha alimentação? Minha postura? Meu estilo de vida? Será que existe uma raiz psicológica nesse sofrimento ortopédico? Finalmente, estou pronto para reduzir o ritmo e fazer o trabalho pesado necessário para consertar minhas costas de uma vez por todas. Sem curas com fita adesiva, band-aid ou chiclete. Chega de fazer xixi em pernas congeladas.

Chegou a hora da Solução Gradual.

1

Por que a solução rápida?

I want it all, and I want it now
(Quero tudo, e quero agora)

Queen, banda de rock

A Igreja de São Pedro parece intocada pelo turbilhão de impaciência do centro de Viena. Ela fica localizada numa praça estreita, distante das barulhentas ruas comerciais que cruzam a capital da Áustria. Prédios agigantam-se de todos os lados como soldados fechando a linha de defesa. Os visitantes, na maioria das vezes, passam por aqui sem sequer se darem conta da maravilhosa fachada barroca e das belíssimas cúpulas verdes da igreja.

Atravessar as imensas portas de madeira é como passar por um buraco de minhoca para um tempo em que havia poucas razões para pressa. Cantos gregorianos sussurram de alto-falantes ocultos. Velas lançam uma luz tremeluzente sobre as peças douradas que enfeitam o altar e as pinturas da Virgem Maria. O cheiro do incenso adocica o ar. Uma escadaria de pedra, sinuosa e desgastada, leva a uma cripta que data de mil anos atrás. Com paredes espessas para bloquear o sinal dos celulares, o silêncio parece quase metafísico.

Vim à Igreja de São Pedro para discutir as vantagens de fazer as coisas devagar. É um evento para negociantes, mas também há alguns clérigos presentes. No final, quando a maioria dos convidados já saiu para a noite vienense, monsenhor Martin Schlag, resplandecente em sua capa púrpura, aproxima-se com um pouco de timidez para fazer uma confissão. "Enquanto você falava, de repente percebi como é fácil para todos nós sermos infectados pela impaciência do mundo moderno", ele diz. "Ultimamente, devo admitir, tenho rezado rápido demais."

Nós dois rimos da ironia de um homem do clero se comportando como um homem de terno, mas sua transgressão serve para mostrar como a solução rápida penetrou na sociedade. Afinal de contas, a oração pode ser o ritual mais antigo para a resolução de problemas. Ao longo da história e através de diferentes culturas, nossos ancestrais recorreram a deuses e espíritos em tempos de necessidade, procurando ajuda para resolver tudo, de enchentes à fome, seca e doenças. Se as orações podem ou não realmente resolver problemas é uma questão de debate, mas uma coisa está clara: nenhum deus dá prioridade a quem reza mais rápido. "A oração não deve ser um atalho", diz monsenhor Schlag. "O objetivo da oração é acalmar, ouvir, refletir profundamente. Se você ora com pressa, a oração perde seu sentido e poder. Torna-se uma solução rápida vazia."

Se quisermos começar a resolver problemas meticulosamente, em primeiro lugar precisamos compreender nossa atração fatal por soluções rápidas. Precisamos saber por que até mesmo pessoas como monsenhor Schlag, que devotam a vida à contemplação serena em lugares como a Igreja de São Pedro, ainda cedem aos encantos das soluções rápidas. Será que, de alguma forma, estamos condicionados a recorrer à fita adesiva? A sociedade moderna tornou mais difícil resistirmos a fazer xixi em pernas congeladas?

Depois do meu encontro com o monsenhor, procuro um especialista secular no funcionamento do cérebro humano. Peter Whybrow é psiquiatra e diretor do Semel Institute for Neuroscience and Human Behavior, na Universidade da Califórnia, em Los Angeles. Ele também é o autor de um livro chamado *American Mania*, que explora como o cérebro que ajudou os primeiros homens a sobreviverem num mundo de privação nos torna suscetíveis a ter uma alimentação inadequada na era moderna da abundância. Assim como vários outros especialistas do campo da neurociência, ele acredita que nosso vício em soluções rápidas possui raízes psicológicas.

O cérebro humano possui dois mecanismos básicos para resolver problemas, comumente conhecidos como Sistema 1 e Sistema 2. O primeiro é rápido e intuitivo, quase como pensar sem pensar. Quando vemos um leão nos observando na outra margem de um lago, nosso cérebro instantaneamente mapeia a melhor rota de fuga e nos faz correr nessa direção. Solução rápida. Problema resolvido. Entretanto, o Sistema 1 não é usado só em situações de vida ou morte. Ele é o atalho que usamos para navegar em nossa vida diária. Imagine se você tivesse que tomar cada decisão, desde qual sanduíche comprar a retribuir ou não o sorriso de um estranho atraente no metrô, depois de uma análise profunda e de autorreflexão. A vida seria insuportável. O Sistema 1 nos poupa desse problema.

Por outro lado, o Sistema 2 é lento e ponderado. É a reflexão consciente que fazemos quando requisitados a calcular 23 vezes 16 ou analisar os possíveis efeitos colaterais de uma nova política social. Envolve o planejamento, a análise crítica e o pensamento racional, e é guiado por partes do cérebro que se desenvolvem até a adolescência: por isso as crianças gostam de gratificações instantâneas. Não é de surpreender que o Sistema 2 consuma mais energia.

O Sistema 1 era compatível à vida no passado distante. Nossos primeiros ancestrais apresentavam uma necessidade menor de refletir profundamente ou desenvolver pontos de vista de longo prazo. Eles comiam quando tinham fome, bebiam quando tinham sede e dormiam quando estavam cansados. "Não havia amanhã quando vivíamos na savana, e a sobrevivência dependia do que fazíamos diariamente", diz Whybrow. "Assim, os sistemas psicológicos que herdamos no cérebro e no corpo se concentravam em encontrar soluções de curto prazo e nos recompensar por elas." Depois que a agricultura começou a se desenvolver há 10 mil anos, o planejamento do futuro tornou-se essencial. Agora, no complexo mundo pós-industrial, o Sistema 2 deveria predominar.

Contudo, não é isso que acontece. Por quê? Uma das razões é que, em nossas cabeças do século XXI, ainda estamos vagando pela savana. O Sistema 1 manteve sua predominância porque requer muito menos tempo e esforço. Quando ele entra em cena, o cérebro é inundado por substâncias químicas de recompensa, como a dopamina, que produzem o tipo de sensação prazerosa que nos faz querer repetir a experiência. É por isso que você sente uma vibração agradável quando passa para o nível seguinte de *Angry Birds* ou risca um item da sua lista de tarefas: missão cumprida, recompensa entregue, passar para a fonte de prazer seguinte. No cálculo custo-benefício da neurociência, o Sistema 1 oferece o retorno máximo pelo esforço mínimo. O prazer produzido por ele pode até mesmo se tornar o objetivo por si mesmo. Como viciados em café loucos pela próxima dose de cafeína, ou fumantes saindo de casa às pressas para comprar cigarros, ficamos viciados na recompensa imediata da solução rápida. Já o Sistema 2 pode parecer um capataz rígido, exigindo trabalho duro e sacrifício hoje em troca da promessa de uma recompensa incerta no futuro. É como se fosse um *personal trainer* gritando para que larguemos a bomba de chocolate para mais vinte flexões, ou nossos pais insistindo que leiamos um livro em vez de irmos brincar lá fora. Henry T. Ford referia-se ao Sistema 2 quando disse: "Pensar é o trabalho mais difícil que existe, o que provavelmente é a razão pela qual poucos se dedicam a ele."

O Sistema 2 também pode atuar como um relações-públicas, racionalizando nossa preferência por recompensas de curto prazo. Depois de cedermos à tentação e devorar aquela bomba de chocolate, nos convencemos de que merecíamos um agrado, precisávamos repor as energias ou que queimaremos as calorias ganhas na academia. "Para ir direto ao ponto, o cérebro primitivo está condicionado à solução rápida; sempre esteve", diz Whybrow. "Gratificações adiadas resultantes de soluções de longo prazo requerem trabalho árduo. A solução rápida vem mais naturalmente. É por meio dela que obtemos nosso prazer. Gostamos disso, e logo passamos a querer cada vez mais depressa."

É por isso que nossos ancestrais já nos alertavam sobre soluções rápidas muito antes de a Toyota ter inventado a corda *Andon*. Na Bíblia, Pedro insta os cristãos a serem pacientes: "O Senhor não retarda o cumprimento de sua promessa, como alguns pensam, mas usa da paciência para convosco. Não quer que alguém pereça; ao contrário, quer que todos se arrependam." Tradução: o negócio de Deus não é fornecer soluções em tempo real. E eram apenas autoridades religiosas que se preocupavam com a queda do homem pela tentação dos atalhos. John Locke, um dos mais importantes pensadores do Iluminismo, avisou que os vendedores de soluções rápidas estavam na estrada para a ruína. "O homem que não tem domínio sobre suas inclinações, o homem que não sabe resistir à importunidade do prazer ou da dor presentes, em função do que a razão lhe aponta como adequado que seja feito, carece do verdadeiro princípio da virtude e da diligência, e está em perigo de jamais ser bom para qualquer coisa", ele escreveu. Um século depois, Alexander Hamilton, um dos pais-fundadores dos Estados Unidos da América, reafirmou o perigo: "Paixões passageiras e interesses imediatos exercem um controle mais forte e imperioso sobre a conduta humana do que considerações gerais ou remotas sobre política, utilidade ou justiça." A desconfiança em relação a decisões apressadas subsiste até mesmo na era moderna. Diante de um diagnóstico médico desolador, o conselho convencional é procurar uma segunda opinião. Governos, empresas e outras organizações gastam milhões na reunião de dados, pesquisas e análises que possam ajudar a resolver problemas meticulosamente.

Então, por que, apesar de todos esses alertas e exortações, ainda cedemos à solução rápida? A atratividade do Sistema 1 é só parte da explicação. Ao longo de centenas de milhares de anos, o cérebro humano desenvolveu uma série completa de hábitos e mecanismos que distorcem nosso pensamento e nos impelem na mesma direção.

Consideremos nossa inclinação natural ao otimismo. Em várias culturas e épocas diferentes, pesquisas mostraram que a maioria de nós espera que o futuro seja melhor do que ele acaba sendo. Subestimamos consideravelmente nossas chances de sermos demitidos, abandonados ou diagnosticados com uma doença fatal. Esperamos gerar filhos talentosos, superar nossos colegas e viver mais do que acabamos vivendo. Parafraseando Samuel Johnston, deixamos que a esperança prevaleça sobre a experiência. É possível que essa tendência tenha um propósito evolucionário, estimulando-nos a lutar e persistir em vez de nos refugiar num canto escuro para lamentar tanta injustiça. Em *The Optimism Bias*, Tali Sharot argumenta que a crença num futuro melhor conduz a mentes mais saudáveis também em corpos mais saudáveis. Por outro lado, ela também alerta que o excesso de otimismo pode acabar nos prejudicando. Afinal de contas, quem precisa fazer exames médicos regularmente ou de um plano de aposentadoria se tudo se resolve no final? "Mensagens do tipo 'Fumar mata' não funcionam porque as pessoas acham que suas chances de terem câncer são baixas", diz Sharot. "O índice de divórcios é de 50%, mas as pessoas não acham que é o mesmo para elas. Trata-se de uma tendência fundamental no cérebro." E essa tendência afeta a forma pela qual lidamos com os problemas. Quando colocamos óculos com lentes cor-de-rosa, a solução mais rápida e fácil de repente parece muito mais plausível.

O cérebro humano tem uma inclinação natural para soluções conhecidas. Em vez de dedicarmos o tempo necessário a entender um problema em suas características particulares, temos o hábito de procurar soluções que já resolveram problemas semelhantes no passado, mesmo quando opções melhores estão bem diante de nós. Essa tendência, revelada em vários estudos, é conhecida como efeito Einstellung. Ela era útil na época em que a humanidade enfrentava uma variedade limitada de problemas urgentes e claros, tais como evitar ser devorado por um leão; mas o mesmo não pode ser dito do mundo moderno, cada vez mais complexo. O efeito Einstellung é um dos motivos que nos levam a cometer repetidamente os mesmos erros na política, nos relacionamentos e nas nossas carreiras.

Outra razão é a nossa aversão à mudança. O desejo de manter as coisas do jeito que são não é exclusividade dos conservadores. Mesmo diante de argumentos convincentes favoráveis a um recomeço, a reação natural do ser humano é não sair do lugar. É por isso que podemos ler um livro de autoajuda, concordar com tudo que está escrito, e ainda assim fracassar na hora de colocar os conselhos em prática. Os psicólogos chamam essa inércia de "tendência ao status quo". Ela explica por que sempre nos sentamos no mesmo lugar na sala de aula quando não há um sistema fixo, ou por que não trocamos de banco, plano de pensão ou prestadores de serviço mesmo recebendo propostas melhores de concorrentes. Essa resistência à mudança está arraigada até mesmo no nosso modo de falar. Costumamos dizer: "Em time que está ganhando não se mexe" ou "Cachorro velho não aprende truques novos". Aliada ao efeito Einstellung, a tendência ao status quo dificulta a quebra do padrão de comportamento que nos leva às soluções rápidas.

Combinando isso à nossa relutância em admitir erros, o resultado é outro obstáculo à Solução Gradual: o chamado "problema do legado". Quanto mais investimos em uma solução — equipe, tecnologia, marketing, reputação — menos inclinados estamos a questioná-la ou buscar algo melhor. Isso significa que preferimos nos ater a uma solução que não está funcionando a procurar outra que funcione. Até os solucionadores mais sagazes do mundo podem cair nessa armadilha. Nos anos 2000, um trio estoniano de gênios do software escreveu um código que facilitou a realização de chamadas telefônicas pela internet. Resultado: o nascimento de uma das companhias de crescimento mais rápido no século XXI. Uma década depois, a sede do Skype em Tallinn, capital da Estônia, continua sendo um templo à elegância das novas empresas de tecnologia, com paredes de tijolo cru, pufes e arte moderna. Jovens do mundo inteiro bebem água mineral ou brincam com seus iPads por todos os lados. No andar do escritório de Anders Kütt, o jovem de cavanhaque responsável pelo marketing do Skype, fica um quadro branco coberto de rabiscos da última sessão de brainstorming.

Mesmo nesse ambiente iconoclasta, a solução errada pode ganhar defensores persistentes. Aos 36 anos, Kütt já é um solucionador experiente. Ele foi um dos pioneiros nas operações bancárias online e liderou a campanha para convencer os estonianos a enviarem suas declarações de renda pela internet. Kütt teme que, depois de certo tempo de existência e de ter crescido tanto a ponto de ter grupos de interesses, o Skype tenha perdido parte do seu talento para a solução de problemas. "O legado atualmente também é um grande problema para nós", ele diz. "Fazemos investimentos massivos para resolver um problema, e de repente o problema está cercado por um grande número de pessoas e sistemas que querem justificar sua existência. Acabamos com um cenário em que a fonte original do problema torna-se oculta e difícil de ser alcançada." Em vez de mudar o curso, pessoas nessas circunstâncias geralmente insistem na estratégia vigente. "É assustador voltar atrás e lidar com a ideia de que talvez suas velhas soluções sequer funcionem, e contemplar a possibilidade de investir tempo, dinheiro e energia para encontrar soluções melhores", diz Kütt. "É muito mais fácil e seguro permanecer na sua zona de conforto."

Agarrar-se a um navio que está afundando pode ser irracional, mas a verdade é que não somos tão racionais como gostamos de imaginar. Vários estudos mostram que presumimos que pessoas com vozes mais profundas (geralmente homens) são mais inteligentes e confiáveis do que quem fala num tom mais agudo (geralmente mulheres). Também tendemos a pensar que pessoas mais bonitas são mais inteligentes e competentes do que realmente são. Consideremos ainda a Ilusão da Salada.[1] Num estudo conduzido na Kellogg School of Management, pediu-se a um grupo de pessoas que estimasse a quantidade de calorias presentes em alimentos gordurosos, como waffles com bacon e queijo. Depois, elas estimaram o teor dos mesmos alimentos quando acompanhados por outros saudáveis, tais como uma tigela de cenoura e aipo. Sucessivamente, as pessoas concluíram que a adição de um alimento saudável fazia a refeição *inteira* conter menos calorias, como se o acompanhamento pudesse tornar uma comida prejudicial menos calórica. E esse efeito halo foi três vezes mais predominante entre pessoas que estão sempre fazendo dieta. A conclusão de Alexander Chernev, que liderou a pesquisa, foi: "As pessoas com frequência se comportam de forma ilógica e no fim das contas, contraproducente para seus objetivos."

Pode apostar nisso. Nosso talento para a visão em túnel parece ilimitado. Quando confrontados por fatos estranhos, que desafiam nossa perspectiva privilegiada — evidências de que nossas soluções rápidas não estão funcionando, por exemplo — tendemos a menosprezá-los como exceções ou provas de que "a exceção confirma a regra". Esse fenômeno é conhecido como tendência à confirmação, e era chamado por Sigmund Freud de "negação". Ele anda de mãos dadas com o problema do legado e a tendência ao status quo, e pode gerar um poderoso campo de distorção da realidade. Quando recebem de um médico a notícia de que vão morrer, muitos bloqueiam a informação inteiramente.[2] Às vezes, nos agarramos às nossas crenças até mesmo diante de evidências óbvias do contrário. Basta observarmos o número cada vez maior de pessoas que nega o Holocausto. Ou, ainda, como no fim dos anos 1990, Thabo Mbeki, então presidente da África do Sul, recusou-se a aceitar o consenso científico de que a AIDS era causada pelo vírus do HIV, o que levou à morte de mais de 330 mil pessoas.[3]

Mesmo quando não temos interesses velados na distorção e na filtragem das informações, continuamos inclinados à visão em túnel. Em uma experiência repetida dúzias de vezes no YouTube, os participantes são requisitados a contar o número de passes feitos por um entre dois times que jogam basquete juntos. Como os dois lados têm uma bola e os jogadores estão se misturando constantemente na quadra, isso exige uma grande concentração. Muitas vezes, esse tipo de concentração é útil, permitindo-nos bloquear as distrações que atrapalham um nível de pensamento mais profundo. Contudo, ela também pode limitar nossa visão, fazendo várias informações passarem despercebidas e nos levando a ver apenas árvores em vez de uma floresta. Na metade do vídeo, um homem fantasiado de gorila passa no meio do jogo de basquete, vira-se para a câmera, bate no peito e sai. Adivinhe quantas pessoas simplesmente não veem isso acontecer? Mais da metade.

Isso tudo nos leva a uma verdade alarmante: o cérebro humano é cronicamente falível. As tendências ao otimismo, ao status quo e à confirmação, à atratividade do Sistema 1, ao efeito Einstellung, à negação e ao problema do legado — às vezes parece que abraçar a solução rápida é o nosso destino biológico. Entretanto, os condicionamentos neurológicos são apenas parte da história. Também desenvolvemos uma cultura de papa-léguas que nos impele à Avenida das Soluções Rápidas.

Atualmente, a pressa é a nossa reposta para todos os problemas. Andamos rápido, falamos rápido, lemos rápido, comemos rápido, fazemos amor rápido, pensamos rápido. Esta é a era do ioga rápido e de histórias de ninar de um minuto, de coisas "instantâneas" e "sob demanda". Cercados por aparelhos que realizam pequenos milagres a um clique do mouse ou ao toque da tela, passamos a esperar que tudo aconteça na velocidade do software. Até nossos rituais mais sagrados sofrem a pressão de se modernizarem, de se tornarem mais rápidos. As igrejas dos Estados Unidos já experimentaram funerais com drive-thru. Recentemente, o Vaticano foi forçado a avisar aos católicos que podiam ser absolvidos confessando seus pecados por meio de um aplicativo no smartphone. Mesmo nossas drogas recreativas nos colocam no modo da solução rápida: tanto o álcool quanto as metanfetaminas e a cocaína colocam o cérebro no Sistema 1

A economia aumenta a pressão por soluções rápidas. O capitalismo vem recompensando a velocidade desde muito antes da negociação de alta frequência. Quanto mais rápido os investidores conseguem lucros, mais rápido podem reinvestir para ganhar mais dinheiro. Qualquer solução que mantenha o fluxo dos lucros ou as ações flutuantes tem uma grande chance de ganhar o dia — pois precisamos fazer dinheiro agora e deixar outra pessoa limpar a bagunça mais tarde. Essa mentalidade conquistou mais adeptos ao longo das duas últimas décadas. Muitas companhias passam mais tempo preocupadas com o desempenho atual das ações do que com o que pode torná-las mais fortes daqui a um ano. Com tantos de nós trabalhando sob contratos de curto prazo e pulando de um emprego para outro, a pressão para produzir um impacto instantâneo ou resolver problemas sem considerar as consequências de longo prazo é imensa. Isso se aplica especialmente às diretorias: o tempo médio que uma pessoa passa no cargo de diretor executivo caiu drasticamente nos últimos anos.[4] Em 2011, Leo Apotheker foi demitido do comando da Hewlett-Packard depois de menos de 11 meses. Dominic Barton, diretor-gerente da McKinsey and Company, uma importante firma de consultoria, ouve o mesmo lamento de diretores executivos do mundo inteiro: não temos mais tempo nem incentivo para enxergar além da próxima solução rápida. Seu veredito: "O capitalismo tornou-se algo de curtíssimo prazo."

A cultura profissional moderna também tende a reforçar esse estreitamento de horizontes. Quando foi a última vez que você parou para examinar meticulosamente e sem pressa um problema no trabalho? Ou simplesmente para pensar profundamente por alguns minutos? Isso para não falar de questões mais difíceis, como onde você estará daqui a cinco anos ou como poderia remodelar inteiramente seu local de trabalho. A maioria de nós está distraída demais por uma tempestade inacabável de tarefas triviais: um documento para assinar, uma reunião, um telefonema. Pesquisas sugerem que atualmente profissionais do ramo de negócios passam metade da sua jornada de trabalho verificando e-mails e redes sociais.[5] Dia após dia, semana após semana, o imediato triunfa sobre o importante.

A política também está impregnada de soluções rápidas. Os representantes eleitos têm todos os incentivos para favorecer políticas que gerem resultados a tempo para a próxima eleição. Um ministro pode precisar de resultados antes da próxima reforma geral. Alguns analistas argumentam que cada administração nos Estados Unidos tem apenas seis meses — a janela entre a confirmação dos membros que integrarão o Senado e o início da campanha eleitoral para as eleições da metade do mandato — para enxergar além das manchetes diárias e números de votações e considerar decisões estratégicas de longo prazo. O fato de preferirmos lideranças enérgicas que falam primeiro para pensar depois também não ajuda. Adoramos a ideia de um herói solitário entrando na cidade com uma solução pronta no alforje. Quantos personagens já conquistaram poder ao declarar "Levará um bom tempo para que eu consiga resolver nossos problemas"? Parar para refletir, analisar ou pedir conselhos pode transmitir uma imagem de complacência ou fraqueza, especialmente em momentos de crise. Ou, como colocou um crítico do ponderado Barack Obama: "Precisamos de um líder, e não de um leitor." Daniel Kahneman, autor de *Rápido e devagar: duas formas de pensar* e o segundo psicólogo ganhador do Prêmio Nobel de Economia, acredita que nossa preferência natural por políticos que seguem seus instintos transforma a política democrática num carrossel de soluções rápidas. "O público gosta de decisões rápidas", ele diz, "e isso encoraja os líderes a seguirem suas piores intuições".[6]

Nos dias de hoje, porém, não são mais apenas os políticos e os homens de negócios que acreditam ter uma varinha mágica. Estamos todos juntos nessa era de lorotas, arrogância e bajulação. Basta observarmos o desfile de candidatos sem talento ao posto do próximo Michael Jackson ou da próxima Lady Gaga em *The X Factor*. Diante da enorme pressão para nos sobressairmos, embelezamos nossos currículos, postamos fotos lisonjeiras no Facebook e gritamos por atenção em blogs e no Twitter. Um estudo recente demonstrou que 86% das crianças de 11 anos usam as redes sociais para desenvolver sua "marca pessoal" on-line.[7] Em meio a essa tendência, as crianças podem conquistar amigos e influenciar pessoas, mas ela também pode levá-las diretamente para os braços das soluções rápidas. Por quê? Porque acabamos nos tornando incapazes de admitir que não temos todas as respostas, que precisamos de tempo e da ajuda de alguém.

Parte da responsabilidade por isso está na indústria da autoajuda. Após anos lendo e escrevendo sobre o autoaperfeiçoamento, Tom Butler-Bowdon se desencantou com seu próprio campo de pesquisa. Ele concluiu que muitos gurus da motivação enganam o público com atalhos e soluções rápidas que na verdade não funcionam. Ele publicou *Never Too Late To Be Great*, em que mostra como as melhores soluções em todas as áreas, da arte aos negócios e à ciência, geralmente passam por um longo período de gestação. "Ao encobrir o fato de que criar qualquer coisa de qualidade requer tempo, a indústria de autoajuda produziu uma geração de pessoas que esperam resolver tudo amanhã", ele diz.

E a mídia só coloca lenha na fogueira. Quando qualquer coisa dá errado — na política, nos negócios, no relacionamento de uma celebridade —, os jornalistas partem para o ataque, dissecando a crise com alegria e exigindo uma solução instantânea. Depois de ter sido desmascarado como um conquistador incorrigível, o golfista Tiger Woods passou três meses afastado da vida pública antes de quebrar o silêncio com um pedido oficial de desculpas e anunciar que estava fazendo terapia para compulsão sexual. Como a mídia reagiu ao fato de ter esperado tanto tempo? Com fúria e indignação. O pior pecado que uma figura pública em apuros pode cometer é não conseguir encontrar uma saída imediata.

Essa impaciência alimenta uma tendência ao exagero da eficácia de soluções que no fim das contas se revelam fracassos absolutos. Engenheiro por formação, Marco Petruzzi trabalhou como consultor, tendo viajado ao redor do globo durante 15 anos antes de abandonar o mundo corporativo e passar a construir escolas melhores para os menos favorecidos nos Estados Unidos. Vamos encontrá-lo novamente mais à frente, mas por enquanto consideremos seu ataque à nossa cultura de palavras vazias. "No passado, empreendedores esforçados desenvolviam coisas incríveis ao longo do tempo, mas eles *faziam*, e não apenas *falavam* sobre isso", diz. "Vivemos num mundo em que falar é fácil e ideias ousadas podem criar grandes fortunas sem jamais serem postas em prática. Há multibilionários por aí que nunca fizeram nada além de capturar o ciclo de investimento e o ciclo de rotação no momento certo, o que só reforça uma cultura na qual as pessoas não querem dedicar nem o tempo nem o esforço ao desenvolvimento de soluções reais e duradouras para os problemas. Pois se jogarem as cartas certas sem se preocupar com o futuro elas podem obter retornos financeiros instantâneos."

Da maioria dos ângulos, portanto, a solução rápida parece inexpugnável. Tudo, desde o condicionamento do nosso cérebro aos desígnios do mundo, parece favorecer soluções band-aid. No entanto, ainda há esperança. Aonde quer que você vá no mundo atualmente, e em qualquer estilo de vida, cada vez mais pessoas estão abandonando as soluções rápidas em favor de caminhos melhores para resolver problemas. Algumas trabalham fora do radar, outras estão nas manchetes, mas todas têm uma coisa em comum: um apetite para desenvolver soluções que realmente funcionem. A boa notícia é que o mundo está cheio de Soluções Graduais. Você só precisa investir o tempo necessário para descobri-las e aprender com elas

2

Confissão: A magia dos erros e dos pedidos de desculpas

O sucesso não consiste em nunca cometer erros, mas em nunca cometer o mesmo erro uma segunda vez.

George Bernard Shaw

Numa noite clara no início de setembro, quatro caças Typhoon rugiam no céu sobre as águas congelantes do Mar do Norte. Num combate aéreo de dois contra dois, eles mergulhavam, inclinavam para um lado e para outro e rasgavam a escuridão a até 500 milhas por hora em busca do tiro certo. Era um exercício de treinamento, mas para os pilotos tudo parecia muito real. Preso pelo cinto de segurança em sua cabine, com 11 mil quilos de máquina mortífera nas pontas dos dedos, o comandante de voo Dicky Patounas era só adrenalina. Aquela era a sua primeira incursão militar noturna em um dos caças mais potentes já construídos

"Estamos com as luzes apagadas porque queremos que pareça o mais real possível, e não fazemos isso com muita frequência, portanto está um breu e só tenho meus óculos de voo e os instrumentos", lembra Patounas. "Estou ajustando o radar, encurtando seu alcance para colocá-lo no modo certo, mudando a elevação, todas as coisas básicas. Mas o avião é novo para mim, e eu estou no limite da capacidade." Então, algo deu errado.

Meses depois, Patounas revive aquela noite em solo firme. Sua base aérea, a RAF Coningsby, fica em Lincolnshire, um condado da região leste da Inglaterra cujo terreno plano e monótono atrai mais aviadores que turistas. Vestindo um macacão verde enfeitado com zíperes, Patounas parece um personagem do elenco principal de *Top Gun: Ases Indomáveis* — mandíbula quadrada, ombros largos, postura reta e cabelo curto. Ele pega uma caneta e um papel para ilustrar o que aconteceu a seguir naquela noite de setembro, falando numa linguagem de frases breves típica dos militares britânicos.

Patounas voava atrás dos dois Typhoons "inimigos" quando decidiu executar uma manobra conhecida como "overshoot" de uma Identificação Visual (VID)* em Voo Nível 3. Ele desviaria para a esquerda e em seguida se lançaria de volta ao curso original, surpreendendo o avião inimigo ao aparecer logo atrás dele. Mas um imprevisto aconteceu. Em vez de manterem o curso, os dois caças rivais à sua frente inclinaram-se para a esquerda a fim de evitarem um helicóptero a 20 milhas de distância. Os dois pilotos anunciaram a mudança no rádio, mas Patounas não ouviu porque estava muito distraído executando sua manobra. "É tudo muito técnico", ele diz. "Você tem que fazer um ângulo de 60° de inclinação por 60° e depois subir por 20 segundos, então reduzir o scanner em 4°, depois mudar o radar para uma escala de 10 milhas, e, após 20 segundos, você vai para a direita usando 45° de ângulo de inclinação, percorre 120° e

---

*Essa sigla vem do original em inglês *Visual Identification*. As forças aéreas costumam manter vários termos em inglês, como é o caso de VID e "overshoot". [*N. da T.*]

CONFISSÃO: A MAGIA DOS ERROS E DOS PEDIDOS DE DESCULPAS 47

sobe para pegar o cara no seu radar, e ele deve estar a umas quatro milhas. Assim, eu estava trabalhando nisso tudo e não escutei a chamada pelo rádio anunciando a nova direção."

Quando Patounas finalizou a manobra, visualizou um Typhoon inimigo à sua frente, exatamente como esperava. "Esse avião agora aparece no alvo do radar, exatamente onde eu esperava que o cara aparecesse, então achei que tinha feito uma ultrapassagem perfeita", ele diz. "Ajusto meu radar, inclino de volta e o cara que estou procurando está no alvo, na escuridão. E eu penso 'Sou um gênio, sou bom nisso'. Eu estava literalmente pensando que nunca havia feito um voo tão perfeito."

Ele abana a cabeça e ri ironicamente da própria presunção: no fim das contas, era o Typhoon errado que ele estava vendo no radar. Em vez de concluir a manobra atrás do avião da retaguarda, ele estava no rastro do líder — e não fazia ideia. "Foi o meu erro: eu basicamente não estava mais ciente das duas aeronaves", ele diz. "Eu sabia que estavam ali, mas não verifiquei os dois rastros. Eu deveria ter aumentado a escala do alcance e procurado o outro cara, mas não fiz isso porque disse a mim mesmo 'Isso está perfeito'."

O resultado foi que Patounas passou a 3 mil pés de distância do Typhoon da retaguarda. "Não foi tão perto, mas a questão é que eu não tinha consciência, porque sequer sabia que ele estava ali", ele diz. "Poderia ter sido a três pés, ou eu poderia ter voado diretamente em direção a ele." Patounas fica calado por um momento, como se visualizasse a pior possibilidade. Naquela noite de setembro, seu escolta observou o fiasco se desenrolar, e, sabendo que não havia risco real de colisão, permitiu que o exercício continuasse, mas um erro semelhante num combate de verdade poderia ter sido catastrófico — e Patounas sabia disso.

A regra básica da aviação civil é que um acidente aéreo típico é o resultado de sete erros humanos.[1] Cada erro isolado pode ser inofensivo, até mesmo trivial, mas basta reuni-los para que o efeito em cadeia seja letal. Pilotar caças modernos, com seus sistemas computacionais diabolicamente complexos, é uma atividade muito arriscada. Enquanto reforçava a zona interditada para voo na Líbia em 2011, um F-15E americano caiu nos arredores de Bengazi depois de uma falha mecânica. Um mês antes, dois F-16 da Força Aérea Real da Tailândia haviam caído durante um exercício de rotina.

O que torna o incidente do Typhoon sobre o Mar do Norte surpreendente não é o simples fato de ter acontecido, mas a reação de Patounas: ele contou a todos sobre seu erro. No mundo masculino dos pilotos de caça, assumir a responsabilidade por um erro é uma atitude rara. Como veterano da Força Aérea Real (RAF — *Royal Air Force*) há 22 anos e comandante de um esquadrão de 18 pilotos de Typhoon, Patounas tinha muito a perder, mas ainda assim reuniu toda a sua equipe e assumiu a responsabilidade. "Eu poderia ter saído da situação sem dizer nada, mas a coisa certa a fazer era levantar a questão, colocá-la no meu relatório e no sistema", ele diz. "Falei para todo o esquadrão que cometo erros e falei sobre os erros que cometo. Assim, as pessoas sabem que fico satisfeito em levantar a mão e dizer que também erro, que sou humano." Isso nos leva ao primeiro ingrediente da Solução Gradual: admitir quando estamos errados para aprender com o erro. Isso significa assumir a responsabilidade tanto por erros crassos quanto pelos pequenos, até quando escapamos por pouco — o que muitas vezes é sinal de problemas maiores à frente.

Entretanto, destacar erros é muito mais difícil do que pode parecer. Por quê? Porque não há nada que detestemos mais do que assumir a responsabilidade pelos nossos próprios erros. Como animais sociais, atribuímos uma grande importância ao status. Gostamos de *fare bella figura*, como dizem os italianos, ou de ter

CONFISSÃO: A MAGIA DOS ERROS E DOS PEDIDOS DE DESCULPAS **49**

a admiração dos outros — e nada é mais prejudicial para uma *bella figura* do que cometer um erro.

É por isso que culpar outras pessoas é uma forma de arte nos ambientes de trabalho. Meu primeiro chefe certa vez me deu um conselho: "Lembre-se de que o sucesso tem muitos pais, mas o fracasso é órfão." Basta dar uma olhada no seu currículo: quantos erros cometidos em empregos anteriores estão listados nele? Em *O aprendiz*, a maioria dos conflitos na sala de reuniões envolve competidores culpando os rivais pelos próprios erros. Mesmo quando há uma grande quantia de dinheiro em risco, as companhias muitas vezes preferem enterrar as cabeças na areia em vez de admitirem erros. Quase metade das firmas de serviços financeiros não se dispõe a resgatar projetos que estão afundando até perder o prazo ou estourar o orçamento.[2] Outros 15% não possuem um mecanismo formal para lidar com o fracasso de um projeto.

O fato de a sociedade na maioria das vezes nos punir por pedidos de desculpas também não ajuda. Num mundo supercompetitivo, os rivais atacam ao menor erro ou ao primeiro sinal de dúvida ou fraqueza. Embora importantes homens de negócios e políticos japoneses de vez em quando se curvem e peçam perdão, suas contrapartes de outros países distorcem tanto a linguagem quanto a credibilidade para evitar assumir um erro. Em inglês, a palavra "problema" foi praticamente extirpada do discurso diário em favor de eufemismos anódinos como "questão" e "desafio". Isso não é de surpreender levando em conta quantos estudos mostram que executivos que escondem más notícias do chefe tendem a subir os degraus corporativos mais rápido.[3]

Depois de ter se aposentado, Bill Clinton fez uma regra da admissão "Eu estava errado" ou "Eu não sabia" pelo menos uma vez por dia. Se o momento não surge naturalmente, ele faz o possível para criá-lo. Seu intuito é sabotar o efeito Einstellung e todas as outras tendências que verificamos anteriormente. Clinton sabe que a única forma de resolver problemas num mundo complexo e volátil é manter a mente aberta — e que só conseguimos fazer isso se abraçarmos nossa falibilidade. Por outro lado, você conseguiria imaginá-lo proferindo essas frases quando era o presidente dos Estados Unidos? Impossível. Esperamos que nossos líderes irradiem a certeza proveniente de quem tem todas as respostas. Mudar de direção ou ideia nunca é encarado como uma prova da capacidade de aprender e adaptar-se; esse tipo de atitude é interpretado como falta de convicção ou medo. Se o presidente Clinton tivesse confessado seus erros ou dúvidas sobre as próprias políticas, seus inimigos políticos e a mídia tê-lo-iam massacrado.

A ameaça de uma ação legal é outro incentivo para nos deixar com medo de admitir nossos erros. Companhias de seguro aconselham o cliente a nunca admitir a culpa na cena de um acidente de trânsito, mesmo que ela esteja clara. Você se lembra de quanto tempo levou para que a BP emitisse algo remotamente semelhante a um pedido de desculpas oficial pelo derramamento de petróleo da Deepwater Horizon? Quase dois meses. Nos bastidores, advogados e gurus das relações públicas se debruçavam sobre precedentes legais para produzir uma declaração capaz de agradar a opinião pública sem abrir a porta para uma avalanche de processos judiciais. Tampouco são apenas as companhias que se esquivam na hora de admitir erros. Até mesmo depois do fim de seu mandato, quando não há mais necessidade de agradar o eleitorado, os políticos acham difícil assumi-los. Nem Tony Blair nem George W. Bush se desculpou pela invasão do Iraque à procura de armas de destruição em massa que não existiam. Mesmo tirando o ego individual da equação, continuamos evitando pedidos de desculpas. A Grã-Bretanha esperou quatro décadas para se desculpar oficialmente pelo massacre do Domingo Sangrento de 1972 da Irlanda do Norte. A Austrália só se desculpou em 2008 pelos horrores impostos aos povos aborígenes, seguida, um ano depois, por um pedido de desculpas do Senado dos Estados Unidos pela escravidão dos afro-americanos.

Mesmo quando não há testemunhas para os nossos deslizes, admitir que estamos errados pode ser difícil. "Nada é mais intolerável", observou Ludwig van Beethoven, "do que ter que admitir para si mesmo seus próprios erros". Fazer isso o força a confrontar suas fraquezas e limitações, a repensar quem você é e qual é o seu lugar no mundo. Quando admite um erro para si mesmo, você não tem mais onde se esconder. "Há algo em se experimentar o erro por completo", escreveu Kathryn Schulz em seu livro *Being Wrong*, "que anula todas as nossas teorias, incluindo aquelas sobre nós mesmos (...) nos faz sentir esfolados, com os ossos expostos para o mundo." Pedir desculpas realmente é a coisa mais difícil de fazer.

É uma pena, pois os erros são uma parte útil da vida. Como diz o ditado, errar é humano. Os erros podem nos ajudar a resolver problemas, pois mostram o mundo sob novos ângulos. Em mandarim, a palavra "crise" é representada por dois caracteres — um significa "perigo", e o outro, "oportunidade". Em outras palavras, cada erro traz consigo a promessa de algo melhor — se pararmos para reconhecê-lo e aprender com ele. Os artistas sabem disso há séculos "Os erros quase sempre possuem uma natureza sagrada", observou Salvador Dali. "Jamais tente corrigi-los. Pelo contrário: pondere-os, compreenda-os a fundo. Depois disso, poderá sublimá-los."

O mesmo espírito reina sobre o mundo mais rigoroso da ciência, em que cada experiência fracassada pode oferecer ricas impressões e novos caminhos de investigação. Muitas invenções que mudaram o mundo ocorreram quando alguém decidiu explorar — em vez de encobrir — um erro. Em 1928, antes de partir para passar o mês de agosto com a família, Sir Alexander Fleming acidentalmente deixou uma placa de petri contendo bactérias *staphylococcus* descoberta no laboratório do seu porão em Londres. Ao retornar, um mês depois, a amostra havia sido contaminada por fungos que mataram todas as bactérias ao redor. Em vez de jogar a placa na lixeira, ele analisou a camada de fungos e descobriu que ela continha um poderoso agente contra infecções. Fleming batizou-o de *Penicillium notatum*. Duas décadas depois, a penicilina, o primeiro antibiótico e também o mais usado do mundo, chegou ao mercado, revolucionando a prática médica e rendendo a Fleming o Prêmio Nobel de Medicina. "Quem nunca cometeu um erro", disse Einstein, "nunca experimentou algo novo".

As forças militares sempre souberam que admitir erros é uma parte essencial do aprendizado e da resolução de problemas. Erros custam vidas na força aérea, portanto, a segurança no voo sempre teve precedência sobre *fare bella figura*. No decorrer de sua longa existência, a revista mensal da RAF, *Air Clues*, tem publicado colunas escritas por pilotos e engenheiros sobre erros cometidos e lições aprendidas. As equipes também são parabenizadas pela resolução de problemas. Numa edição recente, um cabo sorridente do controle de tráfego aéreo recebeu um Prêmio de Segurança no Voo depois de anular a permissão de um piloto e abortar um voo ao observar a ponta de uma asa tocar o chão durante a decolagem

Na RAF, como na maioria das forças aéreas ao redor do mundo, pilotos de caça conduzem interrogatórios sem restrições após cada incursão para examinar o que deu certo e o que deu errado. Entretanto, a prática nunca foi longe o bastante. As equipes da RAF costumavam compartilhar seus erros apenas com colegas, e não com superiores ou esquadrões rivais. Como diz um oficial veterano. "Uma experiência muito valiosa, que poderia ter tornado os voos mais seguros para todos, estava sendo desperdiçada."

Para solucionar isso, a RAF contratou a Baines Simmons, uma firma de consultoria com experiência na aviação civil, para desenvolver um sistema com o objetivo de promover a identificação e o aprendizado com erros, exatamente como fizeram as indústrias automobilística, de mineração, alimentos e farmacêutica.

O coronel-aviador Simon Brailsford atualmente supervisiona o novo regime. Depois de entrar para a RAF aos 18 anos, ele pilotou aviões de transporte C130 Hercules como navegador em Kosovo, Bósnia, no norte do Iraque e no Afeganistão. Atualmente com 46 anos, ele combina o vigor polido da bagunça dos oficiais com o charme tranquilo de um homem que passou três anos no cargo de cavalariço de sua majestade, a rainha Elizabeth II.

No quadro branco do seu escritório ele usa uma caneta vermelha para desenhar um avião depois de cair, um piloto morto e uma nuvem de fumaça. "A aviação é uma profissão perigosa", ele diz. "O que estamos tentando fazer é parar de recolher mortos e pedaços de avião e refazer todo o trajeto para descobrir os erros e deslizes que podem levar a um acidente e evitar que ele aconteça. Queremos resolver questões antes que elas se tornem problemas."

Agora, sempre que um membro de uma equipe da RAF Coningsby se surpreende fazendo algo que poderia ameaçar a segurança é instado a enviar um relatório on-line ou preencher um dos formulários especiais presos em quadros de aviso espalhados por toda a base. Esses relatórios são filtrados para um gabinete central que decide se deve ou não conduzir uma investigação.

Para fazer o sistema funcionar, a RAF tenta criar o que chama de "cultura justa". Quando alguém comete um erro, a reação automática não é culpar e punir, e sim explorar o que deu errado a fim de resolver o problema e aprender com ele. "As pessoas devem sentir que se contarem algo não terão problemas, ou então não contarão o que der errado, e podem até mesmo tentar encobrir seus erros", diz Brailsford. "Isso não significa que não vão ser repreendidas, enfrentar uma ação administrativa ou serem submetidas a treinamento extra, mas sim que serão tratadas de uma forma justa adequada ao que aconteceu, levando em conta o contexto como um todo. Se você comete um erro genuíno e ergue a mão, agradecemos. A chave é se certificar de que todos compreendam que estamos em busca de pessoas capazes de compartilhar seus erros em vez de guardá-los para si, para que possamos salvá-las e a seus companheiros de acidentes sérios."

A RAF Coningsby colocou essa mensagem em cada canto da base. Em corredores, refeitórios, e até mesmo acima dos urinóis, cartazes pedem à equipe que registre inclusive a menor preocupação em relação à segurança. As cabines dos banheiros estão cheias de brochuras laminadas explicando como preservar a segurança e por que vale a pena reportar até o menor contratempo. Afixado ao chão, perto da entrada principal, está um cartaz com a foto do Oficial de Segurança de Voo da Base apontando o dedo na clássica pose de Horatio Kitchener.* Impressa acima do número do telefone do seu escritório está a pergunta: "Então, o que você pensou do dia de hoje?" A necessidade de admitir erros também é incutida nos cadetes da academia militar. "Somos definitiva-mente convencidos desde o início de que 'preferimos que vocês façam besteira e nos contem'", diz um jovem engenheiro da RAF Coningsby. "É claro que sofremos muitas provocações dos com-panheiros quando cometemos erros, mas todos entendemos que assumir responsabilidades é a melhor forma de resolver problemas agora e no futuro."

A RAF certifica-se de que a equipe veja os frutos gerados quando erros são admitidos. Investigadores de segurança telefonam para

---

*Horatio Kitchener foi secretário de Estado para a Guerra da Inglaterra durante a Primeira Guerra Mundial. O cartaz de convocação usado durante essa guerra exibia-o apontando para o leitor com os dizeres "QUER VOCÊ" (formando a frase "Kitchener quer você" com a imagem) logo abaixo. O cartaz teve inúmeras imitações ao longo do tempo. [N. da T.]

CONFISSÃO: A MAGIA DOS ERROS E DOS PEDIDOS DE DESCULPAS

todos que registram problemas ou incidentes em 24 horas e informam quando o caso é concluído. Também conduzem seminários semanais com engenheiros para explicar o resultado de todas as investigações e o motivo pelo qual as pessoas foram tratadas de uma forma ou de outra. "Vemos suas sobrancelhas se erguerem quando fica claro que não serão punidos por terem cometido um erro e que no fim das contas podem até receber um tapinha nas costas", diz um investigador.

A coronel-aviadora Stephanie Simpson, veterana da RAF há 17 anos, é a responsável pela segurança na divisão de engenharia de Coningsby. Ela tem olhos rápidos e atentos e usa o cabelo preso num coque alto. Simpson explica que os novos procedimentos compensaram recentemente, quando um engenheiro observou que um teste de rotina com um Typhoon causara o cisalhamento da extremidade do pino guia do mecanismo do canopi. Um canopi danificado pode não abrir, podendo levar o piloto a sofrer uma colisão com o vidro ao tentar se ejetar da cabine.

O engenheiro fez um relatório e a equipe de Simpson entrou em ação. Em 24 horas, eles chegaram à conclusão de que um erro elementar durante o teste com o canopi poderia danificar o pino guia. Não havia exigência para uma checagem posterior. As tripulações de voo imediatamente inspecionaram a parte suspeita da frota inteira dos Typhoons na Europa e na Arábia Saudita. O procedimento, então, foi modificado para garantir que o pino guia não fosse mais danificado durante o teste.

"Dez anos atrás, isso provavelmente jamais seria relatado — os engenheiros teriam simplesmente pensado 'Ah, está quebrado, vamos substitui-lo sem dizer nada a ninguém' e seguido em frente", diz Simpson. "Agora, estamos criando uma cultura em que todos pensam 'Deus, pode haver outra aeronave nesta base com o mesmo problema, e talvez ele não seja identificado, então é melhor eu dizer a alguém agora mesmo'. Dessa forma, impedimos que um problema pequeno se torne um grande problema."

Graças à honestidade de Patounas, uma investigação da RAF descobriu que uma série de erros quase causou um acidente sobre o Mar do Norte. Sua falha ao não ouvir a ordem para ir para a esquerda foi o primeiro erro. O segundo foi quando os outros pilotos mudaram de curso apesar de ele não ter confirmado a mudança. Então, depois que Patounas fez a ultrapassagem, a equipe inteira se esqueceu de acender as luzes. "Uma série de condutas não foi seguida, e se qualquer um tivesse feito pelo menos uma das coisas que deveriam fazer, isso não teria acontecido", diz Patounas. "O lado positivo é que isso serve para lembrar a todos das regras para uma VID em Voo Nível 3 à noite. Com isso, da próxima vez não teremos o mesmo problema."

Outros membros do esquadrão já seguem seu exemplo. Dias antes da minha visita, uma jovem cabo apontou para o fato de que certos procedimentos não estavam sendo seguidos corretamente. "O que ela disse não veio de uma interpretação particularmente precisa, mas isso vai entrar no seu relatório como algo positivo, pois ela teve a coragem de seguir sua convicção e ir contra a corrente quando poderia ter sido punida", diz Patounas, "Há vinte anos, ela não teria levantado a questão, e se levantasse teriam lhe dito 'Não me diga que meu esquadrão é um lixo! Quero lavar a roupa suja em casa', enquanto o que faço é agradecer."

A RAF não é um modelo na resolução de problemas. Nem todos os erros ou incidentes são reportados. Casos semelhantes nem sempre são tratados da mesma forma, o que pode nos levar a questionar o discurso sobre "cultura justa". Alguns oficiais permanecem céticos em relação a convencer pilotos e engenheiros a aceitarem as vantagens de exporem toda a sua roupa suja. Muitas das colunas com admissões de erros da revista *Air Clues* ainda são

CONFISSÃO: A MAGIA DOS ERROS E DOS PEDIDOS DE DESCULPAS   57

publicadas anonimamente. Na RAF, "desculpem-me" ainda é uma palavra difícil de ser dita.

Porém, a mudança está compensando. Nos primeiros meses do novo regime, 210 deslizes ou erros foram reportados à RAF Coningsby. Destes, 73 geraram uma investigação. Em cada um foram tomadas medidas para evitar que o erro voltasse a acontecer. "Como antes nunca reportávamos deslizes, essa é uma grande mudança, um salto considerável de fé nas pessoas", diz Brailsford. "Em vez de varrermos os problemas para baixo do tapete, agora estamos indo mais fundo e lidando com eles diretamente na sua raiz. Estamos extirpando os problemas quando evitamos que eles sequer aconteçam." Outras forças aéreas, de Israel à Austrália, perceberam isso.

Não são só as forças militares que se beneficiam ao acrescentarem o pedido de desculpas à sua caixa de ferramentas para a solução de problemas. Tomemos como exemplo a ExxonMobil. Depois do épico vazamento de petróleo da ExxonValdez no Alaska, em 1989, a companhia se dispôs a identificar e investigar cada erro, por menor que fosse. Ela desistiu de um grande projeto no Golfo do México porque, ao contrário da BP, chegou à conclusão de que a extração no local era muito arriscada. A segurança agora é uma parte tão essencial do seu DNA que todos os bufês organizados para eventos da companhia vêm com placas alertando contra o consumo dos alimentos após duas horas. Em seus refeitórios, a equipe da cozinha monitora a temperatura das saladas.

Sempre que um erro ocorre nas instalações da ExxonMobil, a reação imediata da companhia é aprender com ele em vez de punir os envolvidos. A equipe fala sobre a "dádiva" do incidente. Glenn Murray, funcionário da empresa há quase três décadas, participou da limpeza de Valdez. Atualmente chefe de segurança da companhia, ele acredita que nenhum erro é pequeno demais para ser ignorado. "Cada incidente", ele diz, "tem algo a nos ensinar se pararmos para investigá-lo".

Como a RAF e a Toyota, a ExxonMobil encoraja até mesmo os funcionários de nível hierárquico mais baixo da companhia a falarem quando algo sai errado. Não faz muito tempo, um jovem engenheiro, novo na companhia, hesitou em relação a um projeto de extração na África Ocidental, então o suspendeu temporariamente. "Ele suspendeu um projeto de milhões de dólares porque achou que havia problemas em potencial e precisávamos parar e repensar tudo novamente, e a gerência o apoiou", diz Murray. "Pedimos que ele ficasse de pé durante um evento e o nomeamos Funcionário do Trimestre." Em todos os parâmetros, a Exxon hoje em dia possui um histórico de segurança invejável na indústria do petróleo.

Erros também podem ser uma dádiva quando se está lidando com clientes. Quatro entre cada cinco produtos lançados fracassam no primeiro ano, e as melhores companhias aprendem com esses insucessos.[4] Tanto o Newton MessagePad, quanto o Pippin e o Macintosh Portable foram grandes fracassos para a Apple, e não obstante ajudaram a preparar o caminho para sucessos como o iPad.

Até mesmo no mundo brutal da gestão de marcas, em que o menor passo em falso pode afugentar os consumidores e prejudicar as firmas mais poderosas, assumir erros pode acabar se tornando uma vantagem competitiva. Em 2009, quando suas vendas despencaram nos Estados Unidos, a Domino's Pizza convidou os consumidores a darem um veredito sobre seus produtos. O resultado foi doloroso. "A pior imitação de pizza que já comi", disse um consumidor. "Totalmente sem gosto", disse outro. Muitos consumidores compararam a crosta da pizza a papelão.

Em vez de reagir negativamente ou omitir os resultados, a Domino's lançou um pedido oficial de desculpas. Em comerciais de televisão no estilo documentário, Patrick Doyle, presidente execu-

CONFISSÃO: A MAGIA DOS ERROS E DOS PEDIDOS DE DESCULPAS   **59**

tivo da companhia, admitiu que a cadeia perdera o jeito na cozinha e prometeu oferecer pizzas melhores no futuro.[5] Depois disso, a Domino's voltou para a prancheta, renovando completamente suas pizzas com massa, molho e queijo diferentes.

A campanha Pizza Turnaround funcionou. As vendas anuais aumentaram 14,3%, o maior salto na história da indústria fast-food. Dois anos depois do pedido de desculpas, o preço das ações aumentou 233%. É claro que as novas receitas de pizza ajudaram, mas o ponto inicial foi quando a Domino's fez o que atualmente se espera que as equipes da RAF e os funcionários da Exxon façam como parte da sua rotina: reconhecer seus erros. Isso permitiu que a firma entendesse exatamente o que estava dando errado a fim de poder consertá-lo. Também esclareceu as coisas. Hoje em dia, tantas empresas anunciam produtos "novos e melhores" que o efeito dominó é um turbilhão de ruído branco que só gera indiferença por parte dos consumidores. A mera atitude de assumir seus erros permitiu que a Domino's se destacasse em meio ao ruído e renovasse seu relacionamento com o público.

Especialistas em relações públicas concordam que a melhor forma de uma companhia lidar com erros é se desculpar e explicar o que fará para corrigi-los. Sei disso por experiência. Recentemente, um pagamento depositado na minha conta bancária não compensou. Após 20 minutos de evasivas da central de atendimento, minha voz começou a se elevar e meu sangue começou a ferver. Foi então que uma gerente entrou na linha e disse: "Senhor Honnoré, sinto muito. Cometemos um erro com esse pagamento." À medida que ela explicava como meu dinheiro seria recuperado, minha raiva foi desaparecendo, e no fim estávamos conversando bem-humoradamente sobre o clima e nossas férias de verão.

Pedidos públicos de desculpas podem ter um efeito igualmente tranquilizante.[6] Quando um cliente filmou um motorista da FedEx jogando um pacote contendo um monitor de computador por sobre uma cerca de quase 2 m pouco antes do Natal de 2011, o vídeo tornou-se um sucesso na internet e ameaçou aniquilar as vendas no período mais movimentado do ano. Em vez de se defender, contudo, a companhia se desculpou imediatamente. Numa postagem feita num blog com o título "Absolutamente, Completamente Inaceitável", o vice-presidente da FedEx para operações nos Estados Unidos anunciou que estava "chateado, envergonhado e peço desculpas" pelo episódio. A companhia também deu um novo monitor ao cliente e repreendeu o motorista. Como resultado, a FedEx evitou uma crise.[7]

Mesmo quando desperdiçamos o dinheiro dos outros, assumir erros a fim de aprender com eles na maioria das vezes é a melhor estratégia. Em 2011, a Engenheiros Sem Fronteiras (ESF) do Canadá colocou no ar um site chamado *AdmittingFailure.com*, no qual voluntários em trabalhos comunitários podem postar seus erros e histórias admonitórias. "Expor-se dessa forma é completamente oposto à norma do setor, portanto foi um grande risco", disse Ashley Good, líder de iniciativas da ESF. Mas valeu a pena. Não mais temendo ser ridicularizada por seus erros, a equipe da ESF tornou-se mais disposta a correr o tipo de riscos que muitas vezes são o ponto de partida para inovações criativas. "As pessoas agora se sentem livres para experimentar, se esforçar, correr riscos, pois sabem que não serão culpadas se não conseguirem na primeira tentativa", diz Good. "E quando tentamos superar limites, obtemos mais soluções criativas para os problemas." Um exemplo: depois de muitas tentativas e erros, a ESF conseguiu desenvolver um sistema para melhorar os serviços hidráulicos e de saneamento em Malawi por meio da mobilização ao mesmo tempo dos governos distritais, do setor privado e das comunidades. Profissionais de todo o setor de desenvolvimento agora postam suas próprias histórias no *AdmittingFailure.com*. Os doadores da ESF também adoraram a nova política. Em vez de serem afugentados, eles ficaram satisfeitos com a determinação da organização de aprender com os erros. Good diz: "Descobrimos que ao sermos abertos e honestos na verdade travamos um elo mais forte e de maior confiança com nossos doadores."

O mesmo se aplica aos relacionamentos pessoais. O primeiro passo para restaurar o vínculo depois de se desentender com um parceiro, um amigo, seus pais ou seus filhos é que ambas as partes assumam seus erros. Admitir erros pode diminuir a vergonha e a culpa sentida pelo responsável e ajudar a vítima a superar a raiva que muitas vezes impede o perdão. Marianne Bertrand testemunha a magia de um pedido de desculpas semanalmente em seu trabalho como terapeuta familiar em Paris. "Muitas pessoas sentam-se no meu consultório e não conseguem sequer começar a falar dos seus problemas porque estão estagnados pela raiva e pelo ressentimento pelo que deu errado", ela diz. "Mas quando finalmente aceitam e se desculpam com sinceridade pelos seus erros, e ouvem o outro fazer o mesmo, é possível sentir a atmosfera mudar na sala, a tensão diminuir, e é aí que podemos começar a trabalhar para a reconciliação."

Até mesmo os médicos começam a reconhecer os benefícios de um pedido de desculpas. Vários estudos já demonstraram que o que muitos pacientes querem depois de terem sido vítimas de um erro médico não é uma gorda indenização ou a cabeça do médico numa bandeja. O que realmente esperam é o que a FedEx fez logo após o incidente do pacote arremessado: um sincero pedido de desculpas, uma explicação completa sobre como o erro ocorreu e um plano claro para garantir que ele não volte a acontecer. Entre os pacientes que dão entrada em ações judiciais por erros médicos nos Estados Unidos, quase 40% dizem que não teriam tomado essa atitude se o médico responsável tivesse se explicado e pedido desculpas pelo erro.[8] O problema é que muitos profissionais da área médica são muito orgulhosos ou têm medo de pedir desculpas.

Para os que conseguem, só resta colher os frutos. No fim dos anos 1980, o Centro Médico do Departamento de Assuntos de Veteranos em Lexington, Kentucky, tornou-se o primeiro hospital dos Estados Unidos a fazer uso do poder dos pedidos de desculpas. O hospital adotou a política de informar pacientes e familiares sempre que qualquer membro da equipe cometesse um erro prejudicial ao paciente, ainda que a vítima não esteja ciente do erro. Se for confirmado, o médico deve fazer um claro e sincero pedido de desculpas ao paciente. O hospital também explica as providências que tomará para garantir que o erro não se repita, podendo oferecer também alguma forma de reparação. O ponto principal dessa nova política, porém, é o simples ato de dizer "sinto muito". Trata-se de uma atitude que deixa pacientes e familiares satisfeitos. "Acreditamos que, como resultado, agora estamos gastando muito menos tempo e dinheiro com processos judiciais por negligência", diz Joseph Pellecchia, diretor do hospital.

Pedir desculpas também ajuda a oferecer cuidados melhores. Quando profissionais da área médica conseguem lidar abertamente com o trauma emocional gerado por uma falha cometida, a experiência torna-se menos estressante, facilitando o aprendizado com o erro. "Médicos não são deuses, e sim seres humanos, o que significa que cometem erros", diz Pellecchia. "Passamos por uma mudança incrível, em que deixamos de ser um ambiente punitivo para nos tornarmos um ambiente de aprendizado no qual um médico pode perguntar 'O que aconteceu?', 'O que deu errado?', 'Foi um problema do sistema?', 'Fui eu?' e aprender com seus erros a oferecer cuidados melhores." Hospitais do mundo inteiro têm adotado essa política. Munidos do mesmo intuito, governos estaduais e provinciais dos Estados Unidos e do Canadá êm decretando o que ficou conhecido como "leis da desculpa", impedindo litigantes de usarem o pedido de desculpas de um médico como prova de culpa. Em todos os lugares, o efeito em cada a é o mesmo: médicos e pacientes mais felizes, o que gera menos processos legais.

A verdade é que qualquer Solução Gradual digna do nome geralmente pmeça por um pedido de desculpas. Seja no trabalho ou nos relacior mentos, a maioria de nós tende a agir como se nada tivesse acontecido — lembre-se da tendência ao status quo e do problema do legado. O Programa dos Doze Passos dos Alcoólicos Anônimos é atualmente usado na batalha contra várias outras dependências: o Primeiro Passo é admitir que você perdeu o domínio sobre o próprio comportamento. "Olá, meu nome é Carl, e sou dependente de soluções rápidas."

Para superar nossa aversão natural à admissão de erros, especialmente no ambiente de trabalho, eliminar a ameaça de punição certamente é o primeiro passo a ser tomado. Também ajuda estimular ou até mesmo recompensar as pessoas por admitirem sua responsabilidade. Lembre-se do título de Funcionário do Trimestre concedido ao jovem engenheiro da ExxonMobil. Além do Prêmio de Segurança no Voo, a RAF também paga bônus em dinheiro para qualquer um que aponte um erro cuja identificação resulte em economia de dinheiro da força aérea. No mundo da ajuda comunitária, organizações podem ganhar o Prêmio do Erro Brilhante por compartilharem erros cometidos no desenvolvimento de projetos. Na SurePayroll, uma companhia de folhas de pagamento on-line, os funcionários podem participar de uma competição por Melhores Novos Erros. Durante uma descontraída reunião anual, eles ouvem histórias de erros contadas pelos colegas que os cometeram, e sobre como todos podem aprender com isso. Os que admitem os erros mais úteis ganham um prêmio em dinheiro.

Até na educação, em que errar uma questão ou se sair mal numa prova pode acabar com as suas chances de admissão em uma boa universidade, há projetos para recompensar alunos que admitem erros. Temendo que suas bem-sucedidas alunas tivessem perdido o apetite por riscos intelectuais, uma importante escola para meninas em Londres realizou uma Semana do Erro em 2012. Com a ajuda de professores e pais, por meio de assembleias, tutoriais e outras atividades, as alunas da Wimbledon High exploraram os benefícios de estarem erradas. "Pessoas bem-sucedidas aprendem com seus erros, recomeçam e seguem em frente", diz Heather Hanbury, a diretora. "Algo que deu errado pode vir a ser a melhor coisa que poderia ter acontecido a elas — para despertar a criatividade, por exemplo —, mesmo que na época tenha parecido um desastre." A Semana do Erro alterou a atmosfera na escola. Em vez de mimar as alunas, os professores agora se sentem mais à vontade para lhes dizerem quando estão erradas, o que facilita a busca por respostas corretas. As meninas também estão correndo riscos maiores, procurando linhas de investigação mais ousadas na sala de aula e participando mais de competições para a escolha das redações mais criativas. Os membros do clube de debate da escola estão desenvolvendo argumentos mais arrojados e vencendo mais competições. "Talvez a coisa mais importante que a Semana do Erro nos deu foi uma linguagem para falar sobre os erros como algo a não ser evitado, mas uma parte essencial do aprendizado, do aperfeiçoamento e da resolução de problemas", diz Hanbury. "Se uma menina fica chateada por ter tirado uma nota baixa, outra agora pode fazer uma piada amigável sobre isso e dizer algo como 'Ok, você se saiu mal, mas o que pode aprender com isso?'"

Alguns ambientes de trabalho precisam desesperadamente de uma mudança cultural semelhante. Imagine todas as lições que não são aprendidas, os problemas que não são resolvidos, os sentimentos negativos sufocados, o tempo, energia e dinheiro desperdiçado graças ao instinto humano de encobrir erros. Agora, imagine como seu ambiente de trabalho seria mais eficiente — para não mencionar agradável — se todos os erros pudessem ser usados para um trabalho com mais consciência. Em vez de seguir a corrente, você poderia revolucionar o escritório ou a fábrica onde trabalha.

Há alguns passos que todos podemos seguir para adquirir o hábito de pedir desculpas e aprender com nossos erros. Programe um momento Clinton diário para dizer "Eu estava errado", e depois descubra por quê. Quando cometer um erro no trabalho, identifique uma ou duas lições a serem aprendidas com o incidente e em seguida assuma a responsabilidade por ele. Se outros errarem, vença a tentação de zombar ou se sentir satisfeito com a situação e os ajude a encontrar seu lado positivo. Inicie uma discussão na sua companhia, escola ou família sobre como admitir erros pode estimular a criatividade. Reforce essa mensagem usando termos agradáveis como "dádiva" ou "bônus" para descrever a exposição de erros úteis e destacando citações como esta de Henry T. Ford: "O fracasso é simplesmente a oportunidade de recomeçar, desta vez de forma mais inteligente."

A criação de um espaço comum, como um fórum on-line ou um livro de sugestões, também ajuda na admissão de erros. Usando uma ideia da Toyota, Patounas colocou um Quadro de Comunicação no seu esquadrão onde qualquer membro da equipe pode apontar para um problema — e cada caso é imediatamente investigado e tratado. "Ele já é muito popular, basta ver os engenheiros e pilotos reunidos ao seu redor", diz Patounas. "É algo tangível, que você pode abraçar."

Certamente também ajuda saber que nossos erros não são tão julgados pelos outros quanto imaginamos. Temos a tendência natural de superestimar o número de pessoas que se importam ou se dão conta dos nossos deslizes. Os psicólogos chamam isso de "efeito holofote". Se você perceber que está prestes a entrar numa reunião importante com as meias desfiadas ou com uma mancha de ovo na gravata, provavelmente entrará em pânico, mas é muito provável que quase ninguém perceba. Em um estudo realizado na Universidade de Cornell, pediu-se aos alunos que entrassem numa sala usando uma camiseta de Barry Manilow: o beijo da morte para qualquer jovem moderno com o mínimo de respeito próprio.[9] Embora os participantes da pesquisa quase tenham morrido de vergonha, somente 23% das pessoas na sala perceberam a camiseta.

Porém, apesar de a admissão de um erro não ser tão ruim quanto tememos, ela é apenas o primeiro passo em direção à Solução Gradual. O próximo é parar e descobrir exatamente como e por que erramos.

3

Reflita: Recuar para melhor saltar

Não faça nada, fique aí.

O Coelho Branco em
Alice no País das Maravilhas

Se lhe pedirem que projete um escritório capaz de fazer a equipe esperar ansiosamente pela manhã de segunda, talvez você pense imediatamente em algo parecido com a sede da Norsafe. Cada janela dá para uma paisagem de beleza bucólica: casinhas de madeira cercadas pela floresta, barquinhos balançando ao lado de píeres, gaivotas cruzando o céu claro. Quando se aproxima do meio-dia, o sol transforma essa hidrovia estreita no sul da Noruega em uma faixa de prata cintilante.

Por anos, o balanço geral da companhia foi igualmente idílico. A Norsafe constrói barcos desde 1903 num país onde navegar é um negócio sério. Com um litoral maior do que o dos Estados Unidos, essa nação, uma faixa de terra comprida e estreita na extremidade da Europa, sempre dependeu do mar.

68 SOLUÇÃO GRADUAL

Mesmo hoje, um em cada sete noruegueses possui algum tipo de embarcação. Mas as aparências enganam. Pouco tempo atrás, a Norsafe estava prestes a sofrer um colapso, e ninguém via a perspectiva de ir trabalhar na manhã de segunda-feira com muito ânimo.

A companhia produz barcos salva-vidas especialmente projetados para plataformas de petróleo e petroleiros. Fechados como submarinos e com a cor laranja vivo exigida pela regulamentação, eles podem ser lançados no máximo da sua capacidade de passageiros de uma altura de quase 40 m. No fim dos anos 2000, quando a economia global estava em amplo crescimento, a Norsafe era invadida por pedidos do mundo inteiro, triplicando seu giro comercial. Entretanto, por trás dos números do faturamento, assim como a Toyota, a companhia havia perdido o controle sobre seus processos internos e lutava para atender à demanda. Prazos não eram cumpridos, falhas de projetos passavam despercebidas na fábrica, clientes que faziam reclamações ficavam sem respostas. Com um processo judicial após outro e os lucros despencando, as equipes de projeto, produção e vendas queriam cortar as gargantas umas das outras. Todos sabiam que tinham um problema, mas ninguém sabia como resolvê-lo.

A virada veio em 2009, quando um consultor organizacional chamado Geir Berthelsen fez um discurso na sede da Norsafe. Com a cabeça raspada e olhos atentos, o norueguês de 48 anos transmite a calma de um monge budista. Desde o início dos anos 1990, sua firma de consultoria, a Magma, vem recuperando companhias em dificuldades ao redor do mundo com sua versão da Solução Gradual. Seja qual for o país ou a área da companhia, o primeiro passo no plano de recuperação é sempre o mesmo: dedicar o tempo necessário à identificação da verdadeira razão dos problemas. "A maioria das companhias têm pressa, então lutam apenas com soluções rápidas que só remediam os sintomas em vez de tratar o problema propriamente dito", ele diz. "Para identificar o que realmente está dando errado, primeiro é necessário avaliar o quadro geral da companhia em câmera lenta, fazer como a Toyota e perguntar por que, por que e por que, reduzir o ritmo por tempo suficiente para analisar e entender."

Isso é um resumo do ingrediente seguinte da Solução Gradual: refletir pelo tempo que for necessário sobre o problema e chegar ao diagnóstico certo. Quando lhe perguntaram o que ele faria se lhe dessem uma hora para salvar o mundo, Albert Einstein respondeu: "Passaria 55 minutos definindo o problema e apenas cinco encontrando a solução." A maioria de nós faz exatamente o oposto. Lembre-se da sua última visita ao clínico geral. A consulta provavelmente não durou mais que alguns minutos enquanto você se esforçava para dizer tudo que queria. De acordo com um estudo, os médicos dão somente 23 minutos para que os pacientes expliquem como se sentem antes de interromper.[1] Não é de se admirar que tantas doenças recebam o diagnóstico errado.

Da mesma forma, é muito difícil que você descubra a verdadeira razão dos problemas de uma organização simplesmente lendo um e-mail, convocando uma reunião ou analisando o relatório anual. Quando as coisas dão errado, como vimos antes, as pessoas geralmente jogam a culpa nos outros e evitam dizer qualquer coisa que possa fazê-las serem ridicularizadas ou magoar os colegas. Num mundo que valoriza mais a ação do que a reflexão, é difícil passar 55 minutos pensando. Contudo, dos negócios à medicina e todo o restante, um pouco de inércia poderia ser exatamente o que o médico recomendaria. Alguns problemas não passam de turbulências passageiras ou distrações. Com outros, basta esperar um pouco para que a solução surja naturalmente. Mas até mesmo para problemas que requerem intervenção, a inércia combinada à reflexão profunda e à observação aguçada pode ser o primeiro passo para uma solução acurada. É por isso que médicos que tratam doenças incomuns passam dias, semanas e até meses fazendo exames, observando como os sintomas evoluem e pedindo mais análises antes de chegarem a um diagnóstico e darem início ao tratamento. "Não fazer absolutamente nada é a coisa mais difícil do mundo", disse Oscar Wilde, "a mais difícil e a mais intelectual".

É por isso que a firma de consultoria Magma primeiro passa um longo tempo nas trincheiras, trabalhando ao lado dos funcionários, observando, ouvindo, aprendendo, conquistando sua confiança, lendo nas entrelinhas. "Sempre começamos pela base, no chão da fábrica ou onde quer que o trabalho seja feito, passando ali o tempo necessário para entender tudo sobre como todos os sistemas operam e como todos agem dentro desses sistemas", diz Berthelsen. "Precisamos descobrir as perguntas certas a serem feitas antes de chegarmos às respostas corretas. Somente a partir daí é que podemos realmente consertar as coisas."

Após um bom tempo, a equipe da Magma descobriu por que a Norsafe estava afundando: ela havia se tornado uma grande companhia que continuava operando como uma companhia pequena. À medida que os pedidos se tornavam mais complexos, a equipe deixou de prestar atenção aos detalhes — um erro fatal se considerarmos que os barcos salva-vidas mais sofisticados contêm 1.500 partes e devem estar de acordo com uma série de regras e regulamentações. Os projetistas faziam os desenhos às pressas, sem considerar orçamentos nem as leis da física. O departamento de vendas aprovava projetos sem realmente entender o que estava escrito nas letras miúdas. Localizado em instalações separadas ao lado da sede, o setor de produção da companhia corria para cumprir prazos. As recriminações eram lançadas de um lado para outro, e a empresa se dividiu em um aglomerado de territórios rivais.

"Costumávamos ter que brigar para que o departamento de vendas nos desse os pedidos seguintes ou para conseguir qualquer informação, e ninguém podia quebrar o silêncio para não atrapalhar a tranquilidade do pessoal do design", diz Geir Skaala, proprietário e diretor executivo. "Eu achava que era o único na administração que tinha algum interesse pelo que estava acontecendo na produção."

Depois de fazer a lição de casa, a Magma desenvolveu um sistema capaz de permitir à Norsafe operar como uma grande companhia. O primeiro passo era reservar mais tempo à análise dos contratos. O departamento de vendas agora examina cada pedido com um pente- fino e o próprio Skaala lê todos os contratos, marcando os pontos com os quais discorda em vermelho e os que requerem maiores esclarecimentos em amarelo. Cada desenho de projeto agora vem com uma lista completa de todas as especificações relevantes. O papel de cada um foi claramente definido na empresa, e a equipe mantém relatórios regulares das atividades.

A Magma também começou a derrubar as barreiras entre os departamentos. Todos os funcionários do design, das vendas e da produção agora se reúnem regularmente, com os celulares desligados, para conversar sobre contratos, novos planos e o que está acontecendo na fábrica. Como acontece às equipes da RAF Coningsby e aos funcionários da ExxonMobil, a empresa pede a todos que registrem até os menores problemas e proponham soluções. Para reforçar esse novo espírito de abertura, Skaala passou a almoçar no refeitório em vez de comer sozinho em seu escritório.

Essa Solução Gradual não aconteceu da noite para o dia, e tampouco de forma indolor. Ela envolveu meses de explicações, instruções e reciclagem. Egos foram feridos e amizades postas à prova. Embora assustados com a situação, muitos funcionários acharam difícil adotar a nova forma de trabalho. "Eles pensavam 'É assim que faço isso, era assim que meu pai e meu avô faziam, por que eu deveria mudar?'", diz Skaala. "Não era má vontade; o problema é que é mais fácil continuar fazendo as coisas como antes." Em outras palavras, é a tendência ao status quo. Mas, afinal de contas, a maioria dos funcionários da Norsafe abraçou o novo regime, e os dois que não fizeram isso deixaram a companhia.

A equipe parece satisfeita com a mudança. Hans Petter Hermansen é o gerente de produção da Norsafe há mais de vinte anos. Com a pele bronzeada, cabelos brancos e olhos azuis penetrantes, ele parece uma mistura de Giorgio Armani com o herói de *O velho e o mar*, de Hemingway. "A Magma nos ensinou a reclamar, e até mesmo a interromper a produção se houver algo errado num pedido antes de tentar fazê-lo funcionar", ele diz. "Agora, nós todos conversamos e trabalhamos juntos, como um time, então fazemos a coisa certa logo no início, o que é muito mais eficiente do que consertar os erros mais à frente."

Essa Solução Gradual ainda tem um longo caminho a percorrer. Uma revolução que teve início no departamento de vendas e contratos agora está avançando pelo restante da companhia. Transmitir as mudanças para as operações na China e na Grécia levará mais tempo. Mesmo na sede da Noruega, o sistema ainda está em processo de implementação. No dia da minha visita, a Norsafe estava testando o protótipo de um barco salva-vidas. Vários projetistas nervosos estavam de pé num cais observando a embarcação ser afundada numa experiência controlada. Depois que começa a se encher de água, ela não consegue se endireitar dentro dos três minutos estipulados pela lei internacional. Os projetistas parecem perplexos, mas Hermansen sorri ironicamente.

"Eles estão coçando as cabeças, mas eu disse que precisavam de mais quatro centímetros de espuma na cobertura", ele sussurra. "Isso mostra que até mesmo com os processos certos na companhia, as pessoas nem sempre nos ouvem."

REFLITA: RECUAR PARA MELHOR SALTAR

Ainda assim, a Norsafe parece ter entrado numa nova etapa. Os contratos estão circulando de forma mais fácil pela companhia, os barcos salva-vidas chegam a tempo e em boas condições, e os lucros aumentaram. Não há mais processos judiciais aguardando decisão, e a atmosfera nos escritórios está mais leve. Em 2011, o principal jornal financeiro da Noruega publicou um artigo descrevendo a Norsafe como uma "máquina de fazer dinheiro". Skaala está nas nuvens. "Tudo está funcionando agora, e vir para o escritório voltou a ser divertido", ele diz. "Não é nada complicado. Não é mágica. Não é difícil de entender. Nós só precisávamos reduzir o ritmo e pensar bem no que exatamente estava dando errado na nossa companhia antes de podermos resolver o problema."

Outros fazem a mesma reflexão, lenta e profundamente, sem consultores. No fim dos anos 1980, a Patagônia, fabricante de equipamentos para esportes ao ar livre localizada na Califórnia, cresceu tão rápido que parou de treinar apropriadamente os novos gerentes e perdeu o controle da sua inflada rede de divisões de produtos e canais de distribuição. A reação de Yvon Chouinard, fundador e proprietário da companhia, foi entrar no modo da solução rápida, tendo reestruturado a Patagônia cinco vezes em cinco anos. "Eu estava enlouquecendo todo mundo ao experimentar novas ideias constantemente sem uma direção clara de onde estávamos tentando chegar", ele escreveria mais tarde. A fim de encontrar essa direção, Chouinard puxou a corda *Andon*. Em 1991, ele levou doze dos principais gerentes à Argentina para explorarem a verdadeira Patagônia. Como profetas bíblicos em busca da verdade no deserto, os principais responsáveis pela empresa passaram duas semanas andando pela paisagem inóspita em meio aos ventos fortes, ruminando sobre a Grande Pergunta: que tipo de companhia queremos construir? Eles voltaram da Argentina com várias ideias que se tornaram a definição da sua missão: "Fabricar o melhor produto, não causar nenhum dano desnecessário e usar nosso negócio para inspirar e implementar soluções para a crise ambiental." Para incutir o credo na cadeia de comando, Chouinard levou os gerentes de níveis inferiores para retiros de uma semana nos parques nacionais dos Estados Unidos. Depois de investir o tempo necessário para responder à Grande Pergunta, a Patagônia finalmente conseguiu colocar a casa em ordem, eliminando camadas supérfluas de gestão, otimizando inventários e monitorando os canais de vendas. Atualmente, as vendas anuais da companhia somam mais de 540 milhões de dólares, enquanto a política iniciada em 1985 de doar 1% das vendas para causas ambientais continua sendo mantida.

Homens de negócios não são os únicos que podem se beneficiar com uma boa reflexão sobre os problemas. Sob seu novo regime de segurança, a RAF conta com a ajuda de psicólogos para ir fundo nos "fatores humanos" presentes em cada acidente. "Todas as peças do quebra-cabeça têm uma história, e por trás dessa história há outra e mais outra — pode ser um homem que saiu de casa cedo porque demorou a chegar na noite anterior e teve uma briga com a esposa ou companheira, ou chegou ao trabalho e não encontrou os livros que deveria consultar", diz o coronel-aviador Brailsford. "Estamos falando sobre puxar a corda *Andon* para chegar ao cerne de cada problema. Isso significa passar mais tempo pensando antes de agir, mas quando agimos, conseguimos aplicar as soluções certas aos problemas certos."

O mesmo pode ser dito das questões do coração. Se quiser resolver os problemas do seu relacionamento, você precisa passar algum tempo pensando para descobrir o que realmente está errado antes de procurar a solução certa. Em seu trabalho de terapia com casais de Toronto, Dave Perry coloca uma pequena tartaruga de cerâmica sobre a mesa entre ele e os pacientes. "É apenas um lembrete visual de que temos que adotar uma abordagem lenta e tranquila para chegar ao coração da questão", ele diz. "No início, as pessoas têm dificuldade para entender isso porque querem uma solução rápida, mas depois que sentem que têm permissão para reduzir o ritmo, é um grande alívio."

Dedicar tempo à identificação e à compreensão do problema corresponde ao modus operandi da IDEO, uma empresa global de design famosa pelo exame profundo que faz antes de recomendar uma solução. Quando o Memorial Hospital and Health System de South Bend, Indiana, pediu ajuda nos planos para o seu novo centro cardíaco e vascular, a equipe da IDEO passou semanas nas alas do hospital observando, ouvindo e fazendo perguntas. Eles entrevistaram e formaram grupos de discussão com pacientes, familiares, médicos, enfermeiras, administradores, técnicos e voluntários. Até mesmo recriaram a experiência de um paciente que vai ao hospital para tudo, de uma simples consulta a uma cirurgia cardíaca, do ponto de vista do paciente e da família. Muitas das suas sugestões entraram no projeto final da nova ala. "Em vez de simplesmente investigar as necessidades das pessoas perguntando diretamente 'Do que você gostaria?', usamos uma abordagem mais ponderada e experimental, que envolve imersão e filtragem", diz Jane Fulton Suri, sócia-diretora e gerente criativa da IDEO. "Quando gastamos mais dinheiro nos familiarizando profundamente com um problema, criamos espaço para novas e surpreendentes ideias."

O processo pode levar a uma reformulação completa do problema original. Se um cliente pede uma nova e aperfeiçoada torradeira, a IDEO pode colocar o pedido para circular com a pergunta: há uma maneira melhor de fazer uma torrada? Ou como o café da manhã poderia ser diferente? A IDEO adotou uma estratégia semelhante quando ajudou a Apple a desenvolver seu revolucionário mouse para computador em 1980. "Desde o início, perguntamos 'Qual é realmente o problema e como precisamos tratá-lo?'", diz Fulton Suri. "Há sempre o risco de que a solução já esteja incorporada na formulação do problema original. Se pararmos para reformulá-lo, podemos encontrar formas alternativas, e com frequência melhores, de lidar com a verdadeira necessidade."

Esse princípio também está dando certo no sério mundo do controle de trânsito. Quando acidentes ocorrem constantemente num determinado trecho de uma estrada, a solução tradicional é reequipar a estrada com a instalação de postes, quebra-molas ou placas de alerta. Por quê? Porque quanto mais instruções forem dadas aos motoristas, melhor eles dirigem.

Ou será que não? Depois de anos observando essa regra sagrada fracassar em tornar as estradas mais seguras, alguns engenheiros começaram a se perguntar se estavam levantando a questão errada. Em vez de perguntar "O que podemos *acrescentar* para tornar nossas estradas mais seguras?", eles começaram a fazer perguntas no estilo contraintuitivo da IDEO: "Quais seriam as características de uma estrada mais segura?" O que descobriram os surpreendeu. A realidade é que a sabedoria tradicional em relação ao trânsito está errada. Muitas vezes, quanto *menos* instruções são dadas aos motoristas em relação a como se comportarem, *mais* eles se esforçam para dirigir com segurança. Pense bem. A maioria dos acidentes acontece perto de escolas, faixas de cruzamento, faixas de ônibus e ciclovias — todas reguladas por densas florestas de placas, luzes e marcações na estrada. O motivo disso é que o excesso de instruções pode distrair os motoristas. Também pode levá-los a uma falsa sensação de segurança, fazendo-os dirigir sem prestar atenção.

Se reduzirmos o número de luzes, placas e distrações visuais, os motoristas acabam tendo que pensar por si mesmos. Precisam fazer contato visual com pedestres e ciclistas, planejar sua passagem pelo meio urbano e pensar antes do movimento seguinte.

REFLITA: RECUAR PARA MELHOR SALTAR

Resultado: o trânsito flui com mais liberdade e segurança. A retirada das placas da Kensington High Street, uma das ruas comerciais mais movimentadas de Londres, ajudou a reduzir o índice de acidentes em 47%.[2]

Também há razões neurológicas para se dedicar o tempo necessário a uma reflexão lenta e profunda sobre um problema. Os prazos têm seu papel na identificação de soluções, mas acelerar o ritmo pode levar a um pensamento negligente e superficial. Teresa Amabile, professora e diretora de pesquisa da Harvard Business School, passou os últimos trinta anos estudando a criatividade no ambiente de trabalho. Sua pesquisa aponta para uma conclusão preocupante: a pressa nos torna menos criativos. "Embora níveis moderados de pressa não prejudiquem a criatividade, a pressa exacerbada pode limitar a criatividade, pois as pessoas não conseguem se envolver profundamente com o problema", diz Amabile. "A criatividade geralmente requer um período de incubação; as pessoas precisam de tempo para mergulhar num problema e deixar as ideias começarem a se formar."

Todos nós sabemos isso por experiência. Nossas melhores ideias, aqueles momentos "eureca" que viram tudo de cabeça para baixo, raramente surgem quando estamos operando em modo acelerado, mandando um e-mail após outro, esforçando-nos para fazer nossas vozes serem ouvidas durante uma reunião com alto nível de estresse, correndo para entregar um trabalho a um chefe impaciente. Eles vêm quando estamos passeando com o cachorro, balançando-nos numa rede ou durante o banho. Quando estamos calmos, sem pressa, livres do estresse e das distrações, o cérebro entra num modo mais complexo e nuançado de pensamento.[3] Alguns chamam isso de Pensamento Lento, e as melhores mentes sempre entenderam seu poder. Milan Kundera falou sobre "a sabedoria do vagar". Arthur Conan Doyle descreveu Sherlock Holmes entrando num estado quase meditativo, "com uma expressão vazia e sonhadora nos olhos", ao ponderar as evidências de cenas de crime. Charles Darwin denominava-se um "pensador lento".

Reduzir o ritmo para ponderar faz sentido até mesmo quando as circunstâncias não permitem semanas de observação paciente ou longas caminhadas meditativas na Patagônia. Estatísticas demonstram que os policiais se envolvem em menos tiroteios, prisões e assaltos quando trabalham sozinhos, sem parceiros. Qual é o motivo? O policial solitário é mais cauteloso e circunspecto, apresentando maior probabilidade de parar por um momento e avaliar suas opções antes de agir.[4] A menor pausa pode nos tornar até mesmo mais éticos.[5] Pesquisadores da Universidade Johns Hopkins demonstraram que, quando diante de uma escolha clara entre o certo e o errado, apresentamos uma probabilidade cinco vezes maior para fazer a coisa certa se tivermos tempo para pensar. Outras pesquisas sugerem que bastam dois minutos de reflexão ponderada para que enxerguemos além das nossas tendenciosidades e aceitar os méritos da argumentação racional.

A fim de criarmos espaço para a reflexão profunda e criativa, precisamos demolir o tabu contra a lentidão, profundamente arraigado na cultura do século XXI. Precisamos aceitar que a desaceleração judiciosa nos momentos certos pode nos tornar mais inteligentes. Ao lidar com um problema em grupo, isso significa prestar menos atenção aos que pensam rápido para nos concentrar nas "moscas--mortas", que analisam detidamente a situação. Tim Perkins, instrutor da Odyssey of the Mind, vê isso acontecer o tempo todo. "No ano passado, tivemos uma menina que ficava tão quieta durante as sessões de brainstorming que quase esquecíamos que ela estava lá", ele conta. "Mas, na verdade, ela estava processando o que era dito, e então, 10 ou 15 minutos depois, ela falava, e muitas vezes a equipe acabava aceitando sua solução para o problema."

Nós todos podemos seguir algumas práticas para refletir profundamente. Mesmo quando não há nenhum problema a ser resolvido, reserve um tempo na sua agenda para se desconectar da tecnologia e deixar a mente vagar. Ao se deparar com um novo problema, adote como regra pensar nele pelo menos de um dia para outro antes de propor uma solução. Pergunte por que, por que e por que antes de identificar a causa original. Mantenha um objeto sobre a mesa — uma escultura, uma lesma de madeira, uma foto do seu destino de férias favorito — para lembrar de reduzir o ritmo e pensar antes de agir. Acima de tudo, teste suas soluções várias vezes, não importa quão perfeitas pareçam.

Apostar tudo numa solução rápida aparentemente promissora é um erro fácil de cometer, mesmo quando desenvolvemos sistemas para impedir que isso aconteça. Os investigadores da RAF Coningsby, recém-treinados na arte de analisar "fatores humanos" e encontrar as causas originais de um problema, já caíram na armadilha. Recentemente, durante um trabalho de manutenção de rotina, quando um engenheiro abriu a porta do trem de pouso de um Typhoon, ela caiu e bateu num suporte que estava embaixo do avião, abrindo um corte perfeitamente confundível com um dano causado por fogo inimigo. No passado, o jovem cabo teria sido punido e provavelmente ridicularizado pelos companheiros. Ele poderia até mesmo ter tentado esconder as evidências para fugir da culpa. De qualquer forma, sua equipe teria substituído a porta sem analisar o que provocou o acidente.

Sob o novo regime, o engenheiro redigiu um relatório imediatamente, dando início a uma investigação completa. A equipe da coronel-aviadora Simpson rapidamente descobriu que estava faltando o pino de segurança que teria evitado a queda da porta do trem de pouso no momento fatídico. Até aqui tudo bem. Indo mais fundo, eles identificaram uma falha assustadora: embora os pinos de segurança estejam listados em todos os manuais dos Typhoons, três em quatro esquadrões da RAF nunca os haviam sequer instalado.

Simpson ficou chocada. "Todos estão seguindo a lista. Todos são treinados de acordo com a lista. Todos podem ver fotos do pino no local. E mesmo assim ninguém percebeu que nunca havíamos comprado sequer um pino", ela diz. Foi como a última prova da necessidade do novo regime. A RAF comprou uma boa quantidade de pinos de segurança e fechou o Caso da Porta de Trem de Pouso Danificada.

"Todos disseram 'Nossa! Esse sistema não é brilhante? Nunca teríamos descoberto isso antes!'", diz Simpson. "Pensamos: 'Tudo está claro agora, problema resolvido.'" Mas não era bem assim. Poucas semanas depois, a porta de outro Typhoon foi danificada num acidente quase idêntico.

O pino de segurança foi apenas uma distração. Quando os investigadores pararam para pensar bem e ir mais fundo, descobriram que uma série de outros fatores havia levado ao incidente com a porta: engenheiros distraídos por causa da mudança de turno; um hangar pouco iluminado; uma ilustração no manual de instruções que sugeria um ângulo errado para o suporte.

"Estávamos tão satisfeitos quando descobrimos o pino de segurança, aparentemente uma resposta óbvia para o problema, que ficamos completamente cegos por ele e paramos de procurar outras causas", diz Simpson, contraindo o cenho ao relembrar. "Mas o lado positivo foi que aprendemos uma lição valiosa: se você identifica um fator que parece oferecer uma solução quase perfeita, não quer dizer que deve parar. É preciso continuar investigando, cavando, fazendo perguntas até ter o quadro completo do que aconteceu e como resolver o problema apropriadamente."

Em outras palavras, se a solução parece boa demais para ser verdade, provavelmente não é a solução.

Quando pergunto a Simpson se todo esse pensamento profundo leva a um momento de perfeita clareza, ela fica calada por alguns segundos antes de responder. "Você alcança um ponto em que sabe o que fazer, mas raramente é tão simples quanto um truque de mágica", ela diz. "Há sempre vários fatores com os quais você tem que se conectar."

4

O pensamento holístico:
Ligando os pontos

Tudo está conectado... nada pode mudar por si só.

Paul Hawken, ambientalista

Chamam-no de gingado do gueto. Você já o viu em episódios de *The Wire*, em 1 milhão de vídeos de hip-hop, e talvez até nas ruas da sua própria cidade. Estamos falando daquele andar lento, a passos largos, usado por jovens em bairros do subúrbio. É o indício de um velho ferimento de bala, ou de uma arma escondida em algum lugar daquelas calças folgadas. É uma coisa de gangues, um hábito das ruas, uma postura cujo intuito é transmitir uma mensagem para todos ao redor.

"Não brinque comigo, eu sou um filho da mãe cruel." Encontro Lewis Price andando com um gingado do gueto digno de um profissional. Cabelo preso num rabo de cavalo, calças folgadas e Air Jordans vermelhos e pretos deliberadamente desamarrados. Aos 17 anos, ele tem uma compleição compacta e musculosa, com a energia potencial de um atleta na linha de partida ou de um gato esperando para saltar.

Quando Price começa a falar, porém, você se dá conta que ele está longe de ser um filho da mãe cruel. Seu sorriso solto e modos gentis traem sua aparência. Ele adora falar, e logo fica absorto em qualquer conversação, os olhos movimentando-se pela sala como se estivesse à procura de mais uma razão para rir. Ao contrário de muitos jovens que acabam se envolvendo na violência de gangues que castiga a região centro-sul de Los Angeles, ele não finge o gingado para causar impacto. Quando tinha 14 anos, o membro de uma gangue rival atirou nele enquanto Price caminhava na calçada. A bala atingiu sua perna direita e penetrou tão fundo que os médicos decidiram não a remover. Ele não pode mais jogar futebol nem basquete, e o fato de mancar atrai o tipo errado de atenção para si nas ruas.

"As pessoas pensam que ando assim de propósito, que ando como um membro de gangue para afirmar alguma coisa ou algo do tipo", ele diz. "Mas não consigo andar de outro jeito desde que levei um tiro. Sabe o que mais? Acho que tenho sorte pelo simples fato de conseguir andar."

Price hoje em dia tem o hábito de olhar para o lado positivo das coisas. Ele virou as costas para a rua, ganhou um lugar na lista de melhores alunos da escola e planeja entrar na universidade — feito considerável para um menino nascido e criado em Watts.

Esse lado de Los Angeles há muito tempo está na linha de frente da luta dos negros. Em 1965, os Motins de Watts transformaram 130 km² da cidade numa zona de guerra de prédios incendiados e batalhas com a Guarda Nacional. Mais tarde, as gangues tomaram conta do local, com os célebres Bloods e Crips delimitando territórios de violência. Na última década, um grande número de latinos se mudou para cá, mas Watts continua castigado pela mesma velha lista de desespero urbano: pobreza, criminalidade, escolas decadentes, um sistema de saúde abandonado, desemprego, lares desfeitos, drogas, gravidez na adolescência, desnutrição, pais endividados, violência doméstica. Com milhares de membros de gangues, brigas de rua, de faca e tiroteios, como o que deixou Price debilitado para a vida inteira, fazem parte da rotina. Poucos jovens de Watts conseguem entrar na faculdade.

Price não é o primeiro membro de gangue a virar essa página da sua vida. Entretanto, em vez de dar o crédito à igreja, à família, ou a um assistente social heroico, ele diz que a responsável foi a escola. Para o prazer e a surpresa de muitos residentes de Watts, a escola ginasial local, atualmente conhecida como Ánimo Locke, deixou de ser um hospício para se tornar um símbolo de esperança.

"Se não fosse pela Locke, eu não seria quem sou hoje", diz Price. "Antes de chegar aqui, eu achava que, cara, a única forma de ficar vivo era só sobreviver nas ruas; mas cheguei aqui e eles me acordaram." Ele fica em silêncio por um momento, como se avaliasse a estrada que não pegou, antes de acrescentar: "Se não fosse pela Locke, eu seria como meus velhos amigos, estaria morto ou na cadeia. Mas agora, você sabe, tenho um futuro. Sou um bom aluno e vou conseguir."

Muitos países continuam tentando descobrir como quebrar o ciclo das crianças pobres, indo mal em péssimas escolas a caminho de uma vida na miséria. O problema é especialmente grave nos Estados Unidos, onde quase metade dos alunos que abandonam a escola vem de 10% das instituições ginasiais do país, a maioria localizada em bairros urbanos pobres.[1] Uma solução é a construção de escolas novas e melhores nas mesmas áreas. Essa foi a estratégia adotada pela Charter Management Organizations (CMOs), organizações não lucrativas que vêm usando dinheiro público para abrir e administrar centenas de escolas gratuitas em todo o país desde os anos 1990. A administração de Obama tomou um curso diferente, empregando diretores de sucesso com o dinheiro e dando ordens para reconstruir do zero escolas em decadência. São estratégias que geraram resultados diferentes. A Locke destaca-se porque combinou as duas com sucesso.

Em 2007, o Distrito Escolar Unificado de Los Angeles convidou uma CMO chamada Green Dot para projetar a restauração da Locke. Era a primeira vez que um grupo charter* americano aceitava assumir a responsabilidade por uma escola decadente, e a situação da Locke era séria. Inaugurada em 1967 como um símbolo de renovação depois dos Motins de Watts, a escola foi batizada em homenagem a Alain Leroy Locke, o primeiro afro-americano a ganhar uma Bolsa Rhodes para estudar na Universidade de Oxford. Com o passar dos anos, no entanto, à medida que os empregos tornavam-se cada vez mais escassos e as famílias de classe média deixavam o bairro, a sorte da escola também desapareceu. Quando a Green Dot entrou em cena, a Locke, que ocupa seis quarteirões e tem capacidade para 3.100 alunos, parecia o tipo de fábrica abandonada que costumamos ver nos filmes: prédios cobertos por grafite, janelas quebradas, lâmpadas queimadas, paredes descascando em todas as salas de aula, lixo espalhado pela escola e carros estacionados por todos os lados, até mesmo nas quadras de handebol.

Os estudantes frequentemente matavam aula para andar pelos corredores ou ficar sentados em grandes grupos jogando dados ou fumando maconha. Eles acendiam fogueiras dentro da escola e faziam festas no telhado. Membros de gangues vendiam drogas em frente ao ginásio. Os seguranças da escola passavam a maior parte do tempo apartando brigas e mantendo distância entre gangues rivais. Vários alunos eram baleados nos portões da escola.

---

*Organizações que recebem recursos do governo para administrar escolas nos Estados Unidos, chamadas "charter schools". A prática tem sido adotada para gerar resultados melhores na educação gratuita. [N. da T.]

O PENSAMENTO HOLÍSTICO: LIGANDO OS PONTOS

Alguns professores tentavam heroicamente educar os poucos alunos dispostos a serem educados, mas estavam remando contra a maré. Muitos simplesmente desistiam. A equipe exibia filmes tantas vezes que os pais apelidaram a Locke de "cinema do gueto". Muitos liam jornais e romances nas salas de aula enquanto as crianças lutavam pelo chão ou jogavam cartas. O professor de Competências Para a Vida ia dar aula bêbado. A Locke chegou ao fundo do poço em 2007, quando a cidade mandou helicópteros e um batalhão de choque para conter uma briga envolvendo centenas de alunos. Mas enquanto os tiroteios, estupros e espancamentos viravam manchete, a estatística mais preocupante foi esta: das 1.451 crianças que chegaram à nona série em 2004, menos de 6% se formaram quatro anos depois com uma pontuação aceitável para candidatura às universidades estaduais da Califórnia.

Não que os representantes tivessem desistido da Locke. Muito pelo contrário, a cidade instituía iniciativas continuamente na escola: um novo sistema de controle de frequência, um programa de leitura inovador, um código de disciplina mais eficiente, e assim por diante. O problema era que as autoridades nunca dedicaram tempo suficiente para entender o quadro geral. Elas passavam de uma iniciativa a outra, do mesmo jeito que eu fiz com os diversos tratamentos que experimentei para a minha dor nas costas. Stephen Minix, coordenador de atletismo, era um dos que acompanhavam mais de perto esse caleidoscópio de soluções rápidas. "Ano após ano, recebíamos homens de terno e gravata na escola, jogando um pouco disso e um pouco daquilo, dizendo 'Essa vai ser a solução', e depois eles simplesmente desapareciam", ele conta. "Estavam sempre repassando políticas ousadas, sem considerar o que significavam para a Locke, de forma que elas nunca fizeram progresso. Eram apenas soluções band-aid para problemas muito mais profundos."

A princípio, portanto, a Green Dot deparou-se com uma boa dose de ceticismo. Os professores da Locke, incluindo Minix, achavam que os novatos eram apenas mais um bando de vendedores de soluções rápidas. Muitos residentes de Watts desconfiavam dos forasteiros de voz suave. Como expõe um dos pais: "Muitas pessoas pensavam 'Lá vêm esses caras brancos, esses peregrinos, armando suas tendas, levantando cercas e prometendo resolver os problemas da nossa escola e dos nossos filhos, mas ninguém pede nossa opinião, e quando não der certo, eles irão embora e nos deixarão com uma bagunça ainda maior.'"

Porém, a Green Dot não é uma organização de soluções band-aid. Ela levou a Locke diretamente para o hospital, pois a escola precisava passar por uma importante operação médica. O homem no comando é Marco Petruzzi, cujos pontos de vista incisivos sobre a nossa cultura de modas e palavras de impacto vazias já vimos anteriormente. Quando lhe pergunto o que a mudança ocorrida na Locke pode nos dizer sobre a arte de resolver problemas, ele responde sem hesitação. "A principal lição é que não existe uma única política, um software, uma só mudança no ambiente capaz de recuperar uma escola em dificuldade", ele diz. "É uma série de fatores, e é preciso identificá-los, entender como estão interconectados, e então lidar com todos em conjunto."

Isso nos leva ao próximo ingrediente da Solução Gradual: ligar os pontos para uma abordagem holística. No capítulo 3, vimos a importância de investirmos o tempo necessário para entender a verdadeira natureza de um problema. Isso geralmente revela uma rede de fatores interconectados que jamais poderão ser resolvidos num passe de mágica. Problemas complexos, das mudanças climáticas ao conflito no Oriente Médio ou um casamento em crise, precisam ser examinados sob lentes abrangentes e com uma abordagem holística. Quando as companhias americanas começaram a fazer investimentos pesados em tecnologia nos anos 1990, os especialistas simplesmente cruzaram os braços e esperaram por um grande aumento de produtividade. Ele nunca veio. Ou, se veio, foi somente depois que os empresários perceberam que a instalação de novos equipamentos e sistemas não era o bastante. Também era necessário fazer uma série de mudanças sistêmicas, desde treinamento para a equipe à otimização dos processos organizacionais. Uma regra essencial é que para cada dólar gasto em tecnologia uma companhia precisa investir mais cinco dólares na sua reorganização a fim de se preparar para usar os novos recursos.[2]

Essa abordagem holística também é útil na medicina, na qual os sintomas físicos geralmente fazem parte de um quadro mais amplo. Tendo identificado a ligação entre o corpo e a mente, muitos hospitais atualmente usam a arte, a música e até mesmo palhaços para ajudarem a combater o estresse, a dor e melhorar o processo de cura.

O mesmo se aplica a relacionamentos em crise. Marianne Bertrand, a terapeuta de Paris que conhecemos anteriormente, observa que casais em conflito com frequência se concentram em uma única mágoa — um caso, por exemplo. Entretanto, essas coisas tendem a acontecer não de forma isolada, mas costumam ser o sintoma de problemas mais profundos e complexos. Como a RAF, revelando histórias dentro de histórias após um incidente, Bertrand ajuda os casais a desvendarem a narrativa sob a superfície. "Não se pode entender uma peça shakespeariana ouvindo apenas um solilóquio", ela diz. "Um relacionamento é como um quebra-cabeça grande e complexo, portanto precisamos examinar todas as peças para depois descobrirmos como juntá-las."

O problema é que o pensamento holístico não é algo fácil de ser desenvolvido. Como já vimos, o cérebro humano na maioria das vezes é levado à visão em túnel. Lembremos que mais da metade das pessoas não veem o homem fantasiado de gorila passar no jogo de basquete do vídeo no YouTube. É por isso que os melhores solucionadores são os que trabalham duro para ligar os pontos. "Tentamos lidar com cada problema investigando o que está realmente acontecendo com as pessoas envolvidas no sistema", diz Jane Fulton Suri, da IDEO. "Mapeamos a conexão entre as coisas, entendemos como as atividades das diferentes pessoas envolvidas combinam-se a partir da cultura local e como elas devem ser abrangidas nas mudanças." Nesse mesmo espírito, a Green Dot deu início à recuperação da Locke de dentro para fora.

Visando à criação de ambientes mais intimistas, ela dividiu a escola em núcleos menores, isolando-os com cercas e divisórias temporárias. Também reduziu o tamanho das classes de 40 para cerca de 30 alunos. Todos os professores da Locke foram demitidos e convidados a se recandidatarem aos cargos. Após uma série de entrevistas rigorosas, a Green Dot readmitiu um terço deles, formando o restante da equipe a partir de jovens professores de fora, ávidos por mostrar sua capacidade. Reciclagens e avaliações constantes agora mantêm tanto os professores novos quanto os antigos atualizados e motivados.

Em vez de correr para a saída ao soar da campainha das 15h, a equipe agora fica na escola até a noite para tirar dúvidas dos alunos, dar conselhos para candidaturas a vagas em universidades ou simplesmente ouvir quando algum aluno precisa conversar. "Os professores ensinam, mas vão muito além disso", diz Price. "Eles realmente se certificam de que entendemos as coisas, e podemos procurá-los a qualquer momento. Podemos telefonar tarde da noite e dizer 'Estou com dúvidas na sua tarefa de casa, você pode me ajudar?'. E eles nos ajudam até terminarmos."

A fim de dar um verdadeiro propósito às mudanças acadêmicas, a Green Dot decidiu introduzir uma única ideia na cultura

O PENSAMENTO HOLÍSTICO: LIGANDO OS PONTOS

da escola: com esforço e imaginação, todas as crianças que entrarem pela porta um dia poderão chegar à universidade. Esse lema é como um mantra. Todos os alunos recebem ajuda no desenvolvimento de um plano para a faculdade a partir da nona série. Emblemas e folhetos de universidades são afixados nas salas de aula ao lado de fotos dos últimos formandos de beca e capelo. Os alunos retornam para fazer palestras sobre a vida na universidade. Durante as aulas, os professores motivam os alunos com frases como "Quando vocês estiverem na faculdade..." ou "Seus professores na faculdade serão...".

A Green Dot não só recuperou a escola no aspecto acadêmico, mas também renovou o ambiente e transformou sua atmosfera. Começou com uma reforma digna de um cirurgião plástico de Los Angeles: pintando os prédios, limpando todo o lixo, consertando janelas quebradas e trocando lâmpadas; substituindo o concreto cheio de rachaduras no centro do campus por um gramado cercado por flores, arbustos, oliveiras e pimenteiras; instalando belas mesas de piquenique de metal com guarda-sóis em frente à biblioteca. Os corredores, antes cobertos de grafite e códigos de gangues, agora são completamente limpos, com exceção dos cartazes anunciando os próximos torneios de futebol ou exibições de trabalhos dos alunos. Em um deles, vejo um quadro com redações sobre a Segunda Emenda que receberam um A+, poesias bem escritas e uma amostra de cartões-postais com temas políticos muito inteligentes.

A aparência dos alunos também mudou. Agora, eles usam um uniforme composto de uma calça de algodão cáqui e uma camisa com colarinho em uma das cores da escola. Jaquetas vermelhas, azuis ou em outras cores fortes são desencorajadas em favor de cores neutras para evitar referências a gangues. Aqueles que vão à escola sem uniforme são mandados de volta para casa ou vestem uniformes emprestados pela escola — exceto às quartas-feiras, quando todos podem usar jeans e camisetas ou jaquetas de universidades. Os alunos dizem que o novo regulamento eliminou discussões sobre quem está usando camisetas ou calças erradas. O uniforme também serve de passe para as ruas perigosas ao redor da escola. "Dá para perceber que quando usamos roupas comuns, as pessoas ficam observando", diz Maurice Jackson, aluno do segundo ano do ensino médio, de olhos rápidos e com o charme do típico palhaço da classe. "Mas é só vestir o uniforme que eles não dão a mínima para quem você é. Eles só pensam 'Ah, é só um garoto indo para a escola, não é nenhuma ameaça', e então o deixam em paz."

Fazer as crianças se sentirem seguras era um dos principais objetivos da Solução Gradual da Green Dot. Não importa quão bons sejam os professores, quão bonito seja o campus ou o uniforme: se os estudantes se sentirem constantemente ameaçados, olhando ao redor à espera de um ataque ou que alguém lhes aponte uma arma, não vão conseguir aprender nada. E, de acordo com Minix, a Locke era "um lugar onde todo mundo estava com medo e assustado o tempo todo".

Para resolver isso, a Green Dot modificou o sistema de segurança. Agora, quando a campainha toca entre as aulas, funcionários portando walkie-talkies assumem posições estratégicas no campus para controlar o movimento e manter a ordem. Um policial do departamento do xerife do condado e seguranças particulares patrulham o terreno auxiliados por assistentes civis desarmados. Patrulhas armadas regulares mantêm um raio de dois quarteirões ao redor da escola seguro e livre de gangues, às vezes usando cordões de isolamento para aumentar esse raio. A Locke também envia ônibus para trazer crianças de bairros distantes e levar para casa os que ficam até mais tarde tirando dúvidas ou praticando esportes. A equipe de segurança ainda revista os alunos à procura de armas, mas com maior discrição. Se antes invadiam as aulas para revistá-los na frente dos colegas, eles atualmente fazem isso em outra sala, com privacidade. "O objetivo é sermos mais compreensivos com as crianças", diz Jacob McKinney, segurança desarmado que estudou na Locke nos anos 1990.

Compreender as crianças significava ligar os pontos muito além da sala de aula. Mais de um quinto dos alunos da Locke estão em orfanatos e quase metade são criados por apenas um dos pais. A violência doméstica e a gravidez na adolescência são problemas comuns, enquanto a desnutrição também não é rara e muitas crianças passam anos sem consultar um médico ou dentista. Como medida de auxílio, parceiros da Green Dot administram uma creche localizada em frente à escola para os mais de 200 bebês gerados por alunos da Locke. A organização também contratou uma equipe de conselheiros em tempo integral, bem como um dentista para tratar crianças com problemas dentários, e toma providências para que crianças com problemas de vista recebam os óculos que lhes são receitados. Quando prostitutas ou membros de gangues importunam as crianças num parque próximo à escola, um membro da equipe leva uma barraca de tacos para restabelecer a paz. Como muitos alunos, Andre Walker, que vive num orfanato e está no segundo ano do ensino médio, vê a escola como um segundo lar, um anjo que o protege a cada esquina do seu caminho difícil. "Não tenho pais, e há dias em que não tenho vontade de conversar com ninguém, mas procuro um dos professores daqui, que se chama Mac, e digo o que estou sentindo sobre o que já passei", ele diz. "Antes, quando algo me incomodava, eu afogava minhas mágoas no álcool ou ficava com raiva, mas agora posso contar com ele. Os professores e funcionários são como segundos pais: eles nos conduzem no caminho que precisamos seguir."

A Green Dot também convenceu pais e responsáveis a demonstrarem mais interesse pela escola. A Locke organiza regularmente um café da manhã em que os pais têm a oportunidade de conversar com o diretor. Os coordenadores também se comunicam com os pais por telefone para mantê-los informados sobre detenções, tarefas de casa, premiações, atrasos e outros acontecimentos envolvendo seus filhos. "Eles ligam muito, a cada oportunidade que têm, e minha mãe adora", diz Price rindo. "Sempre que a Locke telefona, ela atende correndo, mas é legal. É bom saber que todo mundo está cuidando de mim."

O que isso tudo significa é que uma escola antes em decadência está se recuperando, como tenho a chance de observar pessoalmente na hora do almoço. Meninos e meninas jogam futebol em meio a muitas gargalhadas na grama. Outros conversam à sombra, brincando com aparelhos celulares ou ouvindo MP3 players. Duas meninas se revezam fazendo tranças nos cabelos uma da outra. Em frente à cantina, quatro meninos jogam handebol enquanto outros mostram truques aprendidos em bicicletas BMX ou skates. Protegendo os olhos do sol de inverno, McKinney supervisiona a cena com um sorriso no rosto redondo. Nos dias difíceis que ficaram para trás, a hora do almoço significava apartar brigas e revistar alunos em busca de armas escondidas. Hoje, McKinney ergue o punho para cumprimentar os skatistas e troca provocações bem-humoradas com eles. "Se eu tivesse que dar um nome ao que aconteceu aqui, eu chamaria de 'Ressurreição da Locke'", ele diz. "Os ex-alunos que nos visitam mal podem acreditar no que veem. Fomos da água para o vinho, todos frequentando as aulas, se comportando bem, saindo juntos. Agora é uma escola de verdade."

Ele tem razão. As reuniões com professores, que antes atraíam meia dúzia de pais, agora recebem mais de mil. Vestindo camisetas da Locke, alguns ajudam a servir comida ou a limpar a escola. O desempenho nos exames e a frequência aumentaram, e o índice de abandono dos estudos despencou. Durante minha visita ao

O PENSAMENTO HOLÍSTICO: LIGANDO OS PONTOS

departamento de atletismo, Minix está quase pulando de alegria por causa da última notícia. Dos duzentos jogadores dos times de basquete e futebol, somente dois não alcançaram a nota mínima necessária para manter suas colocações. Antes das mudanças, sessenta ou setenta teriam sido dispensados. "Isso é realmente fenomenal, inacreditável", diz Minix. "Passei o dia parabenizando os alunos, estou em êxtase."

Entretanto, a verdadeira vitória da Locke é mais difícil de ser avaliada do que as pontuações nos testes ou a frequência. Quando tratamos um problema complexo de todos os ângulos, os vários elementos da solução podem significar mais do que a mera soma das partes, produzindo uma mudança abrangente muito mais profunda. Na Locke, a Green Dot promoveu uma mudança no DNA da escola, a compreensão de que a disciplina, o esforço e o respeito são os meios para avançar. Seria difícil avaliar o progresso feito pela escola num slide do PowerPoint, mas presenciamos esse progresso diariamente em centenas de pequenos momentos.

Meu primeiro encontro com a nova cultura se deu no núcleo Advanced Path, que ajuda alunos com dificuldades a conseguir melhorar as notas o bastante para se formarem. Em uma sala com oitenta crianças sentadas diante de computadores, observo uma menina no canto arremessar um papel amassado em direção à lata de lixo. Quando o papel erra o alvo e cai no chão, nossos olhos se encontram, produzindo uma tensão momentânea. Mais tarde, tomo conhecimento de que ela é uma mãe solteira de 17 anos, com histórico de roubo. Antes, ela provavelmente teria desviado os olhos ou me mostrado o dedo do meio. Em vez disso, porém, ela ri, levanta as mãos como se dissesse "fui pega" e se levanta para jogar o papel no lixo.

Todo o destaque dado à educação universitária parece estar fazendo a diferença. A Locke pode não estar prestes a mandar legiões de formandos para faculdades da Ivy League,* mas o fato de um aluno sonhar em fazer faculdade em Yale ou Stanford não é mais alvo de chacota. Julia Marquez, estudante muito quieta do segundo ano do ensino médio que quer ser pediatra, adora a nova atmosfera: "O que realmente mudou é que agora quem é inteligente é legal", ela diz. "Antes, tínhamos que nos meter em problemas para sermos legais. Agora, você é legal se tira boas notas."

É claro que uma aluna estudiosa como Marquez não representa nenhuma dificuldade para a Green Dot. O verdadeiro desafio é transformar alunos como Price. Ele mesmo conta que já era um caso perdido aos 12 anos, vagando pelas ruas, matando aula, fumando maconha, se metendo em brigas e saindo em "missões" para as gangues. Dentro do grupo, ele já havia chegado ao posto de GN1, ou Gângster Nível 1. "Eu estava no topo", Price diz. "Tinha só 14 anos e já tinha poder, o que era uma sensação muito boa." Nem mesmo uma bala na perna o fez mudar de ideia. Pelo contrário, só serviu para incentivá-lo a provar que era um filho da mãe cruel. "Deitado no hospital, eu pensava 'Se eu deixar pra lá, as pessoas vão pensar que sou um idiota ou uma mulherzinha', então eu tinha que revidar", conta. "Mesmo antes de voltar para casa, meu grupinho já estava mexendo os pauzinhos e a coisa já havia virado uma guerra — passávamos de carro atirando ali, eles passavam de carro atirando aqui, pessoas inocentes eram atingidas no fogo cruzado, mas não importava: era uma guerra." Dois de seus amigos morreram em conflitos, e Price começou a andar com sua pistola Glock 9mm. "Eu achava que ninguém podia me proteger, só eu e minha arma", ele lembra. "Depois que você entra numa gangue, isso é obrigatório. Se não tiver, você é inútil. É só um alvo ambulante."

---

*Denominação dada às oito universidades de maior prestígio científico dos Estados Unidos, originária de uma antiga liga esportiva composta dessas universidades, a saber: Brown, Columbia, Cornell, Dartmouth, Harvard, Universidade da Pensilvânia, Princeton e Yale. [N. da T.]

O PENSAMENTO HOLÍSTICO: LIGANDO OS PONTOS

Price é um poço de contradições. Às vezes, fala com sua linguagem de gangue num tom ardente de bravata, como um garoto revivendo os pontos altos de um jogo de videogame. Outras, parece aterrorizado pelo que aconteceu. Há uma questão, contudo, na qual é consistente: a Locke ajudou-o a empreender uma solução holística em sua vida.

"Quando entrei na escola, eles foram muito pacientes comigo", diz. "Me fizeram sentar e pensar sobre todo o lance das gangues. Me ajudaram a ver que não ganhei nada com isso — carro, dinheiro ou joias — e que estava só machucando as pessoas e a mim mesmo. Eles me ouviram sem me julgar como ninguém jamais havia feito, e me fizeram pensar em tudo que eu podia mudar."

Além de ter começado a realmente estudar pela primeira vez na vida, Price começou a comprar calças menos folgadas e jogou fora o boné de beisebol dos Toronto Blue Jays, pois era a cor azul que o identificava como membro da gangue dos Crips. Também parou de visitar os amigos da gangue. Seu novo objetivo na vida é se tornar cirurgião.

Mais tarde, encontro Price no pequeno apartamento de dois quartos onde mora com a mãe, Sandra, e três irmãos mais novos. Price morava com o pai até recentemente, quando este faleceu por complicações de um velho ferimento à bala. Quando chegamos, o apartamento está cheirando a moela de frango, um lanche que Sandra está preparando. A televisão de plasma na parede exibe o canal de compras. Sandra parece aliviada ao ver Price. "Ele já se meteu em muitos problemas, e fiquei com medo quando foi baleado, mas a Locke tem sido boa para ele — ele agora tem um futuro", ela diz. "Mas pela aparência e pelo jeito de andar dele, as pessoas ainda o veem como um alvo na rua." Depois de dizer à mãe que não se preocupasse, Price me leva até o quarto, onde encontro um certificado conferindo-lhe um lugar na lista dos melhores alunos da escola fixado na parede. Quando seu irmão mais novo entra correndo e pula em seus braços, Price o abraça e faz cócegas nele. "Sabe de uma coisa?", ele diz. "Acho que a Locke é a melhor escolar do mundo."

Não vamos nos deixar levar. Apesar da reforma, a Locke continua dilapidada, e às vezes parece mais o pátio de uma prisão. Uma cerca de metal alta instalada nos anos 1990 ainda delimita o perímetro. As janelas são cobertas por telas metálicas, as máquinas de lanche são protegidas por uma grade pesada e há cârneras de segurança espalhadas por toda a escola. Os seguranças armados posicionados nos portões usam óculos escuros e, nos cintos, spray para defesa.

Com o aumento das expectativas, as crianças não hesitam em fazer reclamações. Protestam contra as divisórias que separam a escola em núcleos isolados, os prédios antiquados da década de 1960 e a comida do refeitório. Querem mais aconselhamento para a faculdade e mais programas extracurriculares.

Muitos da Green Dot acham que a promessa de progresso acadêmico foi feita cedo demais. Após anos de uma educação pobre, as crianças muitas vezes chegam à Locke sem saber a tabuada, ou mal sabem ler. Tampouco ajuda o fato de os professores a princípio terem recebido pouquíssimo apoio e treinamento. Mesmo agora, os funcionários admitem que a Locke precisa de mais programas com o objetivo de ajudar os alunos a melhorar a escrita, mais suporte para necessidades especiais e ajuda para os alunos que estão aprendendo inglês como um segundo idioma. Em vez de prometer o aumento das notas, o que levou um bom tempo, a Green Dot diz que deveria ter ressaltado objetivos mais alcançáveis, como a diminuição do índice de abandono e o estímulo para um ambiente mais tranquilo na escola.

Porém, está claro que muitos problemas já foram sanados. Impressionadas com as modificações sofridas pela Locke, as autoridades responsáveis pela educação em Los Angeles contrataram a

O PENSAMENTO HOLÍSTICO: LIGANDO OS PONTOS

Green Dot para realizar a mesma transformação em outras escolas em decadência, que já estão demonstrando resultados promissores. O Departamento de educação de Washington também acha que a Locke é um modelo digno de ser estudado.

Mesmo que a recuperação de uma escola decadente não esteja nos seus planos, podemos aprender muito a partir da abordagem holística da Green Dot. Ao nos depararmos com qualquer problema complexo, precisamos, para identificar todas as variáveis envolvidas e a interação entre elas, mapeá-las no papel, e só então planejar uma solução que abranja todas. Não importa quão urgente seja a necessidade de uma solução: nunca faça promessas mirabolantes a serem cumpridas num prazo impraticável.

A reflexão minuciosa é sem dúvida a lição mais valiosa que Price aprendeu com a transformação da Locke. "A Green Dot nos ensinou que as pessoas que estão com você agora podem não estar ao seu lado mais tarde, e que a única pessoa que sempre vai estar presente é você mesmo, além dos livros e do seu conhecimento", ele diz. "No fim das contas, é a sua educação que fará a grande diferença, e não importa o quanto as coisas possam estar difíceis agora, você precisa sempre pensar no futuro."

5

Pense a longo prazo: Planejando hoje o que fazer amanhã

Na nossa era, quando as pessoas acreditam haver um atalho para tudo, a maior lição a ser aprendida é que o caminho mais difícil no fim das contas é o mais fácil.

Henry Miller

"Acho que você ficará impressionado", diz Are Hoeidal, abrindo a porta e me conduzindo ao interior da cabana. Passamos pelo tapete de boas-vindas da porta e entramos num casulo de conforto escandinavo — vigas de madeira expostas, beliches com edredons de penas, tapetes de lã. É o início do verão no sul da Noruega, e a luz do sol entra pelas janelas. O ar cheira a pinheiros frescos.

Na sala de estar, nos sentamos nas poltronas de couro para admirar as amenidades: uma TV de plasma e cartazes de pinturas impressionistas nas paredes; prateleiras com livros de *Harry Potter*, caixas de Lego e quebra-cabeças; uma lata de lixo retrô de metal ao lado da porta da cozinha.

Hoeidal abre as portas deslizantes nos fundos e saímos para uma varanda de madeira. Na grama, há uma mesa de piquenique e um banco, além de algumas cadeiras de metal, entre as quais uma azul giratória para crianças. Uma brisa suave balança as árvores e os arbustos de cassis na extremidade do jardim. Hoeidal respira o ar nórdico saudável e sorri como um homem com todas as cartas na mão. "É um lugar muito confortável para a família aproveitar a companhia um do outro", ele diz. "Você não acha?"

Sim, eu acho. É fácil imaginar uma família passando um fim de semana feliz aqui. É exatamente como 1 milhão de outras cabanas aninhadas em florestas ao lado de lagos no mundo inteiro. Ela me lembra das férias que tirei recentemente com minha própria família nas Montanhas Rochosas. Posso me imaginar acendendo o fogo para o churrasco na varanda com meus filhos brincando por perto.

Com uma única exceção: uma parede de concreto de seis metros percorre a floresta até onde posso ver.

Estamos no terreno de uma nova prisão de segurança máxima chamada Halden, e Hoeidal é o agente penitenciário. Quem usa a cabana são traficantes, assassinos e estupradores, que aqui se instalam com seus familiares durante as visitas. "Pessoas de outros países ficam surpresas ao verem o quão agradável é a nossa casa de hóspedes, mas para os noruegueses faz sentido ter um lugar como este numa prisão", diz Hoeidal. "Faz parte de uma solução que funciona."

No mundo inteiro, as nações lutam com um sistema penal insuficiente para mandar infratores de volta para a sociedade como cidadãos recuperados. A prisão na maioria das vezes promove o oposto. Muitos infratores terminam suas sentenças furiosos, assustados e inseguros em relação a que emprego procurar, ao aluguel de um imóvel e até a conduzir uma conversa. Pouco depois de a Halden ter sido inaugurada, em 2010, Ken Clarke, na época secretário do

PENSE A LONGO PRAZO: PLANEJANDO HOJE O QUE FAZER AMANHÃ   103

interior do novo governo de coalizão na Grã-Bretanha, eliminou um dos slogans do próprio Partido Conservador ao afirmar que jogar um número cada vez maior de pessoas na cadeia por mais e mais tempo era um tiro que havia saído pela culatra. "Com frequência, a prisão provou-se custosa e ineficaz, que não consegue transformar criminosos em cidadãos cumpridores da lei", ele disse. "As nossas piores prisões só produzem criminosos mais violentos." Os números falam por si mesmos. Nos Estados Unidos, na Grã-Bretanha e na Alemanha, mais da metade dos infratores voltam para a prisão três anos depois de terem saído. Na Noruega, os índices de reincidência são de cerca de 20%.[1]

Vim aqui descobrir por quê. O próprio Hoeidal parece personificar uma filosofia penal muito diferente. Ele é o completo oposto do modelo hollywoodiano dos agentes penitenciários durões, com um cigarro sempre no canto da boca. Gentil e amigável, ele parece estar sempre prestes a sorrir. Quando lhe mandei um e-mail para marcar uma visita, ele respondeu com um alegre "Olá!". No almoço, come salada.

Hoeidal é claro ao explicar porque o sistema norueguês funciona. Ele diz que a maioria dos países tem um ponto de vista a curto prazo da prisão, vendo a punição e a contenção como seu principal, ou até único, propósito. Isso implica apoio popular para sentenças mais longas. Também significa que as condições internas precisam ser algo entre espartanas e insuportáveis. Até mesmo o menor sinal de conforto pode provocar ultraje público. Quando a Halden abriu suas portas, a mídia do mundo inteiro zombou da "prisão mais luxuosa do mundo", por seus aparelhos de TV com tela plana, suítes e "biblioteca de luxo". Universitários americanos protestaram, dizendo que a prisão era mais luxuosa que seus dormitórios. Um blogueiro francês descreveu a Halden como um convite aos criminosos de toda a Europa para que se mudassem para a Noruega.

A maioria dos noruegueses ignorou os comentários do exterior. Localizada na extremidade norte da Europa, essa nação rica em petróleo, de 4,8 milhões de habitantes, acredita que a verdadeira punição por se ter cometido um crime é a perda da liberdade. Todo o restante em uma prisão deveria ajudar a preparar o caminho para o retorno dos condenados à sociedade ao fim da sua sentença. Na ilha de Bastøy, por exemplo, os presidiários vivem num ambiente semelhante a uma vila, com lojas, uma escola e uma igreja, e em suas próprias casas de ripas vermelhas e amarelas. Um relatório publicado pelo governo norueguês em 2008 concluiu que "quanto menor a diferença entre a vida dentro e fora de uma prisão, mais fácil será a transição da prisão para a liberdade".

Isso nos leva ao ingrediente seguinte da Solução Gradual. Já vimos a importância de pensar bem sobre um problema e ligar os pontos para projetar uma solução holística. O sucesso do sistema penal norueguês serve para lembrar que qualquer solução que se preze também deve ser planejada com antecedência. É claro que a ponderação do futuro não é algo que vem naturalmente na nossa cultura, em que se atira primeiro para só depois serem feitas as perguntas. Basta pensar em todas as coisas que você já disse no calor do momento a amigos, familiares e colegas pelas quais mais tarde se arrependeria. O pensamento a curto prazo também é um problema do mundo corporativo. Companhias muitas vezes cortam gastos para sobreviver a tempos difíceis sem pensar no que farão quando os negócios voltarem a prosperar amanhã. Em 1993, a General Motors reduziu sua folha de pagamento por meio de um generoso plano de aposentadoria prematura. Um ano depois, a companhia estava com equipes tão pequenas nas fábricas dos Estados Unidos que teve que convencer os aposentados a voltarem a trabalhar com bônus de até 21 mil dólares.

PENSE A LONGO PRAZO: PLANEJANDO HOJE O QUE FAZER AMANHÃ   105

Quando um crime é cometido, a prioridade na maioria dos países é a punição. Queremos ver os criminosos pagando por seus atos, e os queremos fora das ruas para que não possam continuar infringindo a lei. Os noruegueses querem o mesmo, mas até quando os crimes são os mais atrozes, uma das primeiras perguntas a serem feitas é como recuperar o criminoso. "Não pensamos em vingança no sistema penal norueguês", diz Hoeidal. "Em vez disso, pensamos em que tipo de vizinho as pessoas vão querer quando eles saírem. Se tratarmos os prisioneiros com rigidez e simplesmente os mantivermos em caixas por alguns anos, eles não sairão como pessoas melhores. Nosso trabalho aqui na Halden, portanto, não é simplesmente o que fazemos hoje, ou na próxima semana, ou no próximo mês com os nossos presidiários; é ajudá-los a reconstruir o restante de suas vidas, fazendo o que estiver ao nosso alcance para que voltem a se tornar cidadãos normais."

Isso é feito, em grande parte, pela preservação do contato com entes queridos. Vários estudos mostram que prisioneiros que mantêm vínculos familiares fortes enquanto cumprem a pena apresentam uma menor probabilidade de reincidência depois da soltura.[2] Não obstante, em muitos países os prisioneiros só podem contar com visitas supervisionadas ou telefonemas ocasionais para manter o contato. Na Halden, os presidiários podem passar até 30 minutos por semana ao telefone com o ente querido mais próximo. Eles podem passar tempo com a família em salas privadas com brinquedos de madeira, pufes e fotos de zebras e rinocerontes. Podem também agendar uma estadia na cabana de dois quartos.

Em vez de marginalizar os condenados, a Noruega permite que votem e até participem de debates televisionados com seus celulares. O país também encoraja seus cidadãos a fazerem visitas a presidiários. Quando a Halden foi aberta, 9 mil pessoas apareceram para conhecer a prisão no primeiro dia. "Fizemos um grande esforço para manter os prisioneiros visíveis, para mostrar que são pessoas comuns, deixar claro que não são estranhos, mas que também são seres humanos", diz Nils Christie, professor de criminologia na Universidade de Oslo. "Na Noruega, mais do que em outros países, a hipótese de que há vários monstros correndo por aí que precisam ser trancafiados pelo resto da vida diminuiu muito."

Isso não significa que os noruegueses amem todos os aspectos de seu sistema penal. Com sentenças de prisão fixadas num período máximo de 21 anos, políticos de direita exigem penas mais duras para criminosos violentos. Muitos noruegueses acham que os estrangeiros, cerca de um terço de todos os presidiários daqui, deveriam ser colocados em algum outro lugar menos confortável que a Halden. Para alguém de fora, contudo, o país parece notavelmente à vontade em relação às prisões. Em outros lugares, uma prisão figura entre pedófilos e estações de energia nuclear na lista de Coisas Que Ninguém Quer na Vizinhança. Na Noruega, os residentes locais deram as boas-vindas à prisão Halden como um incentivo para a economia regional. Apesar de reclamações em relação ao parasitismo estrangeiro, todos os principais partidos políticos apoiaram sua construção.

O fato de o crime não ser um problema sério na Noruega ajuda. O país registra um número dez vezes menor de assassinatos e apreende dez vezes menos pessoas que os Estados Unidos. A maioria dos criminosos noruegueses cumpre pena por roubo, direção alcoolizada ou outros crimes comuns. A mídia norueguesa também tem o seu papel. Em vez de disseminar o pânico com o tipo de cobertura sensacionalista que em outros países seria um prato cheio para tabloides e programas televisivos cujo tema é a criminalidade, os jornalistas do país narram até mesmo os crimes mais hediondos com tons comedidos, resistindo à tentação de estimular o breve impulso de revide. Eles ressaltam a necessidade de reabilitar o criminoso.

Essa sobriedade foi posta à prova em 2011, quando um extremista de direita, Anders Behring Breivik, detonou uma bomba em Oslo antes de matar 77 pessoas a tiros num acampamento de jovens. Alguns noruegueses exigiram sua execução, enquanto outros juraram matá-lo caso ele algum dia fosse libertado. Outros, ainda, exigiram uma nova lei permitindo a prisão perpétua. Mas a reação da maioria foi o que seria de esperar da nação que construiu a prisão Halden. Visitei Oslo um mês depois do ataque, e achei a atmosfera surpreendentemente calma. Na Grã-Bretanha, os juízes condenavam pessoas que usaram o Facebook para encorajar os motins ocorridos no país mais ou menos na mesma época a sentenças de quatro anos de prisão. A Noruega, por outro lado, recuperando-se do que foi o maior massacre da história, havia chegado a um firme consenso de que os crimes de um único louco não deveriam levar a nação a abandonar o objetivo de reabilitação a longo prazo em favor da solução rápida da vingança. Páginas do Facebook intituladas "Matem Anders Behring Breivik" não atraíram mais que algumas centenas de fãs, muitos de outros países.

A ideia da reabilitação tem raízes profundas na Noruega. Na metade do século XIX, os escandinavos começaram a repensar as prisões como lugares onde os criminosos pudessem aprender a trabalhar e encontrar Deus. Depois da Segunda Guerra Mundial, com a memória de campos de concentração nazistas ainda fresca, a Noruega tornou a reabilitação a pedra fundamental da filosofia penal. O país rebatizou sua rede penal como Sistema de Cuidados Criminais, e abraçou o monitoramento eletrônico e as prisões abertas. Os guardas tornaram-se Oficiais de Contato Pessoal, encarregados de dar orientações e ouvir os prisioneiros. O sistema é um trabalho em progresso. Muitos criminosos condenados ainda cumprem sua sentença no antigo estilo, em prisões fechadas muito menos salubres que a prisão de segurança mínima Bastøy ou a de segurança máxima Halden. Na lúgubre Prisão de Oslo, onde Hoeidal foi agente penitenciário por 11 anos, muitos presidiários passam 23 das suas 24 horas diárias nas celas, e o uso de drogas é corrente. Contudo, seguindo o "princípio da normalização", que tem o intuito de tornar o interior o mais parecido possível com o exterior, a Noruega assumiu o compromisso de tornar todas as suas prisões mais hospitaleiras. Halden é o símbolo dessa nova etapa. "Ainda há uma grande lacuna entre os ideais e a realidade, mas já estamos vendo as coisas mudarem", diz Hoeidal.

A fim de lembrar aos presidiários que eles ainda fazem parte da sociedade, e, portanto, devem trabalhar para retornar a ela no futuro, arquitetos noruegueses projetaram a Halden com o objetivo de fazê-la parecer uma pequena vila. Em vez do concreto sombrio e manchado de limo, os prédios são feitos de tijolos, madeira e aço galvanizado. As janelas não possuem grades, e o muro que cerca o terreno é parcialmente ocultado por árvores. Dolk, um famoso artista grafiteiro, pintou três murais gigantescos na prisão. Um exibe um presidiário vestindo pijamas listrados e usando uma bola e corrente para arremesso de peso. Há várias câmeras de circuito interno espalhadas pela prisão, mas grande parte do mundo externo também parece ter sido equipada com esses mecanismos de segurança. Com os prisioneiros vestindo suas próprias roupas informais e guardas circulando pelo local em sofisticadas scooters elétricas em que se anda de pé, a Halden em alguns aspectos parece um campus universitário, ou até mesmo a sede de uma empresa de tecnologia do Vale do Silício.

Do lado de dentro, a atmosfera é igualmente agradável. Cheios de luz natural, decorados com fotos de narcisos e cenas urbanas parisienses, equipados com mesas de pingue-pongue e bicicletas ergométricas, os amplos corredores são acolhedores. As celas individuais lembram quartos de hotéis de três estrelas, com varandas, camas e guarda-roupas de madeira clara. Janelas altas, verticais, com persianas deixam o ar puro entrar. Cada cela tem uma televisão de tela plana, um frigobar e um banheiro de azulejos brancos, com toalhas brancas felpudas. À noite, belas cortinas de linho e a iluminação de LED oferecem quase uma atmosfera de boutique ao ambiente. Para criar uma sensação de vida familiar, as celas são divididas em grupos de 12 e organizadas ao redor de um espaço comunitário mobiliado com sofás confortáveis, mesas e uma enorme TV de tela plana. Os presidiários podem pedir aos cozinheiros que preparem seus pratos favoritos na cozinha.

Embora confinados às suas celas das 8h30 da noite às 7h da manhã, os prisioneiros são encorajados — mediante o pagamento de uma mensalidade de 53 coroas (R$ 18,90) — a saírem e usarem as instalações. Eles podem jogar futebol ou basquete; fazer gravações num estúdio com tecnologia de ponta; malhar na academia ou no muro de escalada; estudar mecânica, serralheria ou carpintaria na grande oficina; aprender a cortar filés de peixe ou fazer sorvetes de frutas nas brilhantes cozinhas industriais. Eles também podem fazer pequenos trabalhos para empreiteiras de fora. Encontro um grupo de prisioneiros rindo de uma piada obscena enquanto encaixotam pregadores de plástico. "Passar o dia sentado sozinho não é bom para ninguém", diz Hoeidal. "Se eles têm uma ocupação, ficam mais felizes — e, assim, têm menos chances de ser presos."

Em vez de observar detrás de uma vidraça à prova de bala ou encostados às paredes com os braços cruzados, os guardas de Halden fazem refeições, praticam esportes e conversam com os prisioneiros. Nenhum deles porta armas. "Não precisamos de armas porque estamos aqui para cuidar dos prisioneiros, para conversar com eles, e não aterrorizá-los", diz Hoeidal. "Mesmo em outros países escandinavos é possível ver a distância entre os funcionários e os presidiários, mas aqui também fazemos parte do ambiente, estamos juntos deles."

SOLUÇÃO GRADUAL

A Noruega investe mais nos profissionais do sistema penal do que qualquer outro país, o que facilita o seu funcionamento. Muitos guardas são formados em criminologia ou psicologia, antes de passar dois anos em um treinamento prático na academia de agentes penitenciários. Trata-se de uma carreira interessante para alguém que queira fazer mais do que apenas abrir e fechar grades, além de apartar brigas. A academia recebe dez aplicações para cada vaga aberta.

Um jovem guarda — ou melhor, Oficial de Contato Pessoal — chamado Asmund me mostra o local. Seguindo a tradição escandinava, ele é instruído, educado e gentil. À medida que passamos pelos vários blocos, conversa e brinca com os presidiários. "Somos mais do que apenas guardas — também somos assistentes sociais", diz. "A prioridade aqui é sempre a segurança, mas grande parte do nosso trabalho é criar um ambiente o mais normal possível, baseado em boas relações e na confiança, de forma que os detentos possam assumir a responsabilidade por suas próprias vidas e depois conseguir ser reintegrados no mundo real. Tudo que fazemos deve ser um investimento no futuro deles." Essa linha de pensamento está presente na própria linguagem. As palavras norueguesas para "guarda penitenciário" correspondem a "servo de prisão". Todos os detalhes de Halden são projetados para facilitar a transição de volta à vida civil. Para evitar que os prisioneiros se tornem ameaças musculosas, a academia não tem halteres. Além disso, metade dos guardas de Halden são mulheres. "Isso reduz o nível de agressividade dentro da prisão", diz Hoeidal. "E também ensina os detentos a se sentirem à vontade na presença de mulheres, o que é importante para o seu futuro retorno à sociedade."

Os presidiários parecem gostar do regime. A primeira parada na minha excursão é o estúdio de gravação, uma caverna de Aladim com instrumentos brilhantes novinhos e os últimos iMacs. Na porta, um cartaz da série de TV *Prison Break*.

PENSE A LONGO PRAZO: PLANEJANDO HOJE O QUE FAZER AMANHÃ

Marcus Nordberg brinca com um iMac na sala de mixagem. Ele foi transferido de outra prisão para Halden poucos meses atrás. Refugiado da indústria musical e cinematográfica, ele tem um cavanhaque, usa óculos escuros e chinelos. Recusa-se a me contar por que foi preso, mas não hesita em elogiar a Halden. "É um lugar de segurança máxima, mas não parece uma prisão", diz. "Eles tentam manter a cordialidade e estimular as pessoas a serem otimistas, nos ajudando a olhar para o futuro."

"Os guardas fazem jus ao título de Oficiais de Contato Pessoal?", pergunto.

Nordberg balança a cabeça afirmativamente. "Alguns funcionários ainda têm a mentalidade da 'prisão', então a única coisa que fazem é abrir e trancar portas, mas a maioria dos guardas se envolve conosco", diz. "Eles praticam esportes e jogam cartas conosco. Sentam-se e conversam na sala comunitária. Criam uma atmosfera de normalidade e respeito, o que é um bom treinamento para quando retornarmos à sociedade depois de termos cumprido nossa sentença. A maior parte dos detentos gosta disso."

Quando pergunto se o regime é liberal demais, Nordberg me dirige um olhar irritado. No mês passado, negaram-lhe o pedido de ir ao funeral do pai fora da Noruega. A lembrança o deixa com a voz embargada e os olhos marejados. "Prisão é prisão, e o fato de ser um lugar agradável não faz com que deixe de ser uma punição", responde. "Até mesmo num hotel de cinco estrelas você ainda estaria preso, e isso é horrível, simplesmente horrível."

No passado, eu poderia ter encarado isso como uma expressão egocêntrica de autopiedade, mas não depois de ter passado um dia em Halden. Este é um lugar agradável, bem equipado e belamente decorado — mas, como Nordberg diz, continua sendo uma prisão. A perda da liberdade é um golpe forte para o espírito humano. As seis semanas que passei usando gesso por causa de uma lesão no joelho estão entre os dias mais deprimentes da minha vida. Não era a dor que me incomodava, mas o fato de ter perdido a liberdade de me movimentar conforme minha própria vontade. Ter negado o direito de estar com as pessoas que nos são importantes — ou com absolutamente qualquer pessoa — pode ser muito mais exasperante. Charles Dickens, que sabia um pouco sobre situações difíceis, certa vez denunciou o confinamento na solitária como uma das punições mais cruéis: "Acredito que essa exposição lenta e diária aos mistérios do cérebro seja muito pior que qualquer tortura física." Após algumas horas andando por Halden, surpreendo-me lançando olhares ansiosos para o muro. Ele parece erguer-se da floresta como o monólito de *2001: Odisseia no Espaço* — um lembrete denso, sólido, implacável de que não posso mais ir e vir como me aprouver. A caminho da biblioteca, me dou conta de que não estou mais ouvindo Asmund, e sim me perguntando como posso sair o mais rápido possível daquele lugar.

Na biblioteca, Arne Lunde lê um livro sobre Ole Høiland, o equivalente norueguês a Robin Hood. Aos 37 anos, Lunde ainda tem a compleição rechonchuda e o rosto ansioso e delicado de um menino. Ele está cumprindo pena por ter matado a própria mãe.

Ex-professor, ele é o rei filósofo extraoficial da Halden. Os outros detentos procuram-no para dar um toque de elegância aos seus currículos ou ajudá-los a se preparar para exames. Ele está estudando para um mestrado em História visando a um a retorno às salas de aula depois de ter cumprido sua sentença de sete anos. Depois de ter lido muito sobre prisões do mundo inteiro, é um fã convicto do sistema penal norueguês.

"Você vê que aqui a prisão tem o objetivo de ajudá-lo, e não prejudicá-lo", diz. "A partir do dia em que se chega a um lugar como a Halden, você pode começar a reconstruir sua vida para um dia ser capaz de voltar ao mundo externo."

PENSE A LONGO PRAZO: PLANEJANDO HOJE O QUE FAZER AMANHÃ **113**

É claro que a Halden ainda tem muitos ajustes a fazer. Os detentos contrabandeiam drogas para dentro, muitas vezes transportadas dentro de Kinder Ovos e escondidos em orifícios. Às vezes, os ânimos também esquentam, gerando brigas, e de vez em quando um preso é confinado na Cela de Segurança, uma solitária que tem apenas um colchão no chão e uma janela pequena. Alguns prisioneiros acham que os funcionários passam tempo demais à toa com eles, enquanto outros reclamam que funcionários menos experientes não são amigáveis o bastante. Os críticos também se perguntam até que ponto é possível ser ao mesmo tempo um guarda e um confidente. "Esse cara que lê minhas cartas e ouve meus telefonemas faz isso para me dar ajuda psiquiátrica ou porque é um espião?", diz o professor Christie. "Dizem que ele é um contato especial, mas quão à vontade posso me sentir com ele?" Nem mesmo os mais otimistas acham que a Noruega pode reduzir os índices de reincidência a zero. As expectativas de Hoeidal são de 10%. Nordberg concorda. "Acho que a Halden é benevolente demais para os caras realmente barra-pesada", ele diz. "Eles acham que isso aqui é um hotel e estão só esperando cumprir sua pena para voltar a cometer crimes."

Ainda assim, a Noruega continua ajudando os condenados que deixam a cadeia, o que os especialistas acreditam ser essencial para evitar a reincidência. Muitos passam a etapa final da sua sentença em prisões abertas bem integradas na comunidade. Depois disso, têm garantia de emprego e um lugar para ficar, embora isso nem sempre funcione na prática. Se nada funcionar, a Noruega tem um generoso fundo de amparo ao qual eles podem recorrer. Fazendo um paralelo, nos Estados Unidos os infratores na maioria das vezes são soltos com nada além de uma passagem de ônibus e alguns dólares em dinheiro.

Quando o assunto é a redução dos índices criminais e de reincidência, um forte estado de bem-estar social parece essencial para a solução.[3] Estudos realizados no mundo inteiro sugerem que a pobreza e as desigualdades sociais são os principais fatores que levam ao crime — e estados que investem mais em saúde, educação e segurança social geralmente precisam investir menos no sistema penal. A Califórnia, por outro lado, gasta mais com prisões do que com o ensino superior.

Em outras palavras, a construção de uma Halden nos Estados Unidos seria uma solução rápida destinada ao fracasso. "Para que uma prisão no estilo norueguês funcione nos Estados Unidos, seria também necessária uma atitude norueguesa em relação ao crime e à reabilitação, bem como o apoio do estado ao bem-estar social", diz John Pratt, professor de criminologia na Universidade Victoria de Wellington e especialista em prisões nórdicas. "Também ajudaria ter diferenças sociais menos óbvias e uma homogeneidade maior na população a fim de que os prisioneiros não se tornassem criaturas pavorosas e temidas, os espécimes perigosos que parecem tão diferentes do restante de nós."

Entretanto, outras nações adotaram a filosofia penal no estilo norueguês — e tiveram um sucesso semelhante. No fim dos anos 1990, Cingapura passou a lidar com a reincidência, colocando a reabilitação no centro do sistema penal. O país insular adotou um novo nome para seus agentes penitenciários, passando a chamá-los Capitães de Vidas e Supervisores Pessoais. Eles passaram por um treinamento para trabalhar mais de perto com os detentos no intuito de facilitar o retorno à vida civil. Cingapura deu início também a uma campanha publicitária para encorajar as comunidades a darem uma segunda chance aos ex-presidiários. Alguns prisioneiros agora têm permissão para cumprir parte ou o total de sua sentença em casa sob monitoramento eletrônico. A vida nas prisões do país também mudou. Os detentos agora recebem mais educação e treinamento para trabalhar do lado de fora. Empregadores po-

PENSE A LONGO PRAZO: PLANEJANDO HOJE O QUE FAZER AMANHÃ **115**

dem até mesmo realizar entrevistas em prisões, o que permite aos presos garantir empregos antes de serem soltos. Quando alguém é preso, voluntários ajudam a família a se ajustar, receber benefícios do estado e se preparar para o retorno de seu ente querido. Depois da soltura, um grupo de agentes penitenciários, especialistas em bem-estar social, assistentes sociais e ex-presidiários ajudam cada detento a voltar à sociedade. O resultado foi a redução, em onze anos, dos índices de reincidência para quase 18% verificada em 2009. O Sistema Penal agora está entre os empregadores mais populares de Cingapura, atraindo candidatos mais preparados do que nunca. "Além do nosso foco na proteção da sociedade pela custódia mais segura dos criminosos, também desenvolvemos nossa capacidade para nos tornarmos uma agência líder de reabilitação", diz Soh Wai Wah, diretor do Sistema Penitenciário do país: o pensamento a longo prazo funciona.

Às vezes, a melhor forma de resolver um problema complexo é estabelecer um objetivo claro de longo prazo e avaliar tudo que você fizer tendo esse objetivo em vista. É assim que o sistema penal norueguês funciona. Trata-se, também, da filosofia por trás da Zona Infantil do Harlem (*Harlem Children's Zone*, ou HCZ), um programa social que tem demonstrado grande potencial na quebra do ciclo da pobreza nas áreas pobres localizadas ao longo de 97 quarteirões da cidade de Nova York. Para isso, o HCZ vai além da abordagem holística que vimos na Locke High School de Watts. O programa concentra-se em cada fator que possa ser determinante para o futuro da criança desde o nascimento: saúde, alimentação, habitação, educação, lazer, criação, o ambiente, o policiamento, a violência nas ruas, o desenvolvimento da comunidade. Quando ficou claro que muitas crianças da vizinhança sofriam de asma, a equipe da HCZ convenceu os proprietários das casas das crianças afetadas a eliminarem o mofo e as baratas. Também alertaram os pais sobre a necessidade de manter animais de estimação e fumar do lado de fora, além de terem dado orientações sobre o monitoramento da capacidade pulmonar da criança e sobre o uso do inalador. Resultado: o número de faltas nas escolas por causa de asma caiu em um quinto.

Tudo que a Zona Infantil do Harlem faz tem o mesmo objetivo de longo prazo: promover a entrada de todas as crianças na faculdade. Entre refeições saudáveis e cochilos vespertinos, crianças de três e quatro anos do jardim de infância aprendem a contar, pintar e a língua inglesa, assim como um vocabulário básico em francês e espanhol. O lugar que visitei tem três quartos, cada um com o nome de uma universidade de prestígio: Harvard, Columbia e Spelman. É um pequeno detalhe que tem muito a dizer. "Começamos com o conceito muito simples de que todas as crianças podem ir para a faculdade, e então fazemos tudo que for necessário para que isso aconteça", diz Marty Lipp, que entrou para a HCZ em 2004. "A visão de longo prazo traz clareza e coesão para tudo que você faz no presente."

Também pode ajudar a conter a tentação de recorrer a uma solução rápida num momento de pânico. Henry T. Ford falou sobre a "calma proporcionada pela visão da vida a longo prazo". Tom Butler-Bowdon, autor de *Never Too Late To Be Great*, argumenta que pensar a longo prazo nos torna mais eficazes e comedidos no curto prazo. "Quando você tem um propósito claro", diz, "e aceita que a solução se desenvolverá no seu próprio tempo, pode relaxar e se concentrar em fazer as coisas da forma apropriada no presente, em vez de estar sempre olhando para trás e se preocupar com a pessoa no cubículo ao lado."

É por isso que empresas que fazem do lucro instantâneo seu norte raramente passam de boas para excelentes. Estudos demonstram que companhias que dedicam mais tempo a análises de lucros

PENSE A LONGO PRAZO: PLANEJANDO HOJE O QUE FAZER AMANHÃ   **117**

trimestrais tendem a produzir um lucro menor no longo prazo.[4] Também tendem a investir menos em pesquisa e desenvolvimento. Antes de passar por problemas, a Toyota galgou os degraus para o topo da indústria automobilística pensando com décadas, e não dias, de antecedência. O conselho dado a seus executivos era: "Tomem decisões gerenciais baseadas numa filosofia de longo prazo, nem que seja à custa de objetivos financeiros de curto prazo." No setor da alta tecnologia, em que companhias em busca de lucros rápidos fracassam diariamente, a visão a longo prazo com frequência é a chave para o sucesso duradouro. "Não estávamos tentando simplesmente abrir o capital e ficar ricos", disse Bill Gates ainda quando a Microsoft era uma empresa nova. "Não havia objetivo de curto prazo. Era sempre uma coisa de muitas décadas, sem atalhos, e dávamos um passo de cada vez."

A Amazon tornou-se uma empresa global abraçando um credo semelhante. Olhar além da próxima reunião da diretoria é uma verdadeira regra para o seu fundador, Jeff Bezos. "Tudo depende do longo prazo", ele escreveu em sua primeira carta aos acionistas em 1997. Desde então, Bezos irritou investidores ao sacrificar lucros de curto prazo em detrimento de novas tecnologias que só poderiam gerar lucros após algum tempo. Os críticos zombaram da Amazon quando ela começou a vender serviços de computação em nuvem para empresas de alta tecnologia em 2006, mas atualmente a companhia é uma das principais na área. Bezos argumenta que pensar a longo prazo proporciona uma vantagem competitiva, permitindo-nos esperar algo do futuro enquanto a multidão enlouquecida se acotovela no aqui e agora. "Se tudo que faz precisa funcionar num período de três anos, você está competindo com muitas pessoas", ele diz. "Mas se você estiver disposto a investir num horizonte de sete anos, estará competindo com uma fração dessas pessoas, pois pouquíssimas companhias estão dispostas a fazer isso. Basta

118 SOLUÇÃO GRADUAL

ampliar seu horizonte de tempo para poder alimentar sonhos que você jamais poderia esperar alcançar." Investir em companhias a longo prazo ajudou a transformar Warren Buffett num dos administradores de investimentos de mais prestígio do mundo.

Como podemos pensar a longo prazo em nossas vidas? Comece estabelecendo um objetivo transcendente — ter a carteira de clientes mais leais do seu setor; passar mais tempo com quem você ama; transformar a prática de exercícios num prazer em vez de vê-la como uma tarefa: algo claro o bastante para funcionar como um farol, mas ao mesmo tempo impreciso o suficiente para não o cegar. Escreva o objetivo em lugares que possam chamar sua atenção: um cartão na sua carteira, um adesivo na porta da geladeira, um post-it ao lado do computador. Avalie cada atitude considerando quanto ela o ajudará a alcançar seu objetivo.

Medir seu progresso e recompensar a si mesmo quando alcançar marcos importantes também pode ser útil, mas cuidado com a tendência à fixação de metas. Elas geralmente são objetivos de curto prazo concentrados numa única métrica, e podem obscurecer a visão sistêmica e de longo prazo. Quando a Sears decidiu conceder cotas à equipe de mecânicos responsável pelo conserto de automóveis, os funcionários começaram a inventar defeitos.[5] No setor público, a fixação de metas levou forças policiais a transferirem detetives para casos mais fáceis a fim de atenderem às cotas de prisões, e médicos a passarem pacientes em condições menos graves para o início da fila para reduzirem o tempo de espera. Em 2011, investigadores descobriram o maior escândalo de fraude na educação pública dos Estados Unidos. Quase 180 professores e diretores de 44 escolas em Atlanta, Geórgia, foram acusados de corrigir as respostas dos alunos em exames de avaliação do desempenho das escolas. Quem denunciava a fraude era perseguido, punido ou demitido. Alcançar metas de curto prazo

PENSE A LONGO PRAZO: PLANEJANDO HOJE O QUE FAZER AMANHÃ **119**

e colher o reconhecimento e os lucros provenientes delas havia se tornado mais importante do que o objetivo de longo prazo de dar uma educação sólida às crianças.

As melhores Soluções Graduais usam metas com prudência. A ExxonMobil supervisiona o número de deslizes sem transformá-lo numa métrica de desempenho na companhia. Por quê? Para evitar que as metas se tornem o próprio objetivo. "Se você transformá-lo numa métrica corporativa, arrisca encontrar resultados errados", diz Glenn Murray, da ExxonMobil. "Você pode involuntariamente encorajar as pessoas a não fazer registros, ou aumentar a tentação de reduzir os números. O verdadeiro valor é registrar essas coisas com os funcionários."

Também é útil usar uma abordagem leve para com o dinheiro. A rígida simplicidade de alcançar objetivos em termos de lucros, reduzindo ideias complexas a dólares e centavos, bloqueia o debate, fazendo nuances passarem despercebidas, estreitando os horizontes. Neurocientistas mostraram que a perspectiva de ganhar dinheiro tem um efeito semelhante ao da cocaína para o cérebro, o que dificulta a linha de pensamento do Sistema 2.[6] Até mesmo recompensas em dinheiro, com o intuito de estimular a resolução de problemas, podem acabar atrapalhando o julgamento e as prioridades. Basta considerarmos os excessos irracionais que transformaram os mercados financeiros numa orgia de caça a bônus. Após analisar 51 estudos em 2009, pesquisadores da London School of Economics concluíram que incentivos financeiros de curto prazo prejudicam o desempenho de longo prazo das companhias.[7] Outro estudo realizado pela Harvard Business School concluiu que artistas profissionais produzem obras menos criativas quando trabalham atendendo a encomendas.[8] "Quando trabalho por mim, há apenas a pura alegria da criação, e posso trabalhar a noite inteira sem sequer me dar conta", disse um dos artistas que participou do estudo. "Ao trabalhar numa obra encomendada, é preciso se policiar — ter o cuidado de fazer o que o cliente quer."

Não é de surpreender que muitas Soluções Graduais que encontramos mantenham os lucros em segundo plano. No seu dia anual de análise de segurança, a Exxon não fala sobre lucros nem produtividade. Murray teme que ligar a remuneração a metas de segurança possa encorajar o que ele chama de "tipos errados" de comportamento. Quando pergunto à coronel-aviadora Simpson qual foi o prejuízo gerado para a RAF pela asa quebrada daquele Typhoon, ela se contorce um pouco na cadeira. Como na indústria do petróleo, a força aérea usa equipamentos tão caros que o menor erro pode custar uma fortuna em danos. Como a ExxonMobil, Simpson prefere manter o dinheiro e a resolução de problemas de segurança separados. "Tento deliberadamente não pensar no custo financeiro de nenhum dano causado por um erro", ela diz. "Se você fizer isso, as pessoas retornariam à cultura da culpa. Você sabe: apontar o dedo e dizer 'Você nos custou meio milhão de libras', e isso é exatamente o que não queremos fazer."

Contudo, é difícil resistir à tirania do curto prazo. Jeff Bezos avisa que a visão de longo prazo muitas vezes significa estar "disposto a ser incompreendido por um longo período de tempo", o que é um ponto crucial. Quando você ousa aplicar uma Solução Gradual, os ataques não tardam a vir: complacente demais, caro demais, lento demais — bradam os críticos. Para ser bem-sucedido, argumente que resolver problemas criteriosamente nunca é uma indulgência ou um luxo, mas sim um investimento sábio e essencial no futuro. Um problema que deixamos se alastrar agora inevitavelmente será mais difícil e mais caro de resolver no futuro. Invista tempo, esforço e recursos hoje, e colha no futuro os benefícios no seu negócio, no seu relacionamento ou na sua saúde. Um exemplo: após um substancial investimento inicial, a Green Dot agora gasta menos por

PENSE A LONGO PRAZO: PLANEJANDO HOJE O QUE FAZER AMANHÃ   **121**

aluno na administração da Locke High School do que o governo gastava antes da sua transformação.

É claro que ignorar completamente métricas de curto prazo seria tolice. Na dosagem e com a atitude certas, metas podem ajudar a manter mentes focadas e canalizar energias. Contar os centavos hoje é sempre um bom investimento para o amanhã. Depois do entusiasmo que pensar grande e a longo prazo gera, cada Solução Gradual ao mesmo tempo serve para lembrar da importância de se concentrar nas pequenas coisas. Ou, como coloca Hoeidal: "Você precisa cultivar uma forma macro de pensar nos problemas, mas sempre precisa cuidar do micro também."

6

Pense pequeno: O diabo está nos detalhes

Os pequenos detalhes é que são vitais. Coisas pequenas fazem coisas grandes acontecerem.

John Wooden, técnico de basquete,
membro do Hall da Fama

Numa manhã clara e fria de janeiro de 1969, uma equipe de mergulhadores saiu para inspecionar uma plataforma de petróleo a 10 km do litoral sul da Califórnia. O que viram deixou-os alarmados. "Havia atalhos para onde quer que olhássemos", lembra Hoss McNutt, membro da equipe. "Podíamos ver que a companhia havia ignorado normas de segurança para economizar tempo e dinheiro, e foi isso que relatamos quando voltamos." A proprietária da plataforma, a Union Oil, preferiu ignorar os alertas, e, três semanas depois, a Plataforma A explodiu, derramando 200 mil galões de petróleo bruto nas águas da cidade de Santa Bárbara. O piche invadiu as praias locais, causando a morte de mais de 10 mil pássaros, além de focas, golfinhos, peixes e outras criaturas marinhas.

Encontro McNutt 41 anos depois na Michigan State University, em East Lansing, palco das finais mundiais da Odyssey of the Mind de 2010, um torneio infantil internacional de resolução de problemas. Todos os canais de notícias exibem imagens do petróleo bruto sendo derramado do poço Macondo, da BP, muito abaixo da superfície do Golfo do México. McNutt assiste às imagens granuladas, abana a cabeça e ecoa o veredito dado por especialistas de toda a indústria do petróleo. "É a história se repetindo", ele diz. "A BP ignorou os riscos e os alertas, optou pelas soluções rápidas e, agora, olha o problema que eles têm nas mãos."

Quando o assunto é a arte de resolver problemas, McNutt, um homem careca de 60 e poucos anos, já viu tudo. Depois de ter resolvido problemas debaixo d'água, ele se tornou professor de robótica na Burton Middle School, em Porterville, Califórnia. Também é instrutor da Odyssey of the Mind há trinta anos. Muitos de seus ex-pupilos atualmente resolvem problemas em diretorias, fábricas e laboratórios em diferentes lugares dos Estados Unidos.

Apesar de seus times competirem no torneio, tanto seus acertos quanto seus erros produzem importantes lições para o mundo real. Já em sua quarta década, a Odyssey of the Mind lembra uma área gigante de testes para a Solução Gradual.

Nas finais mundiais de 2010, McNutt está orientando um time de seis alunos da nona série. Eles escolheram resolver o Problema Número 1: inventar um veículo movido pela força humana que possa superar obstaculos, ser exposto à vida selvagem, passar por reparos enquanto percorre uma trajetória através da natureza e que limpe o ambiente. Os meninos decidiram construir um caça-minas, montado a partir de velhas placas de circuito impresso, tábuas, barras de metal e um complexo sistema de cordas com polias, correntes e alavancas. Um mecanismo provoca a batida de uma serra contra uma lata para emitir um som gutural que supostamente deve

PENSE PEQUENO: O DIABO ESTÁ NOS DETALHES

afastar animais selvagens. A pá que coleta as minas de isopor é a carcaça de um velho iMac. O veículo precisa de três meninos para operá-lo, o motorista impulsionando as rodas ao bombear uma tábua para cima e para baixo. Meu primeiro pensamento: por que não fiz um desses na nona série?

Como todos os outros grupos da Odyssey, os meninos da Burton falam com convicção sobre muitos dos ingredientes da Solução Gradual que vimos até agora: admitir e aprender com os erros; refletir com calma para entender a verdadeira natureza do problema; ligar os pontos para projetar soluções holísticas; pensar a longo prazo. Com a certeza de um guru da gestão com o dobro da sua idade, um deles me diz: "Não existem erros, apenas uma ideia imprecisa." Outro complementa: "Se algo não funciona, precisamos rever todas as etapas desde o início até descobrirmos por que não está funcionando — e então resolvemos o problema."

Até aí, tudo bem. Entretanto, uma hora antes de o time da Burton fazer sua demonstração, McNutt estava preocupado. Ele achava que os meninos deveriam fazer ajustes na sua solução para o Problema 1 até o último minuto, mas as regras da Odyssey o impedem de ser muito rigoroso em relação a isso: "Ainda há partes do veículo que podem quebrar", ele diz, "e se eu fosse eles, estaria em pânico antes de levá-lo para a guerra".

Atrás de McNutt, posso ver o caça-minas sozinho a um canto do ginásio. O único membro do time da Burton à vista está andando em direção à saída. McNutt o chama.

"Vocês sabem a que horas devem estar prontos para a apresentação?", pergunta McNutt.

"Três horas da tarde", o garoto responde.

"E isso é daqui a quanto tempo?", ele pergunta.

O menino dá de ombros, mostrando que não tem relógio.

"Em 50 minutos", diz McNutt. "Você não acha que deveria estar fazendo uma corrida teste ou se preparando de alguma maneira?"

O menino diz que vai falar com os outros membros da equipe, mas no final eles ignoram o conselho.

Pouco mais de uma hora depois, vestindo fantasias de robô, os meninos estão prontos para se apresentar em outro grande ginásio. Cerca de duzentas crianças conversam com seus instrutores, e os pais esperam nas arquibancadas. Chegou o momento de as crianças mostrarem o que aprenderam em nove meses de resolução de problemas. A primeira equipe a se apresentar é um grande sucesso, desenrolando longos brotos de bambu para propelir seu veículo. O espetáculo é de tirar o fôlego, elegante e, de uma forma estranha, comovente. A multidão demonstra sua aprovação com aplausos entusiasmados.

Quando chega sua vez, os meninos da Burton começam inseguros. Levam mais tempo do que o planejado para se prepararem. Então, o caça-minas avança 3 m antes de parar com um sacolejo. Os meninos fazem ajustes frenéticos para recolocá-lo em movimento, mas logo em seguida ele para outra vez, agora com uma corrente pendendo frouxamente do chassi. Dois meninos tiram suas fantasias de robô e se deitam debaixo do carro como mecânicos de um pit-stop da Fórmula 1. Um silêncio constrangedor toma conta do ginásio. A Odyssey of the Mind é uma competição, mas é dotada de um delicado espírito de camaradagem, portanto, as equipes torcem uma para as outras com prazer. Ver as crianças morrerem no palco não é divertido para ninguém. De repente, contudo, a multidão volta à vida, batendo palmas e gritando palavras de encorajamento para os caça-minas em apuros.

A equipe consegue fazer o veículo voltar a se movimentar, mas no momento em que estão prestes a recolher a primeira mina, uma campainha soa para avisar que seu tempo acabou. Os meninos estão confusos apesar de receberem uma ovação de pé da multidão. Um juiz aproxima-se para consolar o mais novo, que não consegue conter o choro.

Após uma análise emocional, McNutt aceita a derrota. Depois de ter visto outros times se autodestruírem da mesma forma, ele acredita que os meninos da Burton sairão da situação como solucionadores melhores. "A lição que aprenderam é mais importante do que vencer", diz. "Hoje, eles viram que quando o assunto é a resolução de problemas, precisamos ser extremamente meticulosos, pois o diabo está sempre nos detalhes."

Isso nos conduz ao próximo ingrediente da Solução Gradual. Já vimos que ampliar as lentes para o pensamento holístico e refletir a longo prazo são fatores essenciais para resolver problemas complexos. Ao mesmo tempo, aumentar o zoom para os menores detalhes pode ser igualmente essencial. O que levou um Concorde a cair em chamas logo depois de decolar do aeroporto Charles de Gaulle em 2000? O que desencadeou o acidente foi uma lâmina metálica que caíra de outro avião e permaneceu na pista até a passagem a 500 km/h do Concorde. É por isso que na RAF Coningsby um líder de esquadrão é empregado em tempo integral unicamente para garantir que as pistas de decolagem estejam sempre limpas de detritos, e também é por isso que todos os motoristas param para checar os pneus dos veículos à procura de fragmentos antes de atravessar qualquer pista da base. "Se quisermos levar algo a sério, precisamos fazê-lo no nível do quadro geral e nos pequenos detalhes", diz Fulton Suri, da IDEO. "Para que os problemas sejam bem resolvidos, precisamos combinar essas duas coisas."

Como outros ingredientes da Solução Gradual, concentrar-se nos pequenos detalhes leva tempo. Geralmente precisamos reduzir o ritmo para identificar, compreender e lidar com os detalhes. Às vezes, fazemos isso sem perceber. Pense em quanto tempo você

128 SOLUÇÃO GRADUAL

passa em frente ao espelho antes de um encontro, certificando-se de que cada fio de cabelo esteja no lugar certo; ou em quantas vezes relê a inscrição para um emprego antes de enviá-la. Contudo, num mundo tão apressado, essa atenção aos detalhes com frequência é ignorada. Nossas mentes tendem a repelir as coisas pequenas que contradizem nossas teorias — lembre-se da tendência à confirmação e do problema do legado. Concentrar-se em detalhes pode ser tedioso, incômodo, pouco glamouroso. É algo que raramente ganha manchetes ou atrai atenção. O que desperta interesse são gestos ousados e arrebatadores. Contudo, não importa quanto dinheiro, energia e tempo você invista, e não importa quão nobres sejam suas intenções, até a melhor solução fracassará se os detalhes não forem observados.

Basta analisarmos a história da ajuda humanitária à África. Ao longo dos anos, doadores ocidentais têm mandado contêineres cheios de equipamentos médicos que simplesmente não funcionam no calor escaldante e aparelhos auditivos para problemas raramente encontrados em países em desenvolvimento. Detalhes óbvios também atrapalharam a tão divulgada reconstrução do Afeganistão. As autoridades americanas, por exemplo, construíram escolas na nação destruída pela guerra, mas não construíram uma única faculdade para preparar professores.

A atenção aos detalhes sempre foi uma característica das melhores soluções. Alguns acreditam que as melhores cerâmicas da história foram produzidas durante a Dinastia Sung do Norte, que governou a China do século XII ao XIII. Os ceramistas Sung passaram as vidas refinando, modificando e retocando formas simples e sóbrias em busca de jarros perfeitos. Eles acreditavam que até mesmo a tigela ou o copo mais modesto podiam demonstrar o mais elevado talento artístico e um grande significado. Por sua atenção aos detalhes, eles criaram cerâmicas que continuam despertando

PENSE PEQUENO: O DIABO ESTÁ NOS DETALHES

interesse e inspirando outros ceramistas 800 anos depois. A mesma atenção aos detalhes serve para destacar pessoas bem-sucedidas em qualquer área. Basta pensarmos na habilidade empregada num terno da Savile Row, num Rolls-Royce Phantom ou no braço de mogno de Paul Reed Smith. Quem dera os meninos da Burton tivessem seguido o exemplo de Henry Steinway, que fez 482 pianos a mão antes de finalmente abrir sua bem-sucedida companhia.[1] Qual era o segredo da belíssima prosa de Gustave Flaubert? Uma determinação maníaca para refinar e reescrever cada frase até ficar satisfeito com cada letra. Lembra-se da famosa cena de *Madame Bovary* em que Emma deixa sua casa de madrugada na ponta dos pés e corre para encontrar o amante? Flaubert reescreveu 52 versões da cena antes de finalmente chegar a um arranjo perfeito de palavras. Ao exemplo de McNutt, seu lema era: "O bom Deus está nos detalhes."[2]

Steve Jobs, fundador e diretor executivo da Apple, levou esse credo a ponto da compulsão obsessiva. Quando já estava no fim da vida, deitado numa cama de hospital, ele passou por 67 enfermeiros até se decidir por três que atendiam exatamente aos seus padrões. Mesmo sob fortes sedativos, ele tirou uma máscara de oxigênio do rosto para reclamar de sua aparência. O pneumologista ficou estupefato quando Jobs exigiu ver cinco outros modelos de máscaras a fim de escolher o que mais lhe agradasse. Contudo, o que parece um caso grave de TOC, ajudou a Apple a se tornar uma das companhias mais bem-sucedidas da história. Prazos chegavam e passavam enquanto Jobs orientava designers, programadores e profissionais de marketing até que todos os detalhes estivessem perfeitos. O computador Macintosh levou mais de três anos para ser desenvolvido porque Jobs avaliou cada detalhe, descartando a ventoinha interna por ser pesada demais, redesenhando a placa-mãe por não ser elegante o bastante. Para deixar as barras de títulos que ocupavam o topo de pastas e documentos perfeitos, ele forçou seus programadores a ajustá-las, ajustá-las e depois ajustá-las um pouco mais. Quando eles se queixaram após quase vinte alterações, ele gritou: "Vocês imaginam ter que olhar para aquilo todos os dias? Não é um detalhe banal. É algo que precisamos fazer certo."[3] Mesmo quando a Apple já era um sucesso, como um ceramista da dinastia Sung, Jobs fazia questão de saber quantos parafusos eram usados nas tampas dos laptops. Em outras palavras, quando ele subia ao palco em suas camisas pretas de gola rulê, a Apple já havia colocado todos os pingos nos is e todos os traços nos ts de uma forma que envergonharia tanto os meninos da Burton quanto seus rivais.

Às vezes, os menores detalhes podem fazer a diferença entre uma vitória e uma derrota. A falta de iluminação artificial barata em países em desenvolvimento é um problema crônico. Famílias pobres das zonas rurais da África, da Ásia e da América Latina gastam grande parte da sua renda em velas, pilhas comuns e querosene — um dinheiro que poderia ser gasto em comida, educação, medicina ou investido em fazendas.[4] E, apesar dos gastos, ainda assim dificilmente há iluminação suficiente ao anoitecer. Isso significa que as crianças não podem estudar à noite; as meninas faltam às aulas para ajudar os pais durante o dia; e as mulheres que se aventuram a sair de casa à noite ficam expostas a ataques. Lampiões baratos a querosene também poluem o ar, atraem mosquitos transmissores de malária e provocam incêndios e queimaduras graves. Em 2006, Mark Bent encontrou uma ótima solução para o problema: suas lanternas BoGo são alimentadas pela luz solar, pela água, à prova de choque e produzem luz por até cinco horas depois de uma carga de dez horas. Sempre que você compra um desses dispositivos, Bent doa outro ao grupo de ajuda comunitária da sua escolha. O lema da BoGo é "Compre Uma, Dê Outra".

Como Geir Berthelsen, da Norsafe, mas ao contrário de muitas organizações de ajuda humanitária, Bent primeiro fez a lição de casa. Após anos trabalhando em países em desenvolvimento pela Marinha americana, depois como diplomata, e finalmente como petroleiro, ele sabia qual era o valor do conhecimento local. "Muitas vezes vejo pessoas com intenções fantásticas tentando genuinamente ajudar outras pessoas sem saber quais são seus verdadeiros valores, suas necessidades, o que as motiva, ou que pressões econômicas, sociais e tribais enfrentam", ele diz. "Isso só vem com o tempo e se ouvindo muito, pois a primeira coisa que as pessoas mostram nunca é a realidade. Elas dirão que tudo é maravilhoso, maravilhoso, mas depois de uma hora começarão a dizer que a iluminação poderia durar mais, ser mais clara, ou que poderiam levá-la para lá ou colocá-la ali." De posse dessas informações, Bent foi capaz de ajustar as lanternas BoGo apropriadamente.

Num capítulo posterior, exploraremos por que faz sentido que as pessoas participem da criação de soluções para seus próprios problemas, mas por enquanto nos concentremos no pequeno detalhe que fez da lanterna de BoGo um sucesso. Quando os primeiros dispositivos chegaram a um campo de refugiados das Nações Unidas na região oeste da Etiópia, eles foram finalizados com uma cor alaranjada clara. "Eu queria algo claro, que as pessoas conseguissem encontrar em baixas condições de luminosidade", diz Bent. Mas logo no início ficou claro que os homens estavam monopolizando as lanternas e deixando as mulheres no escuro.

Enquanto os funcionários das Nações Unidas propuseram rastrear todas as lanternas pelos seus números de série, Bent encontrou uma solução muito mais simples e elegante: ele começou a fabricar alguns dos dispositivos na cor rosa. Ele sabia que muitos homens africanos eram orgulhosos, suscetíveis e supersticiosos demais em relação à sua masculinidade, mas também sabia que a maioria não associava a cor rosa à feminilidade. Assim, distribuiu as lanternas cor-de-rosa com a mensagem de que nenhum homem que prezasse sua virilidade deveria ser visto morto com um acessório dessa cor. Funcionou. Em alguns lugares da África, homens encarregados de lanternas cor-de-rosa usam uma vara para reposicioná-la no chão em vez de correr o risco de serem vistos segurando-as. Portar uma lanterna cor-de-rosa pode até mesmo levar um homem a ser chamado de ladrão. Bent distribuiu mais de 400 mil lanternas BoGo em países em desenvolvimento, e as mulheres africanas usam-nas livremente.

Às vezes, vale a pena retornar a um detalhe que já foi dispensado como irrelevante. A música clássica tradicionalmente tem sido algo reservado a homens brancos. No mundo masculino de solistas de ternos pretos e maestros de cabelos grisalhos, era simplesmente tido como norma que mulheres não tinham o mesmo talento. Elas tinham o tipo errado de lábios, pulmões e mãos. Eram fracas demais. Além disso, não eram capazes de *sentir* a música da mesma forma. Os guardiões das grandes orquestras viram esses princípios serem confirmados repetidamente durante audições em que os homens sempre tocavam melhor que as mulheres. Ou será que não?

As audições tradicionais na maioria das vezes eram eventos informais, com os candidatos tocando por alguns minutos em frente a um diretor musical ou regente. Esses encontros intimistas tinham como intuito ajudar os especialistas a chegarem a um veredito bem fundamentado, mas na verdade muitas vezes acabava resultando no oposto. Ao contrário do que pregava a sabedoria convencional, ver um candidato tocando bem diante de si dificultava a concentração dos juízes na habilidade mais importante do currículo de cada músico: o som que produzem. Em vez disso, eles podiam ser distraídos, ou até mesmo se deixar levar por traços visuais: a postura, a idade, o penteado, a mandíbula, o quanto suavam, se sorriam muito ou pouco, como seguravam seu instrumento... e o sexo.

A influência desses fatores visuais no julgamento dos especialistas tornou-se claro quando o mundo da música clássica passou

PENSE PEQUENO: O DIABO ESTÁ NOS DETALHES

a adotar audições cegas nos anos 1970. Em vez de tocar diante do comitê, depois de serem informados sobre o que deveriam apresentar, os candidatos tocavam atrás de uma tela. Se fizessem o menor barulho que pudesse trair sua identidade — uma tosse, por exemplo, ou o som de um salto — eram requisitados a se retirarem e retornarem no fim do dia para tocar algo diferente. Com essa pequena mudança, os especialistas foram forçados a fazer o que afirmavam estar fazendo desde sempre: julgar os candidatos unicamente pelo som que produziam. E o que você acha que aconteceu? De repente, as mulheres não soavam tão mal. Elas começaram a ganhar postos prestigiosos como violinistas, violoncelistas e trombonistas.[5] Três décadas depois de as audições às cegas terem se tornado a norma, o número de mulheres tocando em importantes orquestras americanas quintuplicou. A mudança cultural geral em direção à igualdade entre sexos também ajudou, mas sem a adoção das audições às cegas as mulheres provavelmente teriam continuado não soando tão bem quanto os homens.

Na sociologia, o poder de identificar detalhes é perfeitamente demonstrado na "teoria das janelas quebradas". De acordo com ela, até mesmo o menor sopro de desordem, como uma janela quebrada em um prédio ou uma pequena pichação na parede, pode desencadear uma atmosfera capaz de alimentar outras atitudes antissociais. Em 2011, um grupo de pesquisadores da Universidade de Groningen, na Holanda, mostrou como isso funciona na prática. Num experimento, eles colocaram folhetos com anúncios publicitários em bicicletas estacionadas numa rua secundária onde havia uma placa proibindo o grafite. Quando a rua foi grafitada, 69% dos ciclistas jogaram os folhetos no chão ou os colocaram nas bicicletas de outras pessoas. Depois que a rua foi pintada, somente 33% teve esse comportamento. Em uma experiência semelhante, os pesquisadores deixaram um envelope com uma nota de 5 euros visível através da abertura de uma caixa de correio. Quando a caixa de correio estava limpa e bem-cuidada, apenas 13% dos transeuntes pegaram o dinheiro. Quando ela era coberta por grafite, ou latas vazias, pontas de cigarros e outros detritos eram jogados na área, esse número dobrou.[6]

Isso não quer dizer que a limpeza de todas as ruas significaria o fim dos crimes: para isso, precisaríamos ligar vários outros pontos. O que as duas experiências mostram, contudo, é que a mudança de um pequeno detalhe, como o conserto de uma janela quebrada ou o uso de uma tela numa audição musical, pode fazer uma grande diferença.

Esse é um ponto ressaltado pelos solucionadores mais experientes. Como técnico do time de basquete da UCLA, John Wooden levou-os a um recorde de dez campeonatos da NCAA (*National Collegiate Athletic Association* — Associação Atlética Universitária Nacional) entre 1964 e 1975. Embora tenha tido a sorte de contar com verdadeiros astros do esporte, incluindo Kareem Abdul Jabbar e Bill Walton, ele costuma ser considerado um dos melhores técnicos da história dos esportes universitários. E o que ele fez quando uma nova safra de prodígios do basquete apareceu para o primeiro dia de treino no campo? Mostrou-lhes como calçar suas meias. Como um monge medieval desenrolando um pergaminho manuscrito, ele desenrolava lentamente cada meia, dos dedos até o peito do pé, passando pela cava, até chegar ao calcanhar antes de finalmente desenrolá-la completamente, de forma a deixar o pé o mais confortável. Depois, ele retornava aos dedos para remover rugas ao longo de toda a meia. Então, Wooden observava os atletas repetirem o ritual com perfeição. Isso também tinha o intuito de demonstrar a necessidade de concentrar-se nos pequenos detalhes "Acredito no básico: ser atento para garantir a perfeição dos pequenos detalhes que podem ser facilmente ignorados", ele escreveu "Eles podem parecer triviais, talvez até ridículos para os que não querem entender, mas não são. Eles são fundamentais para o seu progresso no basquete, nos negócios e na vida. São a diferença entre campeões e os que quase chegam lá."[7]

Isso é o que ouvimos repetidas vezes de pessoas que chegaram ao topo do mundo dos negócios. Atualmente aposentado, quando lhe perguntam que conselho ele daria aos novos empreendedores, Conrad Hilton, fundador da cadeia de hotéis que leva seu nome, disse-lhes que se concentrassem nas coisas pequenas com uma única frase memorável: "Não se esqueçam de enfiar a cortina dentro da banheira." Quando Sir Richard Branson visita uma das trezentas unidades do seu império da Virgin, ele faz uma observação sobre cada pequena falha que lhe chame a atenção, de um carpete sujo na cabine de um avião a um funcionário usando o tom de voz errado numa central de atendimento. "(A) única diferença entre um atendimento meramente satisfatório e um excelente atendimento é a atenção aos detalhes", ele escreveu recentemente. "O atendimento não está limitado ao primeiro dia na companhia: funcionários de todo o negócio devem se concentrar em acertar ao longo de todo o dia, todos os dias."

Até mesmo os roqueiros da pesada do Van Halen entenderam isso. No auge do seu sucesso, nos anos 1990, a banda inseriu um pedido ao contrato enviado para todos os lugares onde tocava que se tornou motivo de muitas piadas. Eles pediam uma grande tigela de M&Ms sem os de cor marrom. O artigo 126 dizia: "Não deverá haver M&Ms marrons no camarim, sob multa de cancelamento do show com compensação total." Quando isso virou notícia, a mídia zombou dos músicos de cabelo comprido, afirmando que haviam ficado deslumbrados com o estrelato. Entretanto, o Van Halen tinha uma razão muito plausível para banir o doce marrom. Como uma das primeiras bandas a levarem uma quantidade colossal de peças de palco na estrada, eles começaram a observar que as equipes das arenas de cidades menores tinham uma grande dificuldade com as complexidades da sua montagem. A mínima falha podia produzir um som abaixo dos padrões, ou até pior. Na Universidade do Estado do Colorado, o palco do Van Halen afundou, causando danos de 85 mil dólares. O motivo foi que a equipe de montadores não observou os requisitos de capacidade de peso definidos no contrato. Qualquer outra desatenção poderia ter provocado ferimentos ou mortes. Assim, o Van Halen teve a ideia para o artigo sobre os M&Ms como os canários nas minas de carvão.* Uma tigela sem doces marrons seria uma indicação de que podiam acreditar que a equipe passara um pente-fino em todos os requisitos técnicos da banda, dando atenção aos menores detalhes. "Assim, quando eu entrava no camarim, se visse um M&M marrom na tigela", contou David Lee Roth, o vocalista, "bem, aquilo era uma garantia de que encontraríamos erros técnicos. Eles não teriam lido o contrato. Era garantia de problema. Às vezes, isso ameaçava destruir o show inteiro. Algo, tipo, literalmente fatal."[8]

Um meio de formalizar o teste dos M&Ms é fazer uma lista de checagem. Por anos, pilotos vêm usando essas listas para não se esquecerem de acionar um interruptor vital ou confirmar uma leitura crucial. Os advogados usam-nas para evitar os menores detalhes, muitas vezes esclarecedores, de litígios. Listas de checagem estão se tornando cada vez mais comuns nas indústrias, da construção ao desenvolvimento de software, em que a falta de atenção aos detalhes pode ter consequências catastróficas.

O problema é que muitos especialistas hesitam em usar listas de checagem. Já vimos como pode ser difícil admitir erros e limitações. Usar uma lista de checagem significa que, apesar dos nossos

---

*Referência à antiga prática dos mineiros de levarem canários em gaiolas para as minas. Caso houvesse um vazamento de gases perigosos, como carbono ou metano, a ave morria antes de os mineiros serem seriamente afetados, permitindo sua fuga. [*N. da T.*]

PENSE PEQUENO: O DIABO ESTÁ NOS DETALHES

muitos anos de experiência, ainda assim podemos cometer erros básicos. Por que preciso de uma lista para me lembrar de fazer coisas que faço até mesmo sem pensar? Isso é precisamente o problema. Quando ligamos o piloto automático, quando paramos de pensar, podemos ignorar as pequenas coisas que fazem a diferença. Até mesmo Papai Noel checa sua lista duas vezes.

É por isso que os médicos também adotaram as listas de checagem. Consideremos o uso de antibióticos. Para terem efeito, eles precisam ser administrados não *mais* que uma hora e não *menos* que 30 segundos antes de o cirurgião fazer a primeira incisão. Se esse período não for respeitado, as chances de infecção aumentam em 50%. Todo aluno de medicina pode repetir esses números de trás para frente, e mesmo assim equipes de cirurgiões experientes não raro se confundem. Em 2005, o Nationwide Children's Hospital, em Columbus, Ohio, descobriu que sua equipe não administrava o antibiótico certo na hora certa a mais de um terço de todos os pacientes que tiravam o apêndice. O remédio era ministrado cedo demais, tarde demais, ou sequer era ministrado. À primeira vista, isso parece inexplicável. Como profissionais experientes da medicina poderiam errar com tanta frequência? A resposta é que essa cirurgia é uma das formas mais desafiadoras de resolução de problemas. Além do desafio de abrir e restaurar um organismo humano ao seu funcionamento normal, as salas de operação costumam ser campos minados de distrações: um bip da sala de emergência; um equipamento com problema; uma prancheta faltando; um paciente irritado; um anestesista exausto. Não é de surpreender que os antibióticos de vez em quando se percam na bagunça.

O cirurgião-chefe do Nationwide Children's Hospital também era piloto no tempo vago, então sabia como listas de checagem podem evitar erros e aumentar o nível de segurança na aviação. Para resolver o problema dos antibióticos, ele colocou um quadro branco em cada sala de cirurgia do hospital com uma lista denominada *Pronto para Decolar*[9] a ser checada antes da cirurgia. Havia duas caixas a serem marcadas antes de o cirurgião pegar o bisturi. Primeiro, a enfermeira tinha que confirmar verbalmente se quem estava deitado na mesa de operação era o paciente certo e se o lado correto do seu corpo estava preparado para a cirurgia. Em segundo lugar, a equipe precisava confirmar entre si que os antibióticos necessários haviam sido ministrados. Para encorajar a equipe a se concentrar nesses detalhes, o cirurgião-chefe passou muito tempo conversando com médicos, enfermeiras e anestesistas sobre os benefícios das listas de checagem. Sempre atento aos menores detalhes, ele também projetou uma barraca de metal de 150 cm com as palavras *Pronto para Decolar*, que as enfermeiras eram instruídas a colocar sobre o bisturi ao organizarem os instrumentos antes da cirurgia. No início, a barraca servia para lembrar a importância de parar e ler as letras pequenas.

Essas pequenas mudanças fizeram uma grande diferença. Três meses depois da adoção da iniciativa *Pronto para Decolar*, os antibióticos passaram a ser administrados corretamente em 89% dos casos de apendicite. Passados dez meses, esse número subiu para 100%. Outros hospitais tiveram um sucesso semelhante com listas de checagem, algumas das quais chegam a vinte ou até trinta itens.

Se quiser uma solução radical, contudo, você precisa fazer mais do que simplesmente lembrar os detalhes, e sim vê-los sob uma luz diferente. Foi assim que muitas invenções revolucionárias nasceram. Em 1941, um engenheiro suíço chamado Georges de Mestral voltou de uma viagem de caça nos Alpes e encontrou carrapichos de bardana nas meias e no rabo do seu cachorro. Em vez de remover as bolinhas peludas e pegajosas sem pensar, como alpinistas haviam feito por gerações, ele as colocou sob um microscópio, onde observou centenas de ganchos pequeninos que se fixavam em qualquer

PENSE PEQUENO: O DIABO ESTÁ NOS DETALHES

superfície com nós, tais como tecidos. De Mestral de repente passou a ver a bardana de uma forma que ninguém jamais vira — e usou esse novo ponto de vista para inventar o Velcro.

Muitos problemas médicos só são resolvidos porque alguém em algum momento presta atenção num efeito colateral inesperado durante testes com medicamentos. No fim dos anos 1980, um grupo de pesquisa farmacêutica explorava formas de tratar a angina na Inglaterra. Sua maior aposta era um composto chamado UK-92480, que parecia afetar os vasos sanguíneos de voluntários saudáveis. Após testes desapontadores, a droga estava prestes a ser descartada — até que os participantes dos testes começaram informar a ocorrência de ereções penianas depois de ingerirem a droga. A princípio, os pesquisadores consideraram o efeito colateral irrelevante, por mais que fosse engraçado. Entretanto, eventualmente, alguns começaram a se perguntar se ali poderia estar a cura para as disfunções eréteis. No fim das contas, eles estavam certos. Depois de mais seis anos de pesquisa e desenvolvimento, o UK-92480, rebatizado Viagra, ganhou o mercado — e milhões de quartos.

É por isso que a atenção aos detalhes é um componente de qualquer Solução Gradual. Lembremo-nos de como a prisão Halden baniu os pesos para impedir que os detentos desenvolvessem músculos em excesso, ou como a equipe da cozinha da ExxonMobil monitora a temperatura das saladas. Percebendo que tropeços nas escadas poderiam gerar brigas, a Green Dot instalou corrimãos de ferro no meio de todas as escadas da Locke High School a fim de separar o caminho de quem desce do caminho de quem sobe. A equipe da escola fala sobre adotar a "abordagem da janela quebrada" até mesmo com os problemas mais triviais. "Se uma janela está quebrada, é consertada imediatamente. O mesmo acontece se outra e mais outra quebrarem", diz o diretor executivo Marco Petruzzi. "A ideia é a de que a mudança está nos detalhes."

Todos podemos dominar a arte da excelência nos detalhes. As listas são um bom ponto de partida. Ao lidar com um problema, escreva todas as ideias que lhe passarem pela cabeça, por mais simples que sejam. Coloque as que implicarão progresso para o seu objetivo de longo prazo em uma lista de tarefas, e o restante numa lista reserva para o caso de acabarem sendo importantes mais tarde. Coloque a última lista numa gaveta e dê uma olhada nela de vez em quando para se certificar de que nenhuma ideia acabe esquecida. A cada etapa da sua solução, lembre-se dos meninos da Burton: checar, checar e checar novamente.

Nem mesmo uma atenção flaubertiana aos detalhes é garantia de sucesso. Quando Steve Jobs lançou o iPhone 4 em 2010, ele passou por uma daquelas falhas técnicas que podem arruinar uma apresentação de lançamento. Um problema na conexão com a internet dificultou o carregamento de fotos e a videoconferência no dispositivo. Para dar continuidade, Jobs teve que pedir à plateia que parasse de congestionar a rede wi-fi no auditório. Foi um momento como o que os meninos da Burton passaram — mas dessa vez era com o rei dos detalhes. "Até mesmo os deuses erram de vez em quando", observou um blogueiro.

É claro que Jobs nunca mais passaria pelo mesmo constrangimento. Por quê? Porque ele fez o que todos os praticantes da Solução Gradual fazem ao deixar um detalhe passar: aprendeu com o erro e se preparou melhor da próxima vez.

7

Prepare-se: Pronto para tudo

A conclusão do que se deliberou deve ser posta logo em prática, mas a deliberação deve ser lenta.

Aristóteles

Parecia que a corrida havia chegado ao fim. Na 69ª volta do Grande Prêmio de Mônaco de 2011, Lewis Hamilton sofreu uma batida de outro motorista que danificou a placa terminal da asa traseira de seu carro. No mundo da Fórmula 1, em que poucos segundos podem significar a diferença entre a frustração da derrota e a comemoração com champanhe no pódio, esse tipo de dano geralmente elimina o piloto da corrida. Embora a equipe do box possa trocar quatro pneus em 3,5 segundos, eles não têm tempo o bastante para reparos mais complexos durante uma competição. Naquela tarde de verão em Mônaco, contudo, Hamilton, o *enfant terrible* da Fórmula 1, teve sorte. Depois que um carro rival foi destruído, os organizadores da prova interromperam temporariamente a corrida para a limpeza da pista, dando à equipe da McLaren mais tempo para consertar a asa traseira.

Mas o tempo estava passando. Vestindo os macacões da equipe, os mecânicos correram para o grid, e no momento em que o carro de Hamilton parou, começaram a trabalhar, avaliando o dano, determinando qual seria a melhor solução e então dando início aos reparos. Quando apertavam os últimos parafusos, os organizadores gritaram para que eles saíssem do caminho a fim de que a corrida pudesse ser retomada. Com uma nova placa terminal, Hamilton correu de volta para a pista. Ele terminou em oitavo lugar, mas o fato de terem conseguido colocá-lo de volta na corrida é o tipo de feito que entra para o folclore da equipe de mecânicos e que é comentado por anos entre canecas de cerveja.

"Consertar uma asa traseira não é o tipo de coisa que você quer fazer no meio da corrida, mas eles conseguiram", diz Peter Hodgman, engenheiro do Centro de Tecnologia da McLaren. "Foi fantástico, realmente, se pensarmos como tinham pouco tempo."

Histórias como essa viram lendas no mundo da Fórmula 1, e Hodgman, um simpático homem de 57 anos e barba, tem algumas no seu currículo. Em 1993, durante o Grande Prêmio da Europa, em Donington Park, um mecânico da McLaren viu água debaixo do carro que Michael Andretti usaria. A equipe entrou em ação, substituindo o radiador defeituoso em menos de dez minutos. "O tempo é sempre seu maior inimigo na Fórmula 1", diz Hodgman.

Embora isso soe um paradoxo, resolver problemas rapidamente também pode fazer parte da Solução Gradual. Isso porque, no mundo real, muitas vezes não há tempo para pedir desculpas, refletir com calma ou realizar análises minuciosas de cada pequeno detalhe. Às vezes, na solução de um problema, sobrevive o mais rápido. Quando nossos ancestrais se deparavam com um predador faminto, ou pensavam numa estratégia de fuga imediata ou viravam o almoço do predador. No impaciente século XXI, estamos constantemente sob pressão para fornecer soluções imediatas. Isso

PREPARE-SE: PRONTO PARA TUDO

pode nos levar ao tipo de trabalho insatisfatório típico das soluções rápidas que já vimos anteriormente. Mas isso nem sempre é verdade. Sob as condições certas, resolver problemas em alta velocidade pode ser uma vantagem.

As equipes da Fórmula 1 são apenas um exemplo disso. O que faz as pessoas se destacarem em qualquer área, da medicina e da gestão aos bombeiros e ao futebol, é a habilidade de lidar com problemas rapidamente. Em *Blink: The Power of Thinking without Thinking*, Malcolm Gladwell mostrou como podemos agir com inteligência quando aprendemos a "tirar vantagem dos primeiros dois segundos". Entre seus casos de estudo sobre pessoas que demonstraram uma precisão incrível em julgamentos rápidos estavam especialistas em arte que perceberam instantaneamente que uma escultura vendida por 10 milhões de dólares era uma falsificação[1] e um psicólogo capaz de prever quais casais acabariam se divorciando simplesmente observando-os conversar.[2] É o Sistema 1 de pensamento em ação — e não são só especialistas que fazem isso. Nós todos somos capazes. Quando jogo hóquei, minha mente resolve problemas rapidamente, calculando numa fração de segundos como desviar de um defensor ou passar o disco para um jogador do meu time. A maioria das coisas que fazemos no nosso dia a dia, de dirigir um carro a cortar cenouras, envolve o mesmo tipo de pensamento automático.

Encontrar uma solução num piscar de olhos é algo tão comum que muitas disciplinas têm seu próprio termo para descrever isso. Quando um jogador de basquete faz um passe cego perfeito durante um contra-ataque extremamente rápido, dizemos que ele tem um bom "senso de quadra". Um general que pode avaliar o terreno de um campo de batalha apenas passando os olhos rapidamente por ele é dotado de um bom "coup d'oeil". Também chamamos isso de intuição, elogiando-a como um dom dos deuses. O próprio Napoleão, cuja habilidade no campo de batalha não podemos deixar de admitir, acreditava que o "coup d'oeil" era "inato em grandes generais". Entretanto, a verdade é mais simples que isso. Como já vimos, nossas mentes se alternam entre o Sistema 1 e o Sistema 2 continuamente. Quando fazemos um julgamento rápido, ainda assim seguimos todas as etapas do Sistema 2 — avaliando o cenário, selecionando os dados relevantes, ligando os pontos, definindo o melhor curso de ação; só que muito mais rápido. Os psicólogos chamam isso de "thin-slicing", pois extraímos todas as informações necessárias a partir de uma "fina segmentação" da experiência.[3]

Como isso funciona? Quando o tempo é curto, as melhores segmentações podem ser cruzadas numa base pessoal de dados de experiências que nos permite identificar padrões, ciladas e possibilidades familiares num problema. Enquanto pessoas inexperientes desperdiçam um bom tempo na reunião e na análise de informações irrelevantes, percorrendo becos escuros e analisando cursos inúteis de ação, os especialistas podem ir direto ao ponto, encontrando-o com a ajuda de peças-chave e imediatamente chegando à melhor solução. O tempo necessário para isso depende do problema em questão. Às vezes, a "thin-slicing" pode acontecer em segundos, e até mesmo milissegundos. Outras, precisamos de um pouco mais de tempo, até mesmo de alguns minutos para explorar nossos bancos de dados pessoais. De qualquer forma, a habilidade de usar a segmentação fina, ou "thin-slicing", pode ser transferida através das disciplinas. Acostumados a tomar decisões em meio segundo na arena do mercado financeiro, corretores de Wall Street também são muito bons em jogos de guerra, que também demandam decisões rápidas.[4] No entanto, a melhor "thin-slicing" tende a ocorrer numa única área de especialização, pois é desenvolvida com base em experiências anteriores. Pesquisas em muitas áreas sugerem que são necessárias 10 mil horas de prática para dominarmos uma dis-

PREPARE-SE: PRONTO PARA TUDO

ciplina o bastante a ponto de conseguirmos dar os saltos intuitivos que separam vencedores de aspirantes a vitoriosos. Como observou Esther Dyson, analista de tecnologia que se tornou investidora: "Quando chamamos algo de intuitivo, queremos dizer familiar."

E é aí que entra o processo lento. A maioria dos exemplos deste livro, da transformação da Locke High School ao novo regime de segurança da RAF Coningsby, envolve a dedicação de tempo à resolução dos problemas. Isso também se aplica à "thin-slicing", mas com uma diferença: você já dedicou tempo *antes* do surgimento do problema ao desenvolvimento de uma base de dados de experiência que permite que você aja rapidamente quando algo dá errado. Em outras palavras, a prática, o planejamento e a preparação permitem que você resolva problemas rapidamente quando o tempo é curto, o que é muito diferente de adotar a solução rápida mais fácil em momentos de pânico cego.

Isso não se aplica apenas ao trabalho individual. Grupos também podem aperfeiçoar sua capacidade de "thin-slicing". A partir dos resultados de inúmeras pesquisas, sabemos que equipes experientes têm uma chance muito maior de resolver problemas do que as inexperientes. Em um estudo realizado nos Estados Unidos, foi detectado que quase três quartos dos acidentes envolvendo voos comerciais ocorrem no primeiro dia em que o piloto e o copiloto voam juntos.[5] Erros de principiantes raramente ocorrem na Fórmula 1, onde a regra dos sete Ps (*Prior Planning and Preparation Prevents Piss-Poor Performance*) é uma religião. As equipes contratam pessoas inteligentes, de magos da engenharia a gênios da matemática, que constroem uma base de dados de experiências que os tornam segmentadores da melhor qualidade. Ajuda também o fato de que a maioria compartilha uma obsessão rigorosa por tornar os carros mais rápidos. Mesmo depois de três décadas no mundo das corridas, Hodgman mantém um entusiasmo jovial pela magia da mecânica.

Quando nos conhecemos, ele puxou o iPhone para me mostrar as fotos do Austin A35 de 1957 que está restaurando no tempo livre. "A maioria das pessoas na Fórmula 1 são loucas por carros", diz. "Estamos sempre pensando em formas melhores de montá-los e consertá-los." Cerca de trezentas pessoas como Hodgman passam dias e noites verificando até o último detalhe dos carros da McLaren. Usando dados dos computadores de bordo, assim como impressões dos motoristas, eles rastreiam cada pequena alteração na velocidade das rodas e nas revoluções do motor, nas mudanças de marcha e nas aberturas do acelerador, no consumo de combustível e no escapamento. Entre uma corrida e outra, eles ajustam o design, testam peças, fazem experiências com outros ajustes, investigam falhas, treinam para reparos — aperfeiçoando seus bancos de dados pessoais e coletivos a cada oportunidade. Durante uma troca padrão de pneus, 28 pessoas correm pelo box, algumas operando pistolas ou mantendo o veículo imóvel, outros retirando os pneus velhos ou colocando os novos. Ao contrário dos meninos da Burton, a equipe da McLaren treina até o último minuto, até mesmo encaixando um ensaio geral na manhã de cada corrida. "Todos sabem exatamente o que estão fazendo", diz Hodgman. "Torna-se tão automático que é quase nado sincronizado. Você faz o que tem que fazer quase sem pensar." As melhores equipes desenvolvem um sexto sentido um sobre o outro. "Passamos muito tempo juntos, provavelmente mais do que gostaríamos de passar com as esposas ou namoradas, e nos aproximamos muito, então um conhece as qualidades e defeitos do outro", diz Hodgman. "Chega um ponto em que nem é preciso falar, você simplesmente entrega aquela chave-inglesa porque sabe que seu amigo vai usá-la em seguida."

Equipes de box e engenheiros da Fórmula 1 conhecem seus carros tão profundamente, e são tão bem treinados, que com frequência conseguem identificar sinais de problemas — uma pequena inclinação no chassi, um ronco no motor, uma pequena mudança no cheiro do escapamento — antes de o computador informar o problema nos gráficos e equações. Até mesmo aqueles de nós que nunca colocaram os pés num pit-stop podem aprender com isso. Quanto mais usamos os ingredientes da Solução Gradual — admitir erros, parar para pensar, ligar os pontos, a atenção aos detalhes, a visão de longo prazo — melhor compreendemos o que quer que façamos e maior se torna a nossa capacidade de desenvolver a intuição necessária para lidar com problemas rapidamente no futuro. "Quando temos anos e anos de experiência e conhecimento, nada escapa à nossa atenção", diz Hodgman. "Não importa quais sejam os limites de tempo, você identificará o problema e encontrará uma forma de resolvê-lo."

Isso não se aplica apenas ao mundo das corridas automobilísticas. Gary Klein passou quase trinta anos estudando como as pessoas resolvem problemas sob pressão. Ao longo do caminho, ele tornou-se um grande defensor do poder da intuição. Em seu livro *Sources of Power*, ele mostra como a proficiência desenvolvida pela prática, pelo treino e pela experiência é a receita mais confiável para uma boa solução quando o tempo é curto. Klein descobriu que, enquanto jogadores inexperientes de xadrez perdem a calma quando precisam jogar em alta velocidade, os grandes mestres podem continuar fazendo todas as jogadas certas.[6] Um experiente capitão dos bombeiros toma 80% das suas decisões em menos de um minuto.[7]

Muitos dos adeptos da Solução Rápida têm a mesma capacidade. Anos observando clientes em escritórios e fábricas deram a Geir Berthelsen um tipo de *coup d'oeil* do mundo corporativo. "Quando entro numa companhia, é como ouvir uma orquestra", ele diz. "Se um músico está fora do ritmo, posso ouvir imediatamente." Uma longa experiência ensinou o coronel-aviador Brailsford a farejar o que está por trás dos erros e incidentes da RAF Coningsby. "Posso avistar problemas simplesmente entrando num avião", ele diz. "Não preciso dar início a uma investigação para saber que se ele tivesse feito x ou y a missão teria sido mais bem-sucedida." Are Hoeidal pode avaliar o que há de errado numa prisão depois de uma única visita.

Os melhores segmentadores nunca param de obter experiência. Não importa quão bom seja em algo, você sempre pode melhorar. "Quando você começa a pensar que sabe tudo, que já viu tudo, está encrencado", diz Hodgman. "Há sempre algo que não sabe, e você tem que trabalhar duro para estar no controle de tudo." Os empresários japoneses chamam isso de arte do "aperfeiçoamento contínuo", e ela explica por que até mesmo os melhores cantores contam com a ajuda de professores de canto ao longo de suas carreiras e atletas de elite dedicam horas a treinos repetitivos e exercícios de visualização. Na comédia de improvisação, os melhores comediantes pensam rápido para converter até o cenário menos promissor em uma piada. Muitos têm um dom, mas os verdadeiros astros nunca deixam de ensaiar, fazer e dar cursos, criticando o desempenho uns dos outros e explorando territórios desconhecidos. A Odyssey of the Mind também estimula a habilidade de resolver problemas rapidamente. Além de desenvolver uma solução ao longo de nove meses, cada equipe tem cinco minutos para resolver um problema que nunca viu antes num evento chamado Espontâneo. "Quando estamos lidando com qualquer tipo de problema nas nossas vidas, precisamos saber quando ser rápidos e quando ser lentos", diz Sam Micklus. "É como a maratona e os 100 metros rasos, e os melhores solucionadores podem fazer as duas coisas."

Mas há um grande porém: não importa com quanta frequência eles aumentem sua base de dados, os especialistas nunca são tão brilhantes ou infalíveis como gostariam (ou gostaríamos) de pensar. Estudos confirmam que especialistas de quase todas as áreas, do direito à medicina e à economia, sobrestimam sua capacidade e subestimam seus erros. Em um estudo com relatórios de autópsias, médicos completamente seguros em relação ao diagnóstico dado enquanto o paciente ainda estava vivo no fim das contas estavam errados em 40% dos casos.[8] Ou consideremos o mundo corporativo, no qual três em cada quatro grandes fusões acabam destruindo, e não criando, valor para o acionista, mesmo apesar do apoio entusiástico de legiões de presidentes executivos, consultores e especialistas. Um estudo de longo prazo com previsões realizadas por 284 importantes comentaristas políticos e econômicos produziu resultados igualmente desfavoráveis. Quando requisitados a estimar as probabilidades de guerras no Oriente Médio, o futuro de mercados emergentes e as perspectivas políticas dos líderes mundiais, os especialistas se saíram pior do que os códigos computacionais mais básicos. E quanto maior o prestígio do comentarista, maior seu excesso de confiança e seu erro.[9]

Até equipes de Fórmula 1 erram de vez em quando. Dois meses depois de consertar a placa terminal da asa traseira, os mecânicos da McLaren mandaram seu colega Jenson Button de volta para uma corrida com uma porca de parafuso solta na roda direita da frente.

Como o restante de nós, até mesmo especialistas podem se deixar levar por coisas irrelevantes. Lembre-se de como os diretores de orquestras automaticamente dispensavam mulheres instrumentistas antes de as audições passarem a ser feitas por trás de telas. Outros estudos demonstraram que os entrevistadores de faculdades de medicina aprovavam menos candidatos em dias chuvosos[10] e que os juízes apresentam uma probabilidade muito maior de conceder liberdade condicional a prisioneiros depois de fazerem uma refeição.[11]

Mesmo quando as evidências mais tarde despertam seu sexto sentido, para os especialistas é difícil voltar atrás. Em 2009, Amanda Knox, uma estudante americana foi condenada pelo assassinato de

150   SOLUÇÃO GRADUAL

sua colega de quarto inglesa em Perúgia, Itália. Embora não tivessem surgido evidências físicas que a ligassem à cena do crime nos dias e semanas seguintes à descoberta do corpo, a polícia rapidamente chegou a uma conclusão da qual seria difícil ser demovida: Knox era uma sociopata viciada em sexo com rosto de anjo e um talento maquiavélico para enganar as pessoas. Esse retrato começou a se formar poucas horas depois do assassinato, quando Edgardo Giobbi, chefe da investigação, viu Knox colocar um par de sapatilhas descartáveis de forma aparentemente provocativa. "Conseguimos detectar culpa por meio da observação minuciosa das reações psicológicas e comportamentais da suspeita durante o interrogatório", ele diria mais tarde. "Não precisamos recorrer a outros tipos de investigação." Tradução: reunir e analisar cuidadosamente evidências físicas, ou examinar de perto os detalhes, pode funcionar para os maricas de *CSI*, mas policiais de verdade seguem seus instintos. Quatro anos depois, Knox foi libertada quando sua condenação foi anulada em uma apelação por falta de evidências.

O que esses exemplos demonstram é que a intuição é uma faca de dois gumes. Embora ela possa funcionar maravilhosamente quando precisa, também pode ser influenciada por emoções e tendenciosidades sem que percebamos. Pensar demais também pode afetar a acurácia da intuição. Um estudo após outro tem demonstrado que testemunhas apresentam uma tendência muito maior de identificar o criminoso certo entre um alinhamento de suspeitos quando precisam tomar a decisão rapidamente.[12] Analogamente, é muito mais difícil rebater uma jogada no tênis, pois temos mais tempo para pensar. "Devemos ouvir nossa intuição, mas não tirar conclusões precipitadas com base nela", alerta Jane Fulton Suri, da IDEO.

Há passos que podemos seguir para alcançar o equilíbrio e otimizar nossa capacidade de segmentação, ou "thin-slicing". O primeiro é testar e enriquecer nossa base de dados pessoal con-

PREPARE-SE: PRONTO PARA TUDO

tinuamente. Mesmo quando não houver problemas no horizonte, pratique, treine e leia sobre sua área de especialização. Imagine cenários em que a segmentação não funcione e analise por quê. Para manter a intuição pura e precisa, bloqueie informações reconhecidamente irrelevantes e puxe a tomada quando começar a mudar de ideia. Acima de tudo, permaneça calmo e relaxado: estudos mostram que quando o coração bate rápido demais, ficamos mais vulneráveis à tendenciosidade e costumamos tomar decisões com base em julgamentos pobres.[13]

A melhor forma de preservar a acurácia da sua intuição é a humildade. Como a "thin-slicing" sempre será uma arte falível, precisamos aceitar que, não importa quão impressionante seja nosso currículo, os julgamentos que fazemos por intuição precisam ser checados e muitas vezes refinados por outras pessoas. Isso requer buscar uma segunda, terceira e quarta opiniões quando precisamos resolver problemas complexos. Mesmo após 31 anos na Fórmula 1, Hodgman não trabalharia de outro jeito. "Não importa quão bom seja, você sempre é melhor com a ajuda de outra pessoa", ele diz. "Ninguém pode fazer tudo sozinho."

8

Colabore: Duas cabeças pensam melhor que uma

Na história da humanidade (...) aqueles que aprenderam a colaborar e a improvisar foram os que prevaleceram.

Charles Darwin

Se precisasse criar uma adaptação de um homem da Renascença para o século XXI, você provavelmente pensaria em alguém como David Edwards. Professor americano da Universidade de Harvard que mora em Paris na maior parte do ano, Edwards também é engenheiro químico, além de ter escrito dez livros didáticos sobre matemática aplicada e fundado uma companhia farmacêutica. E não para por aí. Seus romances e ensaios lhe renderam um lugar na prestigiosa Ordre des Arts et des Lettres. E ele só tem 50 anos. Seu currículo de repente lhe parece pobre? O meu certamente parece.

Com seu pedigree, Edwards poderia facilmente ser um esnobe intelectual enclausurado numa torre de marfim. Mas é exatamente o contrário. Seus cachos escuros e botas de couro lhe dão um ar selvagem de alguém que gosta de se divertir. Tagarela, curioso e modesto, seu instinto é fazer perguntas, desafiar as fronteiras da própria compreensão, mergulhar no conhecimento e na experiência de todos ao seu redor. E esse espírito onívoro serve de base para a sua missão de reinventar a arte da resolução de problemas no século XXI. Como qualquer bom homem renascentista, Edwards entende que navegar entre múltiplas disciplinas, alternando entre a ciência e a arte, pode inspirar soluções notáveis.

Tendo sucedido a estagnação intelectual da Idade Média, a Renascença certamente foi um período fértil para a resolução de problemas. Entre os séculos XIV e XVII, a humanidade produziu um catálogo de invenções que moldaram o mundo moderno, incluindo o método de contabilidade das partidas dobradas, a prensa, os rolimãs, logaritmos, relógios de pulso e o cálculo diferencial e integral. Como Edwards, muitos dos melhores pensadores renascentistas eram dotados de uma erudição polivalente. Quando não estava revolucionando a astronomia, Copérnico praticava medicina e direito. Kepler desenvolveu sua teoria sobre o movimento planetário com base no da harmonia musical. Mais conhecido em sua época como advogado, estadista, escritor e cortesão, Francis Bacon foi um dos precursores do método científico. Teólogo renomado, Robert Boyle estabeleceu as fundações da química moderna. Leonardo da Vinci, o mais celebrado entre todos os polímatas, era um talentoso pintor, escultor, músico, anatomista e escritor, além de um inventor incrivelmente prolífico.

A prática da interdisciplinaridade não acabou com a Renascença. Samuel Morse, que inventou o telégrafo, era um pintor respeitado antes de voltar-se para a ciência. Pianista, Alexander Graham Bell usou um jogo musical simples como ponto de partida para inventar o telefone. Uma pesquisa recente concluiu que quase todos os

COLABORE: DUAS CABEÇAS PENSAM MELHOR QUE UMA   **155**

ganhadores do prêmio Nobel em alguma ciência praticam algum tipo de atividade artística.[1] Em comparação à média, esses cientistas têm uma chance 25 vezes maior de cantar, dançar ou atuar e 17 vezes maior de serem artistas visuais. Max Planck, que ganhou o Prêmio Nobel em Física em 1918, referia-se à devoção de Edwards a borrar as linhas entre as disciplinas ao dizer: "O cientista criativo precisa de uma imaginação *artística*."

Atualmente, contudo, com frequência estamos ocupados demais nos especializando para nos dedicarmos a outras disciplinas. Em cada campo, os melhores cérebros estão sendo isolados por silos cada vez mais estreitos de especialização. A economia, a biologia, a química e outras ciências vêm se dividindo em tantas disciplinas e subdisciplinas que os especialistas precisam se esforçar para entender o trabalho dos colegas na sala ao lado.

Tampouco é humanamente impossível ser um polímata da mesma forma que eram os gênios da Renascença. Cinco ou seis séculos atrás, pessoas com cérebros privilegiados ou uma boa quantidade de tempo livre podiam se tornar especialistas em qualquer coisa — desde a medicina, a astronomia, a literatura e a filosofia — pois a soma dos conhecimentos humanos era modesta. E mesmo na época havia o risco de sobrecarga. Em um de seus cadernos, Da Vinci escreveu: "Como um reino dividido, que avança para a ruína, a mente que se ocupa de assuntos de variedade grande demais torna-se confusa e fraca." Hoje em dia, há simplesmente conhecimento demais para uma única pessoa. De acordo com uma pesquisa da Google, o número de títulos de livros publicados desde a invenção da prensa atualmente está na casa dos 130 milhões.

Entretanto, o ideal renascentista está longe de ser uma tentativa vã. Ele simplesmente tem de ser adaptado. Num mundo complexo, superespecializado, a melhor forma de recriar a mescla de especialidades outrora encontrada numa única pessoa é reunir várias outras. E é por isso que a colaboração na maioria das vezes é um ingrediente crucial da Solução Gradual.

Isso não é uma ideia nova. Em *The Rational Optimist*, Matt Ridley mostra como os seres humanos sempre demonstraram a maior capacidade de inovação quando conectados por redes amplas e variadas.[2] Os neandertais foram suplantados pelos *Homo sapiens* em parte porque os últimos dispersaram-se por longas distâncias, o que permitiu que suas ideias se desenvolvessem por meio da polinização cruzada. Sociedades mediterrâneas floresceram durante os períodos da história em que navios mercantes — fenícios, gregos, árabes, venezianos — tinham liberdade para navegar de porto em porto, disseminando ideias e costurando a região para formar uma rede social gigante. Quando a pirataria interrompeu esse fluxo, como aconteceu no final do segundo milênio a.C., durante a Idade Média e o século XVI, as inovações cessaram. Ao longo da história e através de culturas, as sociedades que se isolaram do mundo externo de forma geral estagnaram: consideremos a China Ming ou o Japão Xógum, a Albânia ou a Coreia do Norte. Quando o nível do mar desligou sua ilha do continente, cerca de 10 mil anos atrás, os tasmânios sofreram um retrocesso em termos de inovação. "O avanço tecnológico humano depende não da inteligência individual, mas do compartilhamento coletivo de ideias, e tem sido assim há dezenas de milhares de anos", escreveu Ridley. "O progresso humano se expande e se contrai de acordo com o nível de conexão e intercâmbio entre as pessoas."

Por um lado, isso corresponde à boa e velha competição. Misturar-se com pessoas diferentes, especialmente se têm boas ideias, pode levar ao aumento do seu desempenho. Mas a verdadeira vantagem para a resolução de problemas parece vir do trabalho *com* e não *contra* outras pessoas. A última pesquisa realizada sobre o cérebro indica o que pode ser uma razão para isso. Considere o

COLABORE: DUAS CABEÇAS PENSAM MELHOR QUE UMA

trabalho de dois especialistas no comportamento organizacional — Kyle Emich, da Universidade de Cornell, e Evan Polman, da Universidade de Nova York. Em uma experiência, eles pediram a 137 participantes que decifrassem a seguinte charada: um prisioneiro que quer escapar de uma torre encontra uma corda em sua cela. A corda tem apenas metade do comprimento necessário para que ele desça em segurança até o solo. Determinado, o prisioneiro divide a corda na metade, amarra os dois pedaços, e consegue escapar da torre. Como ele fez isso?

Antes de resolver o problema, metade dos participantes deveria se imaginar no lugar do prisioneiro, enquanto a outra metade deveria imaginar que o prisioneiro era outra pessoa. A resposta para a charada, na verdade, não era nada complexa: o prisioneiro cortou a corda ao comprido e amarrou as duas metades, alcançando o comprimento necessário para chegar ao solo. Contudo, foi necessário um raciocínio criativo para se chegar à resposta.

E é aqui que as coisas ficam interessantes. Dos que se imaginaram no lugar do prisioneiro, somente 48% conseguiu resolver o problema. Dos que visualizaram o prisioneiro como outra pessoa, no entanto, 66% foram bem-sucedidos. Conclusão: somos mais criativos quando resolvemos os problemas de outras pessoas.[3]

E esse resultado não foi casual. Em experiências semelhantes, Emich e Polman concluíram que as pessoas têm ideias mais criativas ao comprarem presentes para estranhos do que para si mesmas. Também desenham ilustrações mais criativas para histórias escritas por autores desconhecidos do que para seus próprios textos. Como explicar esse fenômeno? Já existe uma boa quantidade de pesquisas psicológicas mostrando que podemos pensar sobre pessoas e cenários de duas formas. Quando são pessoas distantes, usamos uma forma de pensamento mais abstrato que tende a ser mais criativo. Jean-Paul Sartre certa vez observou que "o inferno são os outros", mas no fim das contas os outros podem ser exatamente o caminho para resolvermos problemas complexos.

Trabalhar com outras pessoas, ou pelo menos recorrer ao trabalho de outras pessoas, tem sido uma constante no mundo da ciência desde que a Real Sociedade de Londres publicou a primeira edição de *Philosophical Transactions*, em 1655. O progresso científico geralmente depende de múltiplos avanços feitos por pesquisadores que se baseiam em descobertas anteriores, aprendendo com os erros uns dos outros, testando teorias rivais, acrescentando suas próprias peças ao quebra-cabeça. O objetivo de *Philosophical Transactions* era disseminar o conhecimento científico a fim de que palpites, teorias e lampejos de inspiração pudessem desencadear um processo de polinização cruzada. Um dos primeiros colaboradores do jornal, Sir Isaac Newton, resumiu a importância de se aprender com colegas contemporâneos e predecessores numa carta para um de seus rivais escrita em 1676: "Se vi mais longe, foi por estar de pé sobre ombros de gigantes." Essa afirmação continua sendo verdadeira. Vários estudos já sugeriram que os cientistas têm uma capacidade maior de resolver problemas quando trabalham juntos. Ganhadores do prêmio Nobel colaboram mais do que colegas de menos prestígio. Paula Stephan é professora de economia da Universidade da Geórgia e especialista na prática da ciência. "Os cientistas que colaboram entre si tendem a produzir melhores resultados científicos do que investigadores individuais."

Um bom exemplo: a cada seis meses, uma companhia chamada MathWorks publica um problema em MATLAB, uma linguagem que desenvolveu para ajudar engenheiros e matemáticos a resolver cálculos extremamente complexos. Centenas de candidatos enviam soluções online na forma de códigos computacionais. Cada solução é analisada, recebe uma pontuação e é publicada on-line, ficando acessível para todos. Qualquer um, então, pode canibalizar

COLABORE: DUAS CABEÇAS PENSAM MELHOR QUE UMA 159

os melhores trechos de código na tentativa de desenvolver uma solução melhor, aperfeiçoando soluções anteriores. Se seus ajustes produzirem um algoritmo mais eficiente, ainda que tenha alterado apenas algumas poucas linhas de código, você vai diretamente para o quadro principal. Isso significa que os participantes competem e colaboram ao mesmo tempo, o que soa uma receita para anarquia — mas, na verdade, é exatamente o oposto.

Alguns competidores são mais sagazes que os outros, mas trabalhar em conjunto torna a todos mais capazes do que a soma de suas partes. Mais de uma década de competições de MATLAB sugere que a resolução colaborativa de problemas geralmente segue o mesmo caminho: longos períodos de pequenos ajustes ocasionalmente pontuados por um grande salto. "As pessoas farejam as deficiências de um algoritmo como hienas nervosas sobre uma carcaça. Depois, ficam exaustas, até que alguém de repente vira a carcaça e a coloca em uma nova posição, então tudo recomeça", diz Ned Gulley, designer-chefe da MathWorks. "Aprendemos uma versão da história na qual os grandes homens, como Napoleão, são os únicos atores. Mas a realidade é muito mais complexa, e envolve uma interação entre aqueles que dão os saltos e aqueles que fazem os ajustes."

Isso me parece familiar. De vez em quando, nossa família monta um quebra-cabeça de mil peças. Às vezes, nós quatro trabalhamos juntos nele, enquanto outras vezes montamos sozinhos partes separadas. Como um algoritmo em MATLAB, o quebra-cabeça evolui a intervalos. Juntos, meu filho e eu podemos montar um canto, e então emperrar, até que minha esposa ou minha filha gire uma peça para outro ângulo, e ela de repente conecta duas partes grandes, erguendo um novo prédio. Às vezes, um amigo nos visita e encontra a solução para o que parecia um beco sem saída juntando duas peças de uma forma que não ocorrera a ninguém da família

SOLUÇÃO GRADUAL

Cada um de nós poderia montar o quebra-cabeça sozinho, mas com muito menos eficiência do que quando juntos.

Gulley estima que, ao final de cada semana de competição com MATLAB, o algoritmo vencedor geralmente está mil vezes melhor do que os melhores algoritmos enviados no início. "Temos competidores realmente brilhantes. Quando alguém faz um progresso, sua solução já teria sido a melhor em uma competição tradicional. Só porque são brilhantes", ele diz. "Mas na competição de MATLAB, as pessoas são imediatamente capazes de colaborar e fazer ajustes. Ninguém poderia fazer isso sozinho. É um enxame, um grande cérebro coletivo ao qual temos acesso."

Colaborar dentro de um único campo, contudo, é uma prática que tem seus limites. Pequenos grupos com experiências semelhantes estão mais vulneráveis à visão em túnel. Dizemos que "grandes mentes pensam igual", como se isso fosse algo bom, mas essa uniformidade pode levar ao pensamento de grupo. Isso já era um problema muito antes de a administração Kennedy convencer-se de que a invasão à Baía dos Porcos era uma boa ideia. Mais de 2 mil anos atrás, os sábios judeus que escreveram o Talmude decretaram que sempre que as autoridades chegassem a um veredito de condenação unânime num caso envolvendo pena de morte o acusado deveria ser libertado. Por quê? A razão é que a ausência de sequer uma única voz dissonante é indicação de pensamento de grupo.[4]

A verdadeira mágica na resolução de problemas ocorre quando você começa a misturar as disciplinas no estilo da Renascença Esbarrar em pessoas com experiências diferentes nos força a repensar nossas suposições e encarar os problemas com novos olhos. Isso explica por que o brainstorming em grupo funciona melhor quando os participantes são encorajados a debater e criticar as ideias uns dos outros. E mais: um tipo de alquimia ocorre nos

COLABORE: DUAS CABEÇAS PENSAM MELHOR QUE UMA

pontos em que as disciplinas tocam-se e se sobrepõem. No século XVIII, um grupo de pensadores reuniu-se nas cafeterias da Europa para forjar, aperfeiçoar e defender as ideias que serviram de farol para o Iluminismo. Os homens da ciência e da filosofia que tinham discussões acirradas toda tarde de quarta-feira no salão de Viena administrado por Sigmund Freud ajudaram a fundar a psicanálise. O lendário Building 20, ou Bloco 20, do Massachusetts Institute of Technology, lar de uma mistura caótica entre engenheiros, biólogos, químicos, filólogos, físicos, cientistas da computação, psicólogos, mecânicos e recrutas militares, produziu um número notável de invenções, da fotografia de alta velocidade à linguística chomskiana e aos fones de ouvido Bose, o que acabou lhe rendendo o apelido de "incubadora mágica". O marco zero para a revolução do computador pessoal foi o Homebrew Computer Club, na Califórnia, onde hackers, cientistas, pensadores e empreendedores se reuniam para trocar ideias na década de 1970. "As pessoas costumam se reunir nesses lugares pela camaradagem com outros que compartilham da sua paixão, e, sem dúvida, essa rede de apoio aumenta o engajamento e a produtividade do grupo", escreveu Steven Johnson, que escreveu *Where Good Ideas Come From*. "Mas o engajamento não necessariamente conduz à criatividade. São as *colisões* que fazem isso — as colisões que acontecem quando diferentes campos de especialização convergem em algum espaço físico ou intelectual compartilhado. É aí que as verdadeiras centelhas brilham."

Testemunho esse tipo de colisão todos os dias no trabalho. Sou o locatário de uma das 99 mesas em um escritório compartilhado próximo à minha casa, em Londres. Com suas paredes brancas, estátuas budistas e salas de reunião modernas, ele é a imagem das últimas tendências urbanas. No raio de 5 m da minha mesa estão um comerciante de metais, o proprietário de uma rede de escolas de inglês na Ásia, uma equipe de arquitetos, uma instituição beneficente africana, uma agência de atores e um desenvolvedor de software. Colisões criativas acontecem o tempo todo. Um desenvolvedor de software pode trocar ideias na cozinha, digamos, com um designer de interiores, enquanto, esperando por uma impressão, um consultante de recrutamento discute com um agente de talentos sobre como abordar clientes.

Como outros ingredientes da Solução Gradual, a colaboração leva tempo. Você precisa encontrar e mobilizar as pessoas certas para então administrar as colisões criativas que surgirem. Mas isso funciona até mesmo nos setores mais dinâmicos da economia. Steve Jobs certa vez observou que o revolucionário computador Macintosh da Apple "se saiu tão bem porque as pessoas que trabalharam nele eram músicos, artistas, poetas e historiadores que por acaso também eram excelentes cientistas da computação". Quase três décadas depois, a companhia continua derrotando a concorrência com a mesma receita. "Está no DNA da Apple que a tecnologia por si só não é suficiente", Jobs declarou depois do lançamento do iPad, que conquistou o mundo. "É um casamento entre a tecnologia e as artes liberais, com as ciências humanas, que produz os resultados que fazem nosso coração cantar." Moral da história: quanto mais pessoas integrarem seu grupo de resolução de problemas, mais variadas serão suas experiências, e mais provável que ideias se colidam, se combinem e passem por uma polinização cruzada para gerar os lampejos prometeicos de revelações que consolidam o caminho para as melhores Soluções Graduais.

E, contudo, hesitamos em trabalhar juntos, especialmente em múltiplas disciplinas. Apostamos tudo na especialização, investindo tempo e dinheiro para adquiri-la e defendê-la. Ostentamos o status que ela nos dá, agregando títulos aos nossos nomes e iniciais depois deles. Usamos jargões, certificados e entidades de classe para manter distância dos forasteiros, e desprezamos

COLABORE: DUAS CABEÇAS PENSAM MELHOR QUE UMA

qualquer um que tenha a audácia de se afastar da sua área profissional como um polímata que não domina coisa nenhuma. Todos esses diplomas emoldurados e prêmios nas paredes dos escritórios ao redor do mundo transmitem a mesma mensagem: você veio ao lugar certo; sei fazer meu trabalho; você não precisa de mais ninguém. E, sejamos honestos, em momentos de crise, todos precisamos de um par de mãos confiantes. Se estivesse deitado na estrada lutando pela sua vida depois de um acidente de carro, você ia querer desesperadamente acreditar que o paramédico lhe prestando socorro fosse capaz de curá-lo sozinho.

Mesmo quando discursamos sobre os benefícios do trabalho em equipe, nosso instinto é atribuir glórias ao indivíduo. Os prêmios, do Nobel ao Pulitzer, do Oscar aos "gênios" MacArthur, geralmente são concedidos a vencedores individuais. Até mesmo nas modalidades esportivas coletivas costumamos cumular os astros de prêmios e elogios. Um sem fim de estudos já demonstraram que, ao descrever eventos, tendemos a enfatizar demais o papel de um agente individual, sem dar muita atenção às circunstâncias — fenômeno chamado de Erro Fundamental de Atribuição. É por isso que diariamente presumimos que os diretores executivos têm mais poder para determinar o sucesso de suas companhias do que os indicadores de qualquer pesquisa. Certamente adoramos a ideia do gênio solitário, o especialista individual trabalhando na solidão antes de finalmente gritar "eureca!" e sair para a luz do sol com uma solução completa para um problema. É simples. É romântico. É excitante. Todavia, na maioria das vezes a realidade é muito diferente. Mesmo antes da era moderna, as melhores ideias raramente vinham de uma única mente; em vez disso, eram frutos da fertilização cruzada entre várias delas. Quem inventou a lâmpada elétrica? Thomas Edison. Errado: Edison foi apenas o membro mais visionário de um grupo de inventores rivais que aprenderam e tomaram ideias emprestadas um do outro. Convencido de que pequenos grupos com uma variedade de áreas de conhecimento eram os mais criativos, ele presidiu uma equipe de mais de vinte membros. Até mesmo Michelangelo contratou assistentes para ajudá-lo a pintar a Capela Sistina.

Não ajuda o fato de que muitas das instituições dedicadas à resolução de problemas são estabelecidas de forma a restringir a colaboração. Os departamentos das universidades muitas vezes operam como feudos rivais. Da mesma forma, os ministérios de um governo — com seus próprios orçamentos, culturas e projetos — estão mais inclinados a competir do que colaborar. A desconfiança da colaboração possui raízes profundas no mundo corporativo, no qual o sistema de patentes não raro interrompe linhas de investigação. O ego é outro obstáculo. Os pesquisadores que enaltecem o trabalho coletivo podem ficar com os ânimos bastante exaltados quando ele ameaça seu território. Mesmo que a combinação de conhecimentos e ideias seja extremamente benéfica, ela também dificulta a conquista do reconhecimento, o avanço profissional e financeiro. Em 1994, 450 físicos diferentes receberam crédito pela partícula quântica conhecida como "quark top". Como é possível recompensar tantas pessoas? O fórum de MATLAB está cheio de debates sobre quem deveria receber crédito pelo quê.

Apesar dessas dificuldades, os solucionadores mais criativos cada vez mais ultrapassam as barreiras de seus porões intelectuais para beber da sabedoria de outros porões. "Em nosso mundo altamente especializado, muitas vezes ficamos presos nos nossos buracos de especialização, o que impede que nos comuniquemos com outros buracos, limitando nossa visão e nossa criatividade", diz David Edwards. "Os grandes criadores sonham poder deixar seus buracos, porque sabem que combinar conhecimentos e ideias é a melhor forma de resolver problemas."

COLABORE: DUAS CABEÇAS PENSAM MELHOR QUE UMA

A fim de romper essas barreiras, Edwards abriu em 2007 o Le Laboratoire, em Paris. Sediado em um belo edifício do século XVIII, a poucos quarteirões do Louvre, é difícil definir a criação desse grande catálogo de obras primas da Renascença. Le Labo não é universidade, grupo de pesquisadores, laboratório científico, agência de marketing, cozinha industrial, galeria de arte, estúdio de design nem uma loja. Não obstante, de alguma maneira, é todas as alternativas, e ainda mais. Pense em Le Labo como uma cafeteria iluminista projetada para o século XXI, um playground para ideias, um espaço onde especialistas das artes e das ciências, que em circunstâncias normais jamais se encontrariam, reúnem-se para resolver problemas. Você pode se deparar com um chef apresentando seu mais novo prato na cozinha brilhante, um artista conversando sobre mecânica quântica com um físico em uma das salas de reunião, ou um arquiteto discutindo sobre desenvolvimento de produtos com um químico. Ou podem estar todos trabalhando juntos na mesma equipe. "Todos abordam o problema com a sua própria forma de pensar, então as ideias começam a fluir e a mágica acontece", diz Edwards. "Do ponto de vista médico, posso achar que algo é impossível, mas alguém do mundo do design percebe que pode funcionar. Juntos, temos um quadro mais amplo do problema, que nos permite encontrar uma solução melhor."

Para ver Le Labo em ação, estou acompanhando um projeto recente. O problema: como criar um recipiente para transportar água com base na célula biológica. A ideia originou-se no curso de Edwards na Universidade de Harvard, ministrado para alunos de áreas de conhecimento que vão desde economia e biologia à arquitetura e à narrativa visual. A proposta inicial era criar um domo geodésico composto de 270 cavilhas, mas no fim das contas chegou-se à conclusão de que ele seria muito frágil e confuso de construir.

Mais tarde, em Le Labo, Edwards reuniu um time que incluía chefs, químicos, designers e um carrossel de estudantes de três áreas. Eles decidiram criar uma garrafa comestível. Cinco meses depois, nove membros do time se reuniram na cozinha de tecnologia de ponta de Le Labo, com seu teto espelhado e imaculadas bancadas de aço inoxidável. Raphaël Haumont, o químico-chefe, apresenta alguns protótipos iniciais da membrana que abrigará o líquido. Um caderno surrado cheio de anotações escritas à mão sobre tempo, temperatura e quantidades de sal e açúcar está aberto em cima do balcão. Haumont aponta para uma bolsa amarela e pegajosa do tamanho de uma bola de tênis que passou duas semanas com água dentro. A água vazou, deixando uma mancha no guardanapo sob a bolsa. "Esta claramente não é a garrafa do futuro", diz Haumont. "Precisamos trabalhar muito mais modificando a composição química e também fazendo mais testes para tornar a membrana forte o bastante." Contudo, a visão desse recipiente de estrutura flexível, como a célula, desperta a imaginação do time e as ideias começam a fluir.

François Azambourg, o designer-chefe, sugere a adaptação de uma rosca que poderia ser usada para abrir a membrana, ou adicionar uma cortiça ou tampa de cor diferente. Ele pergunta se a densidade da membrana poderia variar, de forma a alternar entre dura e macia. Outro designer pergunta se o recipiente poderia ser transformado em um cubo para facilitar o armazenamento e transporte. Um dos chefs, então, sugere a criação de uma grande membrana circular com esferas menores no seu interior, cada uma contendo um ingrediente para uma refeição. "Magnifique", diz Edwards.

Haumont responde pouco entusiasmado à tempestade de ideias. "Toda essa coisa de design terá que esperar, porque meu trabalho como químico é encontrar uma membrana estável, e ainda não

COLABORE: DUAS CABEÇAS PENSAM MELHOR QUE UMA

consegui", diz ele com impaciência. Mais tarde, ele alega que construir uma membrana de cores variadas, com os ângulos certos e uma tampa separada, é algo que nunca funcionará cientificamente.

Edwards observa o time puxar o cabo de guerra com um olhar de indulgência divertida. Ele tem um papel crucial na maioria dos projetos de Le Labo, lançando ideias, rejeitando-as, elogiando-as, orientando e provocando o restante da equipe. Edwards lembra a Haumont que o prazo para a demonstração do primeiro protótipo funcional acaba em menos de um ano. "Você está numa etapa muito artesanal agora, e tudo bem, mas precisamos pensar numa grande escala industrial desde o início", diz.

Azambourg, o perfeito intelectual francês em sua jaqueta e chapéu pretos, até então ponderava a resposta ríspida de Haumont em silêncio. Então, entra na dança na expectativa de atrair o químico para uma nova direção. "Talvez a ideia de uma abertura no recipiente seja um pouco primitiva", admite. "Talvez, no fim das contas, acabemos com algo que você consumirá de uma vez só, sem ter que abrir."

Ao longo dos sete meses seguintes, a equipe reúne-se regularmente para trocar e criticar ideias, e refinar o produto. Quando chega a data da primeira demonstração pública, eles criaram um recipiente semelhante à célula inspirado pela estrutura de um ovo, com membranas externas e internas comestíveis e biodegradáveis. Há dois exemplos à mostra na exibição. Um tem suco de morango dentro de uma membrana de chocolate. Dou uma mordida. O suco é gostoso, mas a membrana é difícil de mastigar e tem um sabor artificial desagradável. O segundo recipiente tem uma textura muito mais interessante. Sua membrana é feita de laranja, e tem um sabor fresco e picante. Surpreendo-me devorando-a e lambendo o suco em seu interior. As duas membranas podem acondicionar líquidos por vários meses.

Os contêineres ainda precisam de ajustes, mas a primeira reação do público é favorável. Nos 18 meses seguintes, Le Labo — que é financiado por doações, patrocínios e pelo lucro gerado a partir das vendas dos produtos que inventa — contrata mais designers, engenheiros e químicos de alimentos para refinar a fórmula e experimentar receitas. Eles finalmente batizam os novos recipientes de "WikiCells", e os primeiros produtos chegam ao mercado em 2012 em meio a comentários de que não teremos mais que jogar fora garrafas depois do consumo de seu conteúdo. "Talvez em breve tenhamos prateleiras e seções em supermercados onde poderemos comprar iogurte em embalagens comestíveis, feitas de granola ou frutas secas", diz Edwards. "Ou talvez as membranas — e todos os invólucros necessários para protegê-las — possam incorporar as vitaminas e minerais que às vezes faltam nas nossas dietas."

Embora algumas de suas batalhas deixem feridos para trás, os membros da equipe ficam todos felizes com os resultados de seus esforços combinados. "A ciência, o design e a culinária são universos completamente diferentes, e, definitivamente, já tivemos nossos, digamos, debates", diz Haumont com um sorriso malicioso. "Mas quando universos se cruzam, é muito enriquecedor, e quando todos se reúnem ao redor da mesa, temos essa colisão incrível de ideias que nos leva a lugares aonde jamais teríamos imaginado ir sozinhos." Azambourg concorda. "Os melhores pensadores sempre se cercam de uma boa equipe, venham a admitir ou não", diz. Julien Benayoun, outro designer, gosta de como a centelha da competição dentro do grupo foi canalizada para um objetivo em comum, e não para a glória ou a recompensa pessoais. Estudos mostram que o nível de criatividade diminui consideravelmente quando as companhias estimulam demais a competição interna, pois os funcionários param de compartilhar informações, a derrota do rival no cubículo ao lado se torna uma obsessão.[5] Isso nunca acontece em Le Labo.

COLABORE: DUAS CABEÇAS PENSAM MELHOR QUE UMA   **169**

"No final, não sabemos mais quem teve a ideia", diz Benayoun. "Não conseguimos dizer 'fui eu', porque ela sofreu tantas influências e adições dos outros que todos alimentam uns aos outros."

Na maioria das vezes, é assim que a colaboração funciona na Solução Gradual. Deixe o ego na porta, prepare-se para dividir o crédito e deixe o fluido criativo jorrar. É assim que o Monty Python produziu alguns dos esquetes mais famosos no cânone da comédia. Um integrante da trupe, John Cleese, resumiu a gênese da seguinte forma: "Se você tentar rastrear a grande ideia, provavelmente a encontrará lá atrás, no que era uma ideia não muito boa, mas que gerou outra ideia um pouco melhor, que alguém não entendeu direito e então disse algo realmente interessante."

A IDEO raramente encarrega uma única pessoa de um projeto. "A crítica de um grupo é a chave, pois suas ideias só ficarão melhores se forem expostas aos outros desde o início", diz Jane Fulton Suri; "Reunir pessoas de diferentes disciplinas gera um potencial incrível, portanto desenvolvemos uma tendência natural a misturar e usar times."

Com tantas disciplinas convergindo, essa abordagem faz muito sentido. À medida que se aprofundam na natureza do universo, os físicos se descobrem competindo no mesmo terreno que os filósofos e os teólogos. Seus progressos futuros, como o sequenciamento do genoma humano, serão gerados, portanto, a partir de contribuições da biologia, da química, da engenharia, da tecnologia da informação, do design e mais. Um artigo publicado pelo MIT em 2011 previu que a "verdadeira convergência" e a polinização cruzada poderiam gerar uma "terceira revolução" nas ciências.[6]

Graças à tecnologia moderna, trabalhar em conjunto tornou-se mais fácil do que nunca. Pouco tempo atrás, era difícil saber o que estava acontecendo em outros campos, de forma que você podia desperdiçar meses tentando descobrir se sua ideia brilhante era boa ou não, ou sequer se já havia sido testada. Agora, na maioria das vezes, você pode descobrir isso em poucos minutos de pesquisa. Também pode compartilhar informações e debater com pessoas do mundo inteiro em um clique.

Uma abrangente pesquisa realizada recentemente com patentes e artigos acadêmicos submetidos à revisão por pares demonstrou que, ao longo dos últimos cinquenta anos, o trabalho em equipe cresceu em quase todos os ramos científicos, e o tamanho médio dos times quase triplicou.[7] A medicina já está a caminho de tornar-se uma modalidade coletiva. A fim de prestar serviços melhores, os sistemas de saúde agora encorajam os médicos a trabalhar juntos em suas áreas de especialização. No mundo inteiro, médicos começaram a selecionar alunos pela sua capacidade de colaborar, e acrescentaram aulas de "trabalho em equipe" ao currículo. Até mesmo o principal personagem de *Dr. House*, o gênio dissidente interpretado por Hugh Laurie, resolve as complexas charadas da medicina expondo suas teorias aos colegas. "Quando entrei na faculdade de medicina, o foco era ser um especialista individual", diz o doutor Darrell G. Kirch, presidente e diretor executivo da Associação Americana de Faculdades Médicas (AAMC — *Association of American Medical Colleges*). "Agora, o foco é aplicar essa especialização em cuidados oferecidos ao paciente baseados no trabalho em equipe."

A colaboração pode assumir muitas formas. Pode ser uma observação despretensiosa feita pelo telefone, um desenho num guardanapo durante um almoço ou uma sessão formal de brainstorming com cavaletes de papel e marcadores permanentes. Também pode ocorrer em plataformas on-line, entre pessoas que nunca se encontraram ou sequer se comunicaram fora da internet. Um exemplo é o Polymath Project, um website aberto para o compartilhamento e discussão de problemas entre matemáticos. Seu primeiro desafio

COLABORE: DUAS CABEÇAS PENSAM MELHOR QUE UMA   **171**

foi encontrar uma nova prova para o Teorema de Hales-Jewett. Colaborando à distância, testando, desafiando e aperfeiçoando o trabalho uns dos outros, quarenta matemáticos conseguiram resolver o desafio em seis semanas.

Outro exemplo é o "idea jam", em que especialistas discutem problemas on-line. Em 2010, 3.800 ativistas, acadêmicos, políticos e militares de altas patentes passaram cinco dias debatendo 26 tópicos da segurança global. Os moderadores conduziram os debates e, mais tarde, usaram sistemas de mineração de dados e o velho julgamento humano para chegar a uma lista das dez melhores ideias. Uma delas era colocar 5% de todas as doações feitas para operações de emergência em casos de desastre num fundo de preparação para uma crise. Outra era que a OTAN deveria criar uma divisão civil para cuidar das partes de suas missões que não são de natureza militar. Moral da história: a reunião de uma grande variedade de pensadores pode produzir resultados mais ricos do que as conferências tradicionais, e ajudar a nos salvaguardar do que os organizadores do idea jam chamam de "pensamento de grupo ou chaminés burocráticas".

Entretanto, a colaboração mais rica geralmente envolve o trabalho conjunto no mundo real. Ele pode ser complicado e consumir muito tempo, mas promove a construção da confiança que nos torna mais abertos, nos faz confessar nossos erros, correr riscos e desafiar um ao outro — ingredientes essenciais da Solução Gradual.

Quando pesquisadores da Harvard Medical School analisaram mais de 35 mil artigos que contaram com a colaboração de times de cientistas, descobriram que quanto mais perto um do outro os colaboradores trabalhassem, melhor sua pesquisa.[8] Cientistas que trabalhavam no mesmo prédio tendiam a produzir o melhor trabalho de todos. Um dos pesquisadores, Isaac Kohane, concluiu: "Até mesmo na era da grande ciência, quando os pesquisadores passam tanto tempo na internet, ainda é importante criar espaços de intimidade."[9]

Para estimular isso, as universidades estão readaptando sua estrutura física a fim de promover a colaboração, a colisão e os encontros acidentais entre as disciplinas. Em Columbia, Princeton, no MIT e na Universidade de Nova York, biólogos, físicos, químicos, geneticistas, engenheiros e cientistas da computação agora trabalham juntos em laboratórios interdisciplinares e se misturam em refeitórios compartilhados, bibliotecas e salas de uso comum. Seguindo a mesma ideia, os caldeirões de "arte-ciência" no estilo de Le Labo estão se multiplicando em cidades do mundo inteiro. Para formar times com uma variedade de especializações, as universidades começaram a recrutar os membros com temas de pesquisa amplos, como o "envelhecimento" ou a "energia", em vez de seguir a prática tradicional de fazer as contratações por departamento. Com os governos recorrendo a cientistas para compartilharem informações e trabalhos mais de perto e com a pressão cada vez maior para que os jornais acadêmicos deem livre acesso às suas publicações ao público geral teve início a corrida para se descobrir formas de reconhecer as contribuições individuais em descobertas coletivas.

Os estudantes estão sendo estimulados na mesma direção. A Universidade da Califórnia, em Berkeley, realiza uma competição anual chamada Big Ideas, na qual times interdisciplinares de alunos concorrem para inventar novas formas de resolver o problema do analfabetismo, tratar a água ou ajudar os cientistas a criar equipamentos de laboratório usando material local nos países em desenvolvimento. As formações acadêmicas também estão abandonando as especializações. Os estudantes de biologia, por exemplo, podem assistir a aulas de tecnologia, administração, psicologia, inovação e cultura. Alguns chamam isso de modelo de aprendizado em T, o que significa mergulhar em um ou dois campos, mas ao mesmo

COLABORE: DUAS CABEÇAS PENSAM MELHOR QUE UMA

tempo manter o olhar aberto para vários outros. O objetivo é encontrar o ponto ideal entre o homem renascentista que tudo sabia e o superespecialista da visão em túnel. "Não acho que a questão seja pensar que uma pessoa pode fazer tudo", diz Alan Guttmacher, diretor do Instituto Nacional de Saúde Infantil e Desenvolvimento Humano dos Estados Unidos. "É treinar as pessoas para serem expostas a novas formas de pensar."

Num mundo em que um homem pode ser uma ilha, ou só saber fazer uma coisa, até mesmo os solucionadores mais especializados estão procurando formas de colaborar e aprender uns com os outros. Em 2012, a equipe de Fórmula 1 Williams contratou Michael Johnson, corredor recordista, para ajudar a otimizar sua rotina de troca de pneus e reforçar seu treinamento. Até mesmo os melhores solucionadores da NASA agora recorrem à ajuda de especialistas de fora de seus laboratórios e centros de pesquisa. Cortes no orçamento são uma das razões para a mudança, mas o verdadeiro motivo é a percepção de que o mundo mudou. "Estamos imitando o que está acontecendo em instituições acadêmicas, na indústria de alta tecnologia e em outros lugares", diz Jeff Davis, diretor da NASA em Ciências da Vida Espacial. "Com os problemas extremamente complexos que enfrentamos atualmente no mundo, nenhuma organização tem os recursos ou o conhecimento para lidar com todos os desafios que podem surgir, portanto faz sentido recorrer à experiência geral fora do grupo dentro do qual você tradicionalmente tem relações."

A colaboração avança de forma mais irregular no mundo dos negócios. Muitas companhias só a estimulam dentro do seu próprio quintal. Como numa versão californiana do Kremlin, a notoriamente sigilosa Apple faz sua mágica multidisciplinar internamente, e jamais sonharia em compartilhar pesquisas como faz a NASA. No entanto, outras companhias já estão dando esse salto. A Proctor

& Gamble, uma grande fabricante de bens de consumo, assinou mais de mil acordos de parceria com iniciativas inovadoras do mundo inteiro, compartilhando o tipo de P&D que no passado teria permanecido sob sete chaves. Mais da metade de seus novos produtos atualmente envolve contribuições de pessoas que não estão na folha de pagamento da P&G. "Queremos fazer parcerias com os melhores inovadores de todos os lugares", diz Bob McDonald, o presidente executivo.

Embora poucos de nós tenhamos o poder de atração da P&G, todos podemos nos sair melhor com a colaboração. Comece polindo suas credenciais renascentistas. Adote hobbies que o forcem a explorar territórios desconhecidos. Se você é um programador ou um contador, entre em um curso de pintura, aprenda a tocar um instrumento ou cultive um jardim urbano. Se seu trabalho envolve lidar com pessoas o dia inteiro, visite uma feira de ciências, jogue Sudoku, ou faça um curso de gastronomia molecular. Desenvolva o hábito de visitar websites que o desafiem em vez de reforçar seu ponto de vista do mundo e leia livros sobre campos diferentes do seu.

Para maximizar as chances de colisão com colaboradores em potencial, exponha-se. Ingresse em redes sociais — clubes exclusivos, coros comunitários, grupos de corrida — que o coloquem em contato com pessoas de mundos diferentes. Encontre um coach ou mentor que possa lhe dar um ponto de vista de fora para a sua solução. Convença sua empresa a criar um espaço para a troca, discussão e o aprimoramento de ideias como o "idea jam". Quando confrontado com um problema difícil de resolver, certifique-se de, antes de tudo, perguntar-se: quem pode me ajudar com isso?

De vez em quando você encontrará a resposta simplesmente olhando ao redor, passando os olhos pela sua linha do tempo no

COLABORE: DUAS CABEÇAS PENSAM MELHOR QUE UMA 175

Twitter ou postando um pedido no Facebook. Ou, ainda, você pode contratar um dos novos gurus de gestão especializados em combinar pessoas com problemas. Às vezes, por outro lado, a colaboração tradicional não é o bastante. Há muita sabedoria e ingenuidade lá fora que é difícil reunir num time organizado.

Ocasionalmente, para encontrar a solução certa, você precisa recorrer ao público.

9
Crowdsourcing: A sabedoria das massas

A união faz a força.

John Heywood

"Thetta reddast" é uma expressão atualmente muito ouvida na Islândia. Uma tradução aproximada seria "Não se preocupe, tudo se resolverá naturalmente". Para alguns islandeses, ela sugere um fatalismo perigoso; para outros, uma lembrança da sua tradição de autoconfiança. De qualquer forma, essa pequenina nação insular castigada pelo vento localizada no Atlântico Norte sem dúvidas precisava de soluções depois da crise financeira global de 2008.

Antes da quebra da bolsa, a Islândia era a mãe dos vencedores. Seus bancos devoraram rivais extracontinentais. Milionários nascidos da noite para o dia se esbaldavam com iates e aviões particulares, supercarros e luxuosos apartamentos de cobertura. Reykjavík, a desmazelada capital, começou a construir a casa de ópera mais cara do mundo. Deixando-se levar pelo carnaval de consumismo, islandeses comuns faziam empréstimos e gastavam como se fosse o fim do mundo. Entretanto, o festejado "milagre econômico" não passava de uma miragem, uma bolha de proporções monumentais. No pico do boom, os bancos da Islândia adquiriram dívidas que somavam nove vezes o PIB do país. Quando a bolha estourou, o país estava prestes a ir à falência.

A carnificina de 2008 forçou o mundo a dar uma longa e difícil olhada no espelho. Em vários países, o autoexame gerou providências para colocar o livro-caixa em ordem e retomar as rédeas do setor financeiro. Na Islândia, o exame de consciência foi mais fundo. Com uma população de 320 mil habitantes, este é um país com poucos graus de separação — e o sentimento de traição era intenso. Como as autoridades, em muitos casos ex-colegas de escola, poderiam ter permitido que nossos bancos descarrilhassem de forma tão espetacular? Por que perdemos o rumo como nação? Um consenso se estabeleceu logo no início das campanhas para a eleição de um novo governo, da reforma do setor bancário e da reformulação do plano financeiro. O que era realmente necessário na Islândia era uma reconstrução do zero.

A principal prioridade era reformar o sistema político que se desconectara do eleitorado. Esse problema não é novo, e tampouco exclusivo da Islândia, lar do parlamento mais antigo do mundo. Eleitores de outros países sempre viram defeitos em seus governantes, mas ao longo da última geração a desconfiança das autoridades eleitas havia chegado a um ponto máximo. Pesquisas de opinião mostram atualmente um número de britânicos quatro vezes maior do que nos anos 1980 que acham que os políticos colocam seu próprio bem-estar acima dos interesses nacionais. Até mesmo em países onde a economia vai bem, como na Alemanha, o relacionamento entre eleitores e seus governantes tornou-se amargo. Em 2010, a Sociedade da Língua Alemã escolheu "Wutbürger", ou "cidadão furioso", como a palavra do ano.[1] Ela citou a raiva dos cidadãos pelas "decisões políticas que iam além da sua compreensão".

CROWDSOURCING: A SABEDORIA DAS MASSAS

Para resolver esse problema na raiz, um grupo de islandeses propôs uma solução radical que nos ajudará a entender o ingrediente seguinte da Solução Gradual. Eles convidaram o eleitorado a exercer um papel direto na formulação da política do governo e a escrever uma nova constituição.

Isso pode parecer tolice. Afinal de contas, o que a maioria dos eleitores leigos sabe sobre a criação de uma legislação, para não mencionar os detalhes do direito constitucional e da filosofia política? Mas a experiência islandesa não é tão irrefletida quanto parece. No capítulo 8, vimos como especialistas podem colaborar proveitosamente dentro de uma só disciplina ou em várias. O mesmo se aplica à ampliação indiscriminada das nossas redes. É uma ideia difícil de aceitar se considerarmos nosso medo primal da multidão. No século XIX, Thomas Carlyle alertou contra a crença "na sabedoria coletiva da ignorância individual". Seu contemporâneo Henry David Thoreau também teria torcido o nariz para a ideia de convocar *hoi polloi* para ajudar a escrever a constituição: "A massa nunca se eleva ao padrão do seu melhor membro; pelo contrário, degrada-se ao nível do pior."

Todavia, a elegante rajada de sabedoria condicional por acaso está completamente errada. É claro que multidões podem ser obtusas e bárbaras. Os motins que irromperam perto da minha casa em Londres no verão de 2011 são uma prova sombria. Mas há o outro lado da história. Em *The Wisdom of Crowds*, James Surowiecki apresenta um argumento convincente defendendo o arrolamento das massas para resolver problemas. O livro está cheio de exemplos em que as multidões se saem melhor do que especialistas, seja adivinhando o peso de um boi numa feira rural[2] ou mapeando o local de descanso de uma embarcação perdida no mar.[3] Quando a NASA pediu ao público que encontrasse e classificasse crateras na superfície de Marte, o público, com apenas um parco treinamento, apresentou conclusões coletivas que os especialistas descreveram como "praticamente indistinguíveis" daquelas de um "geólogo com anos de experiência na identificação das crateras de Marte".[4]

Misturar especialistas e amadores é uma prática que tem demonstrado estimular a inteligência coletiva também no laboratório. Scott Page, professor de ciências políticas e economia na Universidade de Michigan, usou a simulação computacional para projetar uma variedade de agentes virtuais para a resolução de problemas. Cada agente recebeu um conjunto único de habilidades, com alguns programados para serem mais ou menos inteligentes. Resultado: os grupos misturados quase sempre tiveram um desempenho melhor do que grupos compostos unicamente por agentes mais inteligentes. Por quê? Embora os especialistas possam se sair melhor do que o restante de nós em algumas tarefas especializadas, eles tendem a ser, como vimos antes, parecidos demais em experiência e perspectivas para terem o olhar puro necessário para resolver vários problemas. Page resumiu suas descobertas no que chama de Teorema de Que a Diversidade Vence a Habilidade.[5] "Esse teorema não é apenas uma metáfora ou uma anedota empírica bonitinha que pode ou não ser verdadeira em dez anos", diz. "É uma verdade lógica: sob as condições certas, um grupo de solucionadores selecionado aleatoriamente se sai melhor do que um grupo dos melhores solucionadores individuais." Em outras palavras, vale a pena ouvir a multidão.

Quando o tipo certo de multidão se concentra no tipo certo de problema, uma alquimia surpreendente ocorre. Imagine uma pintura de um pontilhista. *Une baignade à Asnières*, de George Seurat, é composto de milhares de pontos individuais de pintura. Se observarmos a tela de perto, veremos que cada um deles é banal e inexpressivo. Contudo, basta darmos um passo atrás para que os pontos formem uma imagem gloriosa de banhistas às margens do

CROWDSOURCING: A SABEDORIA DAS MASSAS

Sena. Se quiser compreender o que passou a ser conhecido como *crowdsourcing*, você precisa dar um salto mental semelhante. Quando você agrega as decisões de muitos, mesmo que algumas sejam tolas, o resultado é uma única decisão coletiva que com frequência é tão boa quanto — se não melhor — a que a pessoa mais inteligente no grupo teria tido. Essa ideia é a pedra fundamental do império do Google. A fim de organizar o oceano de informações da web, a companhia usa um algoritmo para transformar os bilhões de decisões que tomamos diariamente on-line em pesos numéricos para as páginas. "Pode-se dizer que é como se tivéssemos sido programados para ser coletivamente inteligentes", concluiu Surowiecki.

E é por isso que consultar a multidão é o próximo ingrediente da Solução Gradual.

No último capítulo, vimos o poder do trabalho em equipe dentro de uma disciplina e entre várias. Mas a colaboração tradicional tende a envolver equipes com um quadro de membros limitado e altamente focado. Somente uns poucos felizardos são convidados a trabalhar nos projetos de Le Laboratoire ou conduzir pesquisas nos laboratórios interdisciplinares de Columbia e Princeton.

Crowdsourcing significa pegar um problema que geralmente seria resolvido por poucos e o dar aos muitos. Nas mãos erradas, talvez o resultado seja apenas um instante de publicidade ou uma pesquisa de mercado barata. Se usada da forma certa, contudo, a multidão pode ser um forte aliado na batalha para a resolução de problemas. Você pode pedir à multidão para se reunir ou minerar dados. Pode convidá-la a testar e julgar soluções. Às vezes, vale a pena limitar a interação dentro da multidão para evitar o pensamento de grupo. Basta pensarmos nas bolhas catastróficas que inflam quando todos começam a cantar o mesmo hino nos mercados financeiros. Por outro lado, de vez em quando a multidão faz o melhor trabalho se seus membros se comunicam e colaboram.

Um dos principais responsáveis pela experiência da Islândia com o *crowdsourcing* é Gudjon Mar Gudjonsson, um empreendedor jovial na casa dos 40 anos com uma série de companhias de alta tecnologia e patentes no currículo. Analisando os danos gerados pela crise de 2008, ele concluiu que os especialistas jamais poderiam recuperar a Islândia sozinhos — e que os cidadãos comuns precisavam exercer um papel central na reconstrução. "Todos temos nossa própria visão do futuro e ideias sobre como resolver os problemas do nosso país, e isso é um recurso valioso que vale a pena usar", ele diz. "Nosso objetivo era recorrer à sabedoria das multidões para capturar a pulsação da criatividade de uma nação."

Trabalhando ao lado de restauradores com um pensamento semelhante, Gudjonsson convocou em 2009 uma "assembleia nacional" baseada em *crowdsourcing* e em técnicas de inovação aberta do setor privado. Integrada por 1.500 membros, quase 5% da população da Islândia, ela era um corte transversal de 1.200 cidadãos selecionados a partir dos eleitores registrados e trezentos políticos, empresários e outros "modificadores". Em outras palavras, um misto de amadores e especialistas. Durante um evento que durou o dia inteiro, os membros sentaram-se juntos em pequenos grupos e trocaram ideias sobre sua visão do futuro da nação. Que tipo de país a Islândia deveria aspirar a se tornar e o que poderíamos fazer para que isso acontecesse? Um facilitador era o responsável por cada grupo, e todas as ideias eram analisadas, ganhavam uma pontuação, eram classificadas e exibidas numa tela gigante. O evento atraiu tamanha popularidade que outras assembleias menores foram convocadas no país inteiro. Em 2010, o Parlamento islandês estabeleceu uma assembleia com o intuito de reunir sugestões para a nova constituição nacional. Também divulgou as opiniões no Twitter, no YouTube e no Facebook.

A fim de ver com meus próprios olhos como a política do *crowdsourcing* funciona, participo de uma assembleia realizada no

CROWDSOURCING: A SABEDORIA DAS MASSAS

ginásio de uma escola nos arredores de Reykjavík. A ordem do dia é identificar as "principais competências" a partir das quais cada islandês deveria construir seu futuro. Cerca de 150 pessoas comparecem numa cinzenta e chuvosa manhã de sábado. Seguindo o espírito do *crowdsourcing*, eles representam um corte transversal da sociedade islandesa mais alguns parlamentares, um ex-prefeito e o chefe de polícia da cidade. A maioria das pessoas veste-se de forma casual, com muitos homens usando bigodes como parte de uma campanha contra o câncer. Todos usam seus primeiros nomes, e a atmosfera é descontraída, ainda que cheia de expectativas.

O ginásio serve para lembrar que esta é uma assembleia convocada pelo povo para o povo. Cartazes avisam aos alunos que é proibido fumar, jogar lixo no chão e usar patins. No teto, um globo espelhado pronto para a próxima festa. Através da parede, podemos ouvir o barulho de tênis de esportistas treinando e os gritos de crianças jogando basquete. Jarras de água e pilhas de fichas amarelas para anotações estão sobre as mesas espalhadas pelo ginásio. Meu lugar fica na Mesa K, próximo a um desenvolvedor de software, um operário desempregado, uma auditora diplomada, um trainee em arquitetura, um estudante de música, um gerente de marketing, um designer de interiores e Katrin Jakobsdottir, a jovem ministra da Educação, da Ciência e da Cultura.

Depois da abertura, Sigrun, nosso moderador, pede que listemos as Propostas Únicas de Venda (PUVs) da Islândia. O desenvolvedor de software diz que o país tem uma imagem limpa e verde que é um diferencial. Quando Sigrun pede-lhe que seja mais específico, a auditora dá sua contribuição. "Temos uma quantidade de água fresca, limpa, muito maior se comparados a outros países", ela diz. "Podemos encontrar alguma forma de usar isso?" O arquiteto aponta que a Islândia é abençoada com fontes termais. O operário inclina-se para frente, balançando a cabeça vigorosamente em concordância. "Talvez pudéssemos perfurar a terra para extrair calor geotérmico da água", ele diz. Isso gera um debate para se decidir se a água realmente é uma PUV e se a energia extraída dela poderia ser exportada da localização remota da Islândia. Então, Jakobsdottir, a ministra, dá uma nova forma à ideia das fontes termais. "Talvez pudéssemos desenvolver e exportar tecnologia geotérmica", ela diz.

A manhã se passa com ideias fluindo aos borbotões. Poderíamos construir parques eólicos para explorar nosso clima; selecionar o melhor da nossa cozinha e vendê-la para o mundo; transformar a Islândia em um polo da moda nórdica. Poderíamos canalizar a qualidade da nossa educação e o nosso elevado conhecimento tecnológico para nos tornar o Vale do Silício do Atlântico Norte. Ou oferecer nossa população pequena e homogênea como um grupo de discussão gigante para companhias e projetos de pesquisa. A conversa passa gradualmente ao tema do turismo e a possibilidade de atrair estrangeiros para aproveitar a incrível paisagem islandesa de gêiseres, rochas vulcânicas e cachoeiras. O estudante de música, na maior parte do tempo silencioso até agora, derrama um balde de água fria na ideia. "O que há de tão especial na nossa culinária e na nossa agricultura ou em se admirar uma cachoeira?", ele indaga num tom um tanto petulante.

"Por que os turistas quereriam vir aos nossos museus quando nem nós estamos interessados em visitá-los?" Depois da sua intervenção, a atmosfera torna-se tensa. Para amenizar a situação, digo que a posição da Islândia, localizada exatamente no ponto médio entre a Europa e a América do Norte, faz do país um lugar ideal para a realização de conferências. "É verdade", diz o operário. "Estão vendo? Às vezes precisamos de alguém de fora para ver nossas vantagens." E então começamos a considerar ideias para transformar Reykjavík em um centro de convenções e retiro corporativo.

CROWDSOURCING: A SABEDORIA DAS MASSAS

Depois de um almoço de lentilhas e lasanha de cordeiro, voltamos para mais. Jakobsdottir inicia a sessão da tarde observando que a música islandesa é popular no exterior e que outra pequena nação insular, a Irlanda, construiu uma indústria musical de renome mundial. Essa ideia, contudo, não vai muito longe. Alguém argumenta que a melhor banda da Irlanda, o U2, deixou o país para escapar dos impostos. O gerente de marketing atenta para o fato de que até mesmo os islandeses precisam de certo esforço para absorver Björk, a cantora cheia de malícia com voz aguda e etérea. Outras ideias incluem a produção de vitaminas em cápsulas ou comida para animais de estimação com restos descartados de peixe e abrir um parque temático baseado em gnomos, duendes, elfos e outras "pessoas ocultas" que são parte central da cultura islandesa. No final, chega a hora de listar as melhores propostas únicas de venda da Islândia e apresentar a lista à assembleia. Fechamos em cinco itens: água; a mistura entre o urbano e o rural; eixo transatlântico, spas e saúde; e alimentos saudáveis. Todos se reúnem ao redor de um laptop para preparar a apresentação final, apontando para erros de ortografia, rindo dos duplos sentidos, dando opiniões. À medida que o porta-voz de cada mesa lê sua lista no palco, a audiência se alterna entre vaias e aplausos. Quando nosso porta-voz — o gerente de marketing — volta do púlpito, todos lhe damos os parabéns. Turismo, pesca, energia geotérmica e agricultura parecem ter sido selecionados como as melhores propostas únicas de venda.

Então a assembleia acabou? Terá a experiência da Islândia com o *crowdsourcing* aberto as comportas para uma torrente de soluções criativas para os problemas da nação? Sentado à Mesa K, discutindo ideias com os moradores locais, não senti estar testemunhando uma resolução de problemas de escala prometeica. É claro que criamos uma lista intrigante de sugestões, mas nada melhor do que poderiam ter feito algumas pessoas sentadas numa mesa de bar. Porém, talvez essa seja a forma errada de pensar. Talvez eu esteja tentando avaliar uma pintura pontilhista olhando muito de perto.

Quando você dá um passo atrás e examina o quadro geral, a experiência da Islândia com o *crowdsourcing* realmente parece estar fomentando ideias úteis que um dia poderão ser incorporadas à política governamental. "Parte de todas as assembleias nacionais é só blá-blá-blá, mas mesmo que uma reunião produza apenas uma ou duas boas ideias, isso já é um triunfo", diz Jakobsdottir. "E já estamos vendo isso acontecer." As assembleias deixaram claro como os islandeses estão preocupados em relação ao bem-estar e à educação, e como detestam os transportes públicos de Reykjavík. Uma assembleia anterior dedicada à educação produziu uma proposta sólida: dar mais ênfase aos valores e ao debate filosófico. "Isso faltou na minha própria educação, mas as crianças deveriam estar debatendo questões como: 'O que são valores morais?' e 'Por que a sociedade é assim?'", diz Jakobsdottir. "Já estou analisando como integrar essa ideia no currículo nacional."

Muitos deixam a assembleia convencidos de que o *crowdsourcing* pode ajudar a propiciar um recomeço para a Islândia. Alguns falam sobre fundar as bases para uma nova forma de política. "O que vocês estão vendo aqui é a superdemocracia", diz um professor universitário. "As discussões são tão poderosas, criativas e inovadoras, mas levará tempo para que se transformem em ações e deem nova forma ao governo." Até os participantes com menos bagagem acadêmica parecem exultantes com as ideias que se formaram. "Para ser honesto, eu esperava um dia entediante, mas na verdade foi muito revigorante", é o que me diz o gerente de marketing. "Quando colocamos pessoas diferentes ao redor de uma mesa, geramos novas ideias e novas abordagens para as velhas."

Contudo, essa colaboração não basta. Às vezes, você simplesmente quer encontrar um talento oculto, aquela pessoa na multi-

CROWDSOURCING: A SABEDORIA DAS MASSAS

dão armada com a ferramenta ideal. No início do século XVIII, a Marinha Real britânica perdeu muitos navios no mar porque as tripulações não tinham um meio de medir a longitude enquanto navegavam. Algumas das melhores mentes científicas da época, incluindo Sir Isaac Newton, haviam tentado resolver o problema. Desesperada por uma solução, a Grã-Bretanha saiu de sua zona de conforto, deixou de lado as concepções sobre a divisão de classes, e recorreu à multidão. Em 1714, um ato do Parlamento ofereceu 20 mil libras, uma soma considerável na época, a qualquer um que inventasse uma forma "Viável e Útil" de calcular a longitude no mar. Passadas cinco décadas, alguém finalmente venceu a competição com a invenção de um cronômetro marinho de alta precisão capaz de fazer leituras precisas até mesmo no mar mais revolto. A característica mais notável do vencedor era sua biografia. John Harrison não era marinheiro nem engenheiro naval. Tampouco era um professor de Oxford ou Cambridge, ou membro da Real Sociedade de Londres. Na verdade, tivera uma parca educação formal. Filho de um carpinteiro de Yorkshire, ele aprendera sozinho a fazer relógios. Em outras palavras, ele era um talento oculto consumado.[6]

Como mostra a descoberta da longitude, recorrer à multidão não é algo novo. O que mudou nos últimos anos foi que a tecnologia possibilita reunir e gerir grupos maiores do que nunca e a desenterrar ideias nos cantos mais obscuros do globo. Na era da tecnologia de ponta, o mundo inteiro é uma multidão, e todos os homens e mulheres são solucionadores em potencial. Comunidades de especialistas e amadores estão a apenas um clique de distância em plataformas on-line como ideaken e Whinot. InnoCentive resolve problemas que já desafiaram os melhores cérebros da pesquisa privada e de laboratórios de desenvolvimento, governos e organizações sem fins lucrativos ao expô-los a uma rede de mais de 250 mil "Solucionadores" de quase 200 países — recorrendo à multidão numa escala inimaginável vinte anos atrás, para não mencionar no século XVIII. Clientes à procura de soluções são conhecidos como "Buscadores", e vão de gigantes da indústria farmacêutica e conglomerados de bens de consumo à NASA e à revista *Economist*. Ofertas recentes postadas no website incluem: 100 mil dólares para a criação de uma insulina capaz de atender às necessidades individuais de diabéticos; 50 mil dólares pelo desenvolvimento de uma técnica que aumente o valor nutricional de tecidos vegetais; 30 mil dólares por uma serra capaz de cortar ossos sem danificar o tecido mole; 8 mil dólares por um sistema para a identificação de corrupção em instituições; 5 mil dólares por um novo recipiente para cerveja. Os solucionadores podem ser qualquer pessoa, de especialistas com tempo livre a amadores conectados de seus porões, quartos ou garagens. Eles recebem dinheiro pela criação de soluções viáveis, fazendo do InnoCentive o maior mercado do mundo de resolução de problemas.

O primeiro passo é ajudar os Buscadores a puxar a corda *Andon* e dar uma definição exata ao seu problema antes de procurarem a solução — exatamente o que Geir Berthelsen fez na Norsafe. "A maioria das organizações não faz ideia de quais realmente são seus problemas, e ainda que tenham uma ideia básica, têm uma grande dificuldade para articulá-la", diz Dwayne Spradlin, presidente e diretora executiva da InnoCentive, que conduz oficinas de treinamento para mostrar aos Buscadores por que e como recorrer à multidão. "Quando lidamos com a resolução de problemas complexos, não podemos simplesmente colocar um anúncio nos classificados e presumir que o mundo inteiro vai se voluntariar. Não é um Yahoo! Respostas", diz Spradlin. "Ajudamos nossos Buscadores a fazer perguntas melhores e definir seu problema para a obtenção de respostas melhores." Exatamente como a IDEO.

Embora a exposição de problemas para uma multidão de 250 mil pessoas pareça um atalho para o caos, ou o menor denominador

CROWDSOURCING: A SABEDORIA DAS MASSAS

comum, a InnoCentive funciona muito bem. Os Solucionadores criam soluções apropriadas para mais de metade dos "desafios" postados, incluindo muitos que passaram pelos melhores laboratórios de P&D do mundo inteiro. Eles inventaram formas mais baratas e fáceis de produzir as drogas usadas no tratamento da tuberculose e tornaram seguro o consumo da água do Lago Vitória. Lembra-se da lanterna BoGo? Enquanto desenvolvia o protótipo, Mark Bent deparou-se com um problema: seu dispositivo não era capaz de iluminar um cômodo inteiro como faziam os lampiões a querosene. Então, recorreu à InnoCentive, desafiando sua multidão a encontrar uma forma de dispersar a luz. Em três meses, um engenheiro da Nova Zelândia apresentou um projeto que não apenas duplicou a capacidade da BoGo como lâmpada, como também a tornou mais econômica no uso das baterias recarregáveis. Recorrer à multidão por meio da InnoCentive não raro dá origem a parcerias antes impensáveis. Quando a NASA pediu ajuda no aperfeiçoamento das embalagens usadas para preservar alimentos em missões espaciais, a solução vencedora — usando folha de grafite — foi de autoria de um cientista *russo*.

Sem dúvidas, a maior lição a tirarmos da InnoCentive encontra-se em quem resolve que problemas. Um estudo da Universidade de Harvard demonstrou que as melhores soluções com frequência vinham de pessoas operando "à volta ou fora do seu campo de especialização". Em média, os Solucionadores estão a seis áreas de distância da disciplina mais próxima do desafio. Um Solucionador usou seu conhecimento na indústria de concreto na invenção de uma técnica para separar óleo de água após um vazamento em temperaturas negativas. Um advogado de marcas e patentes da Carolina do Norte inventou uma nova forma de misturar grandes quantidades de compostos químicos. Quatro estudantes de engenharia química e engenharia biológica da Universidade de

Washington inventaram um dispositivo eletrônico que emite um sinal luminoso quando a água sendo purificada por desinfecção solar torna-se segura para o consumo — com o potencial para salvar milhões de pessoas nos países em desenvolvimento. Moral da história: vale a pena recorrer à multidão mais diversa possível.

É por isso que a InnoCentive tenta definir cada problema de forma que ninguém se sinta excluído em tentar resolvê-lo. Um desafio de uma companhia de extração, por exemplo, é postado sem nenhuma referência à indústria de petróleo e gás. "A maioria das pessoas para de ler a definição do problema no momento em que se depara com 'petróleo e gás', porque pensam: 'Não sou da indústria de petróleo e gás'", diz Spradlin. "Nosso modelo envolve lançar uma rede muito ampla a fim de evitar limitá-la aos mesmos especialistas de sempre."

Isso significa que você acaba com pessoas como John Lucas trabalhando nos seus problemas. Aos 45 anos, ele mora em Maidenhead, região oeste de Londres. No tempo livre, ele já resolveu quatro problemas da InnoCentive, o que lhe rendeu 62 mil dólares. Pela alteração do formato de uma garrafa ele conseguiu mudar a sensação provocada por bebidas gaseificadas na boca. Mais tarde, ele identificou um aditivo que impede a separação do queijo e do óleo colocados em salgados e projetou um componente capaz de formar uma crosta a fim de impedir que a silagem armazenada em fazendas estrague. Mais recentemente, ele projetou uma luva para evitar queimaduras nas mãos dos soldados que precisem descer de helicópteros por cordas.

Pelos problemas que ele resolveu, talvez você esteja pensando que Lucas é um químico com acesso a um laboratório industrial. Na verdade, ele é um biólogo molecular formado em direito que cresceu numa fazenda em Ohio. "Não tenho um laboratório nem uma garagem onde possa criar dispositivos e testar componentes,

CROWDSOURCING: A SABEDORIA DAS MASSAS

portanto o que faço por meio da InnoCentive na verdade vem somente de experiências", diz ele. Lucas faz questão de evitar problemas da sua área de especialização. "Geralmente, quando as companhias têm dificuldade para resolver um problema, são as pessoas daquele campo que não conseguem resolvê-lo, então é a hora de outra pessoa analisá-lo de um ponto de vista diferente, observá-lo de um ângulo lateral", continua. Como muitos Solucionadores Graduais, Lucas examina cada problema com muita paciência. Ele nunca espera decifrar o código na primeira solução. "No início, você pensa 'Não vou conseguir resolver isso', mas então assimila o problema, fica pensando nele, ruminando sobre ele, e então tem uma ideia, pesquisa um pouco, o que geralmente o leva em outra direção", alerta ele. "Na maior parte do tempo, acabo muito longe de onde comecei."

Já vimos que esse tipo de pensamento lento e errante é o princípio ativo da criatividade, e não pode ser apressado. Você tampouco pode localizar seu solucionador ideal em meio a uma multidão limitando-se a certas disciplinas. Se soubesse onde procurar, você já teria resolvido o problema. No século XVIII, ninguém poderia ter predito que um relojoeiro autodidata de Yorkshire resolveria o enigma da longitude. Seguindo a mesma linha de pensamento, ninguém esperaria que um rapaz de 15 anos de Maryland vencesse uma feira de ciências internacional em 2012 pela descoberta de um método para a detecção do câncer pancreático.[7] "Está claro que o melhor lugar para se divulgar esses problemas é em áreas adjacentes, porém você nunca conseguirá prever que áreas são essas", diz Spradlin. "A questão não é tentar identificar 1.500 pessoas que poderiam ser capazes de resolver o problema, e sim admitir: 'Não faço ideia de onde pode vir a solução, então preciso de todos.'"

Apesar de todos os esforços do InnoCentive, alguns Buscadores ainda acham difícil admitir isso. Enquanto instituições governamentais e fundações ficam felizes em deixar pessoas de fora dar uma olhada nos bastidores, muitas companhias continuam temendo entregar seus segredos à competição. A maioria dos desafios que a InnoCentive recebe do setor corporativo é anônima e um pouco cautelosa, muito para a decepção da comunidade de Solucionadores. "Várias vezes, pensei ter definitivamente resolvido um problema com uma solução muito satisfatória para que a companhia simplesmente dissesse: 'Já sabíamos disso' ou 'Já tentamos isso', o que significa que você desperdiçou tempo e esforço para nada", diz Lucas. "Se você quer ajuda das pessoas, precisa ser mais aberto e fornecer mais detalhes exatamente qual o que é o seu problema, por que está tentando resolvê-lo, o que seria apropriado e o que você já tentou."

Há uma grande lição a ser tirada daqui por qualquer um — não apenas firmas obcecadas por segredos comerciais — que queira consultar a multidão: você precisa seguir as regras. A multidão só lhe cederá sua sabedoria se for bem tratada. A multidão quer respeito. Ela detesta se sentir explorada. Espera abertura em troca de suas ideias e de seu entusiasmo. Se a multidão suspeitar que você está tentando enganá-la, vai se rebelar, se dispersar ou simplesmente procurará outro lugar. A multidão não é de ninguém.

As companhias que se abrem para a multidão colhem os frutos. Às vezes, ela se torna sua força de trabalho. Desde 2001, a IBM tem usado espaços online para o compartilhamento de ideias como forma de receber a colaboração dos 300 mil funcionários que tem espalhados pelo mundo.[8] Esse debate de ideias ajudou a companhia a remodelar suas práticas de trabalho e dar início a dez novos negócios com capital semente de 100 milhões de dólares.

Recorrer à multidão fora dos limites da companhia também compensa. Em 2006, a Netflix, companhia de aluguel de filmes on-line, ofereceu 1 milhão de dólares para qualquer um que inventasse um algoritmo capaz de prever o índice de audiência dos

CROWDSOURCING: A SABEDORIA DAS MASSAS

filmes pelo menos dez vezes mais rápido que seu sistema atual.[9] Três anos depois, uma equipe de estatísticos e engenheiros da computação espalhados entre Estados Unidos, Canadá, Áustria e Israel declararam ter vencido o desafio. No mesmo ano, a Fiat começou a montar o primeiro carro do mundo inteiramente idealizado por *crowdsourcing* na sua loja-matriz de Betim, no Brasil.[10] A companhia abriu um portal na web no qual qualquer pessoa do mundo podia postar ideias sobre como o veículo deveria ser desenhado e projetado. Ela recebeu mais de 100 mil sugestões de 160 países. A cada etapa, a multidão, que variava entre funcionários experientes da Fiat e adolescentes em seus quartos, criticava, debatia e refinava as ideias. A Fiat certificou-se de que o diálogo fluísse livremente em todas as direções, explicando por que no final das contas algumas sugestões prevaleciam sobre outras. "Isso é completamente diferente do processo comum de design, que é inteiramente secreto e sigiloso", disse Peter Fassbender, gerente do Centro Estilo, o centro de design da firma. A Fiat foi um passo além do que qualquer outro *crowdsourcing* ao transferir o virtual para o real, convidando os membros mais inteligentes da multidão — que incluíam um funcionário público, um especialista em TI e um professor — a inspecionar os protótipos e se misturar com os projetistas e engenheiros da companhia em Betim. O fruto dessa experiência foi o Mio, um belíssimo carro pequenino que atraiu comentários entusiásticos durante o Salão Internacional do Automóvel de São Paulo 2010. Também mudou para sempre o processo de trabalho da Fiat. Outros fabricantes seguiram o exemplo. Reunindo ideias de uma multidão on-line de 12 mil pessoas, que iam de projetistas profissionais a entusiastas ocasionais, uma companhia americana chamada Local Motors montou o protótipo de um veículo militar que um dia poderia realizar missões de reconhecimento, transporte e evacuação em zonas de combate.[11]

As multidões também podem produzir soluções para problemas sociais. Na plataforma semelhante da IDEO, a OpenIDEO, 34 mil pessoas de 160 países postam perguntas como: "De que forma poderíamos melhorar o saneamento e tratar melhor os dejetos humanos em comunidades urbanas de baixa renda?" e "De que forma a tecnologia pode ajudar pessoas que estão trabalhando para fazer valer os direitos humanos diante da prisão ilegal?". Os autodenominados "serviços de hospedagem de desafios" filtram centenas de ideias em uma pequena lista e depois os participantes debatem sobre elas. As soluções vencedoras são adotadas em projetos piloto e protótipos. Graças às ideias da OpenIDEO, incluindo a de kits "faça você mesmo" para a extração de DNA da boca, a Universidade de Stanford inspirou mais pessoas a se registrarem no seu cadastro de doadores de medula óssea. A Sony atualmente está desenvolvendo uma revista on-line interativa que combina voluntários com projetos locais, outra solução da OpenIDEO.

Outras organizações estão consultando a multidão em busca de ideias sobre tudo, desde como tornar as cidades mais habitáveis ao combate de doenças sexualmente transmissíveis. Em muitas áreas, os acadêmicos estão recorrendo às massas em busca de ajuda para filtrar seus dados, canalizar o entusiasmo do público e a capacidade inata do cérebro humano de detectar padrões. Examinando imagens do telescópio Kepler postadas on-line, pessoas comuns já identificaram dois planetas que haviam passado despercebidos pelos astronautas, que usam os computadores de mais alta tecnologia. Elas também estão ajudando a identificar células cancerígenas, apontar e categorizar novas galáxias e a transcrever textos da Grécia Antiga escritos de forma descuidada, quase ilegível.

Multidões já ajudam a resolver problemas da nossa vida diária. O que você faz quando há algo de errado com o seu computador? Se for como eu, vai direto para os fóruns on-line onde milhares de

CROWDSOURCING: A SABEDORIA DAS MASSAS

pessoas de experiência variada compartilham dicas. Ao contrário dos centros de atendimento das companhias, eles não cobram nada, e tampouco o deixam esperar por horas ouvindo Enya. Além disso, muitas vezes o ajudam muito mais. Da última vez que tive problemas com meu disco rígido, passei mais de uma hora falando com um especialista da Apple, que não conseguiu resolver o problema. Depois de desligar, decidi consultar um fórum. Em dez minutos encontrei a solução perfeita, postada por uma adolescente de Wisconsin — um John Harrison do século XXI. E problemas de computador são apenas a ponta do iceberg; a web está cheia de fóruns onde multidões oferecem conselhos sobre tudo, de relacionamentos à saúde e a reparos domésticos.

Agora chegou a hora de dar outro alerta: tanto a colaboração quanto o *crowdsourcing* têm seus limites. Trabalhar em conjunto não é a *única* resposta para *todos* os problemas. Até mesmo equipes com um histórico incrível com o tempo podem se tornar medíocres e bitoladas. A multidão pode cometer erros ou ser sabotada por membros sem seriedade. Com cerca de 100 mil colaboradores editando constantemente seu conteúdo, a Wikipédia é um exemplo dos perigos do *crowdsourcing*. Embora seja uma verdadeira mina de ouro de informações, a enciclopédia on-line está vulnerável a imprecisões e tendenciosidades. As bolhas e quebras da bolsa dos últimos anos servem para lembrar que os mercados financeiros, outro exemplo de inteligência coletiva, nem sempre são tão inteligentes. Às vezes, como coloca um personagem de uma saga islandesa, "os conselhos tornam-se piores à medida que mais pessoas estúpidas se reúnem".

Acima de tudo, resolver problemas complexos muitas vezes requer um salto conceitual, um sopro de inspiração, uma habilidade no estilo Cassandra de ver para onde o mundo está indo — e isso dificilmente é um feito coletivo. Henry T. Ford não teve a ideia de construir carros para as massas a partir de uma pesquisa de mercado ou de um grupo de discussão. "Se houvesse perguntado aos consumidores o que queriam", ele disse certa vez, "eles teriam dito 'um cavalo mais rápido'". Steve Jobs também tinha um dom para ver o que os outros não viam. É difícil acreditar agora, mas, ao ser lançado, o iPad gerou uma onda de ceticismo proveniente tanto de especialistas quanto de consumidores. As pessoas realmente comprariam um dispositivo que fica entre um smartphone e um laptop? Existe um mercado para tablets? A resposta, no fim das contas, foi um forte Sim. "Com algo tão complicado, é muito difícil projetar produtos a partir de grupos de discussão", diria Jobs mais tarde. "Muitas vezes as pessoas não sabem o que querem até que mostremos a elas."[12]

Trabalhar em conjunto também pode ser contraproducente. Basta pensar nas horas que desperdiçamos naquelas reuniões entediantes e sem sentido no trabalho. Também não podemos levar a colaboração ou o trabalho de equipe longe demais. Na sua sede em Emeryville, Califórnia, a Backbone Entertainment construiu um escritório de plano aberto — onde todos podem ver e ouvir a todos. A companhia desenvolve jogos eletrônicos, e esperava que, ao misturar todos os seus funcionários juntos em uma única grande panela, pudesse produzir um nutritivo guisado mágico de colaboração. O que produziu, muito ao contrário, foi um grupo de desenvolvedores ávidos por um pouco de privacidade. No final das contas, a Backbone voltou a dividir o escritório em cubículos — aqueles ridículos símbolos dilbertescos de trabalho entediante. "Você poderia pensar que num ambiente colaborativo as pessoas detestariam isso", diz Mike Mika, antigo diretor de criação da companhia. "Mas, no fim das contas, eles preferem ter esconderijos onde simplesmente possam se refugiar de todo mundo."

E sempre foi assim. Embora Rembrandt trabalhasse de perto com outros pintores em seu estúdio de Amsterdã, cada artista

CROWDSOURCING: A SABEDORIA DAS MASSAS

recebia um espaço privado para trabalhar só. Quando consultores compararam 600 programadores de computador em 92 companhias para identificar o que separava os melhores dos regulares, descobriram que o ingrediente secreto não era um salário mais alto ou mais experiência, mas o fato de terem um espaço particular que minimizava interrupções.[13] Os seres humanos são extremamente sociáveis, mas também precisamos de privacidade e liberdade pessoal. Pesquisas mostram que escritórios de plano aberto nos deixam ansiosos, hostis, cansados e mais vulneráveis a doenças.[14] Também nos bombardeiam com distrações que atrapalham a reflexão profunda. Quando preciso de solidão no meu escritório compartilhado, busco refúgio em uma das salas privadas. Algumas foram construídas para apenas uma pessoa, suas paredes cor-de-rosa acolchoadas isolando-o do mundo num abraço uterino. "As pessoas às vezes não aguentam permanecer na companhia das outras", diz Peter Spence, que projetou o escritório. "Grande parte das melhores ideias surgem quando as pessoas são deixadas a sós com seus pensamentos."

É por isso que, ao longo da história e das disciplinas, os melhores solucionadores, os melhores animais criativos, que conjuraram progressos capazes de abalar as estruturas do mundo, foram grandes amantes da solidão. Einstein passava horas olhando para o vazio em seu escritório na Universidade de Princeton. William Wordsworth descreveu Newton como "Uma mente eternamente Viajando por estranhos mares de Pensamento, solitário". Até mesmo as religiões de mais destaque têm profetas — Buda, Maomé, Moisés — que foram para o deserto e enfrentaram sozinhos as grandes questões. Picasso certa vez disse: "Não se pode fazer nada sem a solidão." Isso continua se aplicando ao mundo moderno da alta tecnologia. Em suas memórias, Steve Wozniak descreveu como construiu os primeiros dois computadores da Apple trabalhando sozinho noite adentro: "A maioria dos inventores e engenheiros que conheci é como eu... Vivem em suas mentes. São quase como artistas... E artistas trabalham melhor sozinhos."

É por isso que todos nós precisamos ser prudentes ao recorrermos à multidão. Pergunte-se se o problema realmente se beneficiará da exposição a tantas pessoas. Se a resposta for positiva, primeiro passe algum tempo definindo exatamente a pergunta certa a ser feita e como gerir e recompensar os participantes. E nunca deposite todas as suas esperanças nas massas.

Não é coincidência o fato de que todo Solucionador Gradual que conhecemos até então, da IDEO ao Le Laboratoire e à NASA, alerte contra a obsessão pelo grupo. Em vez disso, seu objetivo é forjar um relacionamento simbiótico entre o trabalho coletivo e o individual, dando a todos a liberdade de alimentarem suas próprias ideias em isolamento antes de submetê-las à filtragem da equipe ou da multidão. O introvertido Newton compartilhava suas ideias em cartas para colegas e nas páginas de *Philosophical Transactions*.

Depois de suas longas e solitárias noites, Wozniak debatia as ideias com outros nerds do Homebrew Computer Club. Até mesmo Einstein colaborava. "O segredo está em encontrar o equilíbrio ideal", diz David Edwards. "A fofoca é crucial para desenvolver e aprimorar ideias, mas com frequência as melhores ideias surgem de uma única pessoa. A individualidade é de suprema importância."

10

Catalisador: O primeiro entre iguais

Toda grande instituição é a sombra projetada de um único homem. Seu caráter determina o caráter de sua organização.

Ralph Waldo Emerson

A hora do rush em Bogotá não é mais como costumava ser. Ao menos não para pessoas como Manuel Ortega. Hoje em dia, o banqueiro de 42 anos deixa a zona residencial no ônibus que ajudou a transformar a capital colombiana em um símbolo do ambientalismo e foco de um estudo de caso sobre renovação urbana.

A TransMilenio não é uma rede de transporte simples. No meio de seus bulevares mais largos, Bogotá entalhou nove faixas de ônibus que cruzam a cidade como uma rede de metrô na superfície. Cada faixa é separada do restante da estrada por muretas, permitindo que frotas de ônibus articulados vermelhos deslizem livres do tráfego comum. Em vez de esperar ao ar livre em paradas de ônibus convencionais, os passageiros usam cartões magnéticos para entrar em estações fechadas feitas de metal e vidro. Como linhas ferroviárias ou de metrô, os ônibus da Trans-Milenio param ao lado da plataforma e abrem todas as portas de uma vez, permitindo que grande número de pessoas — incluindo idosos, deficientes e pais com carrinhos de bebê — embarque e desembarque com rapidez e facilidade. O nome desse sistema é "Bus Rapid Transit" (BRT).

Ortega pega a linha H13, e quando o encontro ele parece um garoto propaganda do transporte público: elegante e charmoso em seu terno cinza chumbo e sua gravata amarela, ele está debruçado sobre um relatório trimestral aberto em seu colo. Seu Blackberry recebe a ligação de um colega ansioso para marcar uma reunião. "Estarei no escritório em... 17 minutos", diz Ortega olhando para o relógio. "Certifique-se de que o café estará pronto."

Essa pontualidade seria impensável para quem depende dos sistemas de ônibus no mundo inteiro. Seu ônibus pode estar a apenas três ou quatro paradas do escritório, em Boston ou Taipei, mas como você sabe que não há um caminhão enguiçado ou um engarrafamento na próxima esquina?

Enquanto o H13 avança serenamente pelo centro de Bogotá, as ruas ao lado da faixa da TransMilenio são o retrato do pandemônio, faixa após faixa obstruídas por táxis decrépitos, minivans antidiluvianas expelindo nuvens de fumaça e carruagens puxadas por cavalos com pilhas de sucata. Motocicletas avançam com dificuldade pelos atoleiros de trânsito interrompido, esquivando-se de pedintes querendo um troco e vendedores de rua tentando ganhar dinheiro com produtos que vão desde pastilhas a DVDs piratas. Buzinas, motores roncando e salsa se fundem numa cacofonia colombiana.

Sentado ao lado da janela no ônibus da TransMilenio, contemplando a visão do inferno urbano, Ortega dá de ombros: "É como se fosse outro mundo", diz. "Graças a Deus estou aqui."

CATALISADOR: O PRIMEIRO ENTRE IGUAIS

Na América Latina, como em grande parte das nações em desenvolvimento, os ricos habitam um universo à parte, viajando em carros de condomínios murados e clubes de campo para escritórios e butiques guardados por seguranças armados. A TransMilenio foi um golpe nesse apartheid social quando conquistou os *bogotanos* abastados. Bairros elegantes agora têm seus próprios ônibus de integração que conduzem a paradas nas proximidades e construtoras constroem shoppings e apartamentos elegantes o mais perto possível da rede. A qualquer hora do dia você encontrará yuppies tagarelando em iPhones ao lado de empregadas domésticas e operários dos *barrios* mais pobres da cidade.

Muitos colegas de Ortega no banco usam a TransMilenio. Do outro lado, estão sentadas três jovens com as mãos sujas viajando para trabalhar em uma das plantações de flores localizadas nos arredores de Bogotá. Dois assentos atrás, uma jovem e elegante advogada inspeciona as unhas recém-feitas. Atrás dela, Victoria Delgado, uma jovem estudante de biologia viajando para a Universidad de los Andes, envia um SMS para o namorado: "É uma boa mistura social", diz ela, "Todos são iguais aqui".

Mas os *bogotanos* não se reúnem em quase 2 milhões de viagens todos os dias na TransMilenio por solidariedade social. Eles abraçaram o "ligeirinho" porque o serviço oferece algo que não existia antes aqui: uma forma confortável e eficiente para viajar por essa cidade anárquica com 8 milhões de habitantes. A jornada de Delgado até a universidade leva 25 minutos em vez da duração três vezes maior que teria se ela fosse de carro. Usar a TransMilenio reduziu a viagem diária de Ortega de duas horas para 40 minutos. E ele pode marcar reuniões durante o trajeto sabendo que chegará a tempo.

Mulheres como Delgado também se sentem seguras na TransMilenio — o que não é algo simples numa cidade que já foi sinônimo de violência urbana. Ainda há muitos exemplos conspícuos de segurança em Bogotá, com muitos prédios públicos e sedes de companhias protegidas por guardas armados e cães farejadores, mas o sistema da TransMilenio aponta para um futuro mais tranquilo. Não há seguranças nos ônibus e as estações são patrulhadas por jovens simpáticos usando jaquetas em amarelo e vermelho com o slogan "A Face Amigável da Cidade".

A TransMilenio ainda é um trabalho em progresso. Bogotá está construindo novas faixas, bem como túneis subterrâneos para permitir que os ônibus trafeguem sob as caóticas interseções sem ter que esperar que o sinal abra. Além disso, o sistema tem seus defeitos. Em faixas onde um sistema hidráulico pobre causou rachaduras e buracos no asfalto, você pode passar a viagem sacolejando. Embora Bogotá tenha um clima agradável, quem usa os ônibus ainda tem que suportar os piores dias do verão sem ar-condicionado. As mulheres às vezes se queixam de passageiros do sexo masculino pouco respeitosos, e todos têm que estar atentos a batedores de carteiras. A maior reclamação, entretanto, é que não há assentos o bastante nas horas de pico, visto que um número muito grande de pessoas usa o sistema. Tradução: a TransMilenio é uma vítima do próprio sucesso.

Consequentemente, o BRT é visto como uma solução para um dos problemas mais urgentes do mundo: proporcionar um transporte limpo e confortável às pessoas. Na África e na América Latina, o aumento da renda per capita está enchendo as ruas de carros, motos, caminhões, lambretas, jipes, riquixás motorizados, ônibus e outros veículos. Os pedestres acabam confinados às margens dos espaços públicos, tossindo por causa da poluição. Enquanto a emissão de fumaça das indústrias diminui, a previsão é que o trânsito esteja produzindo uma quantidade 50% maior de gases prejudiciais ao meio ambiente até 2030, com grande parte desse aumento originária dos países em desenvolvimento.[1]

CATALISADOR: O PRIMEIRO ENTRE IGUAIS 203

A TransMilenio não é carbono-neutra. Para manter os custos baixos, seus ônibus articulados consomem diesel em vez de combustíveis mais limpos, que são muito caros e menos adequados à altitude elevada de Bogotá, localizada 8.500 pés acima do nível do mar. Não obstante, o motor da TransMilenio é tão eficiente que emite menos da metade da poluição das minivans tradicionais. Ao abraçar o BRT, Bogotá tirou mais de 9 mil ônibus de companhias privadas da estrada, reduzindo consideravelmente o consumo geral de combustível por ônibus desde que a linha foi inaugurada em 2001. Alguns carros particulares também desapareceram. No ano passado, Ortega vendeu seu Audi Sedan e agora viaja pela cidade pela TransMilenio ou de táxi — um grande passo numa sociedade em que ter seu próprio carro é o maior símbolo de status. "Eu simplesmente acho que não preciso mais de um carro", diz ele. "Agora, é possível viver de forma diferente nesta cidade."

Em 2009, a TransMilenio tornou-se o primeiro projeto de transporte do mundo a ganhar o direito de gerar e vender créditos de carbono sob o Protocolo de Kyoto. Isso significa que nações e companhias que excedam seus limites de emissão, ou simplesmente desejem polir suas credenciais verdes, podem comprar créditos da TransMilenio, injetando alguns milhões de dólares nos cofres de Bogotá.

O BRT tem grande vantagem sobre formas rivais de transporte. É muito mais barato de desenvolver e manter do que um sistema de metrô, e ainda assim pode transportar o mesmo número de passageiros. Não é de surpreender que cidades do mundo inteiro, da Cidade do Cabo a Jacarta e Los Angeles, desenvolveram ou planejam desenvolver suas próprias versões. Mais de 12 governos municipais, do México à China, já estão, ou logo estarão, a caminho de também poder vender créditos de carbono pelas suas linhas BRT. Delegações internacionais rumam aos montes para Bogotá no intuito de estudar a TransMilenio, e o desenvolvimento urbano agora é um curso de graduação disputado pelos colombianos jovens.

É evidente que a TransMilenio não se desenvolveu isoladamente. No início dos anos 1990, Bogotá era um caldeirão de violência, castigado por sequestros, ataques terroristas e um dos maiores índices de assassinatos do mundo. Sua infraestrutura era pobre até mesmo para os padrões latino-americanos, graças a anos de investimentos insuficientes e imigração desenfreada da zona rural. Colocar um sistema de ligeirinhos novinho em folha nesse cenário de anarquia teria sido o pior tipo de solução rápida. Outras cidades de países em desenvolvimento aprenderam essa lição na prática. Nova Déli instituiu seu próprio sistema de ligeirinhos sem reeducar os motoristas locais, que imediatamente subverteram o sistema com a invasão de faixas reservadas aos ônibus. Em Johanesburgo, taxistas bloquearam as faixas dos ligeirinhos e cometeram atos de vandalismo em ônibus e estações por terem visto a rede como uma ameaça à sua fonte de sustento.

Para fazer a TransMilenio funcionar, Bogotá precisou engendrar uma transformação mais ampla, que incluiu vários dos ingredientes da Solução Gradual que já vimos. Começou com um objetivo de longo prazo: criar uma cidade onde todos se sentissem confortáveis ao se misturarem em espaços públicos. Lidar com a pobreza foi a ação identificada como meio essencial para fazer isso acontecer. A cidade levou água potável e saneamento básico a quase todos os seus cidadãos. Belas escolas, piscinas e bibliotecas brotaram nos bairros mais pobres. A fim de lidar com o problema do crime, Bogotá modernizou sua força policial com orçamentos maiores, um treinamento melhor e o aumento da prestação de contas. Com anistias e mandatos de busca, a polícia recolheu e derreteu milhares de armas de fogo. Todas essas medidas serviram de base para que

CATALISADOR: O PRIMEIRO ENTRE IGUAIS

a Colômbia conseguisse empurrar os grupos de guerrilha para os confins das florestas e alcançar a estabilidade econômica.

No coração da transformação de Bogotá está o esforço realizado para restabelecer o equilíbrio entre o trânsito de automóveis e os pedestres. No início da década de 1990, a cidade estava sob domínio dos carros. Os motoristas ignoravam semáforos, desrespeitavam faixas de pedestres e estacionavam nas calçadas. Um pequeno suborno para os policiais notoriamente corruptos do sistema de trânsito da cidade era sua única punição. Para iniciar a recuperação do território colonizado pelo trânsito e colocar o carro familiar em seu lugar, Bogotá criou uma nova unidade de policiais de trânsito que passou a realmente aplicar as leis que impediam os motoristas de parar e estacionar onde quisessem. A cidade proibiu a circulação de 40% dos veículos em horas de pico. Também instalou centenas de colunas de concreto para impedir que os motoristas subissem no meio-fio para estacionar ilegalmente. Depois, transferiu um terço dos estacionamentos da cidade com o objetivo de abrir espaço para a TransMilenio. Ampliou e pavimentou várias calçadas.

Bogotá também deu início a um processo de recuperação dos parques, antes entregues a traficantes de drogas e prostitutas. Construiu novos espaços verdes e restaurou os antigos, plantando milhares de árvores e apresentando concertos ao ar livre de bandas de rock, jazz e salsa, além de artistas de ópera, do teatro e poetas.

Todas essas medidas caminhavam de mãos dadas com uma campanha para promover o que foi chamado de "cultura da cidadania". Com o intuito de chamar atenção para o caos das ruas, as autoridades de Bogotá pintaram estrelas em pontos onde pedestres haviam sido mortos. Também colocaram 420 mímicos nas ruas para usarem a arte, a música, a dança e a comédia a fim de encorajar os *bogotanos* a se comportar como bons cidadãos: a jogar lixo nas lixeiras, ajudar idosos a atravessar as ruas e respeitar as regras de trânsito. Um pedestre que atravessasse a rua desatento poderia ser censurado por um mímico apontando um dedo desaprovador ou imitando seu andar. Um motorista que bloqueasse uma interseção ou calçada poderia ser apontado por um mímico fingindo horror e segurando um lenço com a palavra "Incorrecto!". Bogotá também distribuiu 350 mil cartões com um polegar verde para cima de um lado e um polegar vermelho para baixo do outro, permitindo aos pedestres julgar instantaneamente o comportamento dos motoristas. Para divulgar a mensagem, a prefeitura fez uso de comerciais de TV que desafiavam a supremacia do carro.

Todo domingo, o equilíbrio do poder agora pende consideravelmente para os pedestres, à medida que Bogotá fecha 120 km de suas ruas ao tráfego de automóveis. Pessoas de todas as classes sociais enchem ruas geralmente atravancadas por carros para correr, pedalar, passear e jogar futebol e frisbee. Com bandas tocando nos parques, aulas de aeróbica e ioga ao ar livre, o clima é de carnaval, com a sensação palpável de que a ordem natural foi invertida, ou restabelecida.

Como a maioria dos *bogotanos*, Delgado, a estudante de biologia que vai para o campus pela TransMilenio, adora os domingos. Ela faz caminhadas no meio do bulevar, geralmente movimentado, que fica na frente do seu apartamento. Ou sai para pedalar com o namorado. "É um momento em que todos podem experimentar como seria ter uma cidade administrada para as pessoas e não para os carros", ela diz. "E depois que você experimenta algo, isso se torna uma possibilidade na sua mente. É uma experiência poderosa."

No mesmo espírito, Bogotá construiu mais de 300 km de ciclovias em seus bairros intricados. Agora, você pode pedalar pela cidade, serpeando entre blocos de apartamentos, passando por partes e nas laterais das estradas e linhas de trem sem ter que dividir o espaço com um veículo motorizado. Embora pedalar pela maioria

CATALISADOR: O PRIMEIRO ENTRE IGUAIS

das cidades latino-americanas seja como jogar roleta-russa, partes da capital colombiana, com seus riquixás, lembram-me a Holanda pela atitude favorável à bicicleta. Numa tarde quente de semana, a ciclovia no bairro de Tintal é um corte transversal da sociedade de Bogotá: uma aposentada volta para casa do supermercado com verduras na cestinha da bicicleta; um operário com um chapéu de segurança amarelo ultrapassa uma mulher de terno, dirigindo-lhe um sorriso bem-humorado ao passar por ela; crianças voltam da escola com amigos nos assentos traseiros.

A questão é que Bogotá está mais segura, verde e agradável hoje do que parecia possível na metade dos anos 1990. Depois da inauguração da TransMilenio, o uso da bicicleta disparou,[2] enquanto o número de ferimentos e mortes causados por acidentes de trânsito despencou.[3] A qualidade do ar nas faixas de ônibus também melhorou notavelmente.[4] Em 2007, o conselho nacional de turismo adotou o slogan: "O Único Perigo é Querer Ficar."

A transformação de Bogotá lembra-nos que se concentrar nos detalhes e pensar de forma holística e em longo prazo são elementos essenciais da Solução Gradual. Mas também pode nos dar uma lição igualmente valiosa. Talvez você tenha percebido que atribuí as mudanças ocorridas na capital colombiana à própria "cidade" ou a representantes cujos nomes não foram citados. A verdade é que há algo mais. Acontece que Bogotá é um exemplo claro do ingrediente seguinte da Solução Gradual: um personagem forte para promover a busca pela solução.

Tantas soluções apresentadas no livro vieram de múltiplos autores, e os participantes não hesitam em celebrar o esforço coletivo. Resolvemos esse problema juntos, é o que dizem. Fomos maiores do que a soma de nossas partes. Todos dão crédito à colaboração, às multidões, às equipes e redes. Entretanto, lembre-se da advertência do capítulo 9: até mesmo a equipe mais capaz e a multidão mais sábia têm seus limites. As melhores soluções geralmente provêm de um misto do brilhantismo individual com o coletivo. Ou seja, você precisa de alguém para gerir o grupo,[5] como os moderadores responsáveis pelos debates e pelo *brainstorming* na OpenIDEO e nas assembleias nacionais da Islândia.

Examine qualquer Solução Gradual e encontrará uma pessoa que personifique, ou até mesmo forneça a visão por trás dela, que sirva de agregadora para a equipe, um hub para a rede ou um farol para a multidão, que inspire os outros a se esforçar, a fazer sacrifícios e superar a resistência e a inércia que a resolução dos problemas mais complexos sempre envolve.

Isso não é uma surpresa para Tony Silard, fundador do Global Leadership Institute, em Washington, DC. Nos últimos vinte anos, ele foi o instrutor de milhares de líderes tanto do setor privado quanto de iniciativas sem fins lucrativos, incluindo presidentes executivos de companhias da Fortune 100. Ele acredita que toda Solução Gradual precisa de uma única figura em seu núcleo. "Resolver problemas complexos sempre envolve mudança, e a primeira coisa que as pessoas procuram durante um processo de mudança é segurança", ele diz. "Ideias mudam, circunstâncias mudam e equipes mudam, então as pessoas precisam de uma única pessoa que tenha uma ideia clara sobre para onde estejam indo e que, no fim das contas, será a responsável pelo que quer que aconteça e que os fará se sentirem seguros. Elas querem um líder."

Cada Solução Rápida que já examinamos tem uma figura assim. Com sua gentileza e cordialidade, Are Hoeidal é o responsável pela atmosfera na prisão Halden. O coronel-aviador Simon Brailsford é a força catalisadora por trás da revolução de segurança ocorrida dentro da RAF. Na Locke High School, onde não faltam figuras dinâmicas, a equipe aponta para o eixo da transformação: Kelly Hurley, ex-diretor e atualmente vice-presidente de capital humano da Green Dot. "Ele é o tipo de cara que trabalha noite adentro, que se reúne com todas as escolas, todos os professores, pais, com a administração, os seguranças, e nada é feito sem ser acompanhado por ele", diz Phil Wolfson, chefe do departamento especial de educação. "Kelly é a cola que mantém a estrutura unida." Até David Edwards, grande defensor da colaboração, é a mão invisível por trás de vários projetos de Le Labo. "A visão e a paixão de um criador central são essenciais", ele diz.

Ainda que a Apple dependa da colaboração e do trabalho em equipe na produção de dispositivos que ditam tendências, a companhia também encoraja os líderes dos projetos a atuar como diretores cinematográficos, conduzindo todo o processo e imprimindo sua personalidade como uma marca no produto final. Jonathan Ive teve um papel tão crucial nos projetos do iMac, do iPod e do iPad que de vez em quando é a ele que atribuem a invenção desses dispositivos. Contudo, o diretor principal era Steve Jobs. Tanto amigos quanto rivais comparavam sua capacidade de persuasão a um "campo de distorção da realidade". Seus discursos de abertura eram saudados como verdadeiras obras-primas na arte da persuasão. Quando faleceu, em 2011, Jobs alcançara um tipo de status de astro de rock raramente conquistado por presidentes executivos. Lojas da Apple no mundo inteiro receberam flores, mensagens e até maçãs mordidas de seus fãs.

Quando chegou a hora de forjar uma Solução Gradual para Bogotá, os principais responsáveis foram dois prefeitos visionários que administraram a cidade em mandatos sucessivos a partir de 1995. O primeiro foi Antanas Mockus, matemático e filósofo excêntrico com uma queda para performances teatrais. Em uma de suas representações, ele vestiu uma roupa de super-herói e adotou o título de "Supercidadão" para promover uma "cultura da cidadania" como parte da transformação da cidade. Seu sucessor, Enrique Peñalosa, é um brilhante e viajado economista com um passado marxista. Menos extravagante que Mockus, o qual deixara o cargo de reitor da Universidade Nacional depois de divagar em uma aula cheia de estudantes barulhentos, Peñalosa, não obstante, foi a força motriz por trás da maioria das reformas que redesenharam a paisagem urbana de Bogotá, inclusive a TransMilenio.

Para explorar o papel de uma única figura catalisadora na Solução Gradual, passo algum tempo com Peñalosa. Encontro-o numa tarde agradável na Zona T, uma área de pedestres criada por ele em 2000. Ladeadas por pequenos e elegantes bares e restaurantes, as ruas são movimentadas, cheias de pessoas de todas as idades, passeando, bebendo cerveja, jantando ao ar livre. É uma imagem da vida na paisagem urbana moderna.

Peñalosa chega de bicicleta ouvindo Sarah Brightman em seu iPod. Alto, esbelto e com barba, ele parece um Dom Quixote com um toque de astro. Embora já tenha se passado uma década desde que ele deixou a prefeitura, vários transeuntes o cumprimentam com simpatia. Nós nos sentamos para jantar na varanda de um restaurante italiano, e em poucos segundos o gerente vem cumprimentar o ex-prefeito com um abraço. "Quando assumi esta cidade, a Colômbia passava pela pior recessão de todos os tempos e a guerrilha estava fora de controle", diz Peñalosa. "Porém, de certa forma, isso foi uma vantagem, pois as pessoas estavam prontas para uma mudança, para uma visão diferente, e até mesmo para experimentar algo um pouco louco."

Seu sonho quixotesco ia muito além do que simplesmente fundar a TransMilenio. Era transformar Bogotá em uma cidade que pertencesse a todos e que vivesse em paz consigo mesma. "Uma boa cidade é aquela onde ricos e pobres se encontram como iguais em parques, ônibus, calçadas, eventos culturais", diz ele, deixando os talheres repousarem a fim de ter as mãos livres para gesticular. "Os seres

CATALISADOR: O PRIMEIRO ENTRE IGUAIS

humanos são pedestres inatos, somos animais que precisam andar não apenas para sobreviver, mas para serem felizes. Um pássaro preso numa gaiola do tamanho de uma catedral é mais feliz do que se estivesse em uma gaiola pequena, mas o pássaro mais feliz entre todos é aquele que pode voar livremente, sem nenhuma gaiola."

Ele para a fim de contemplar a cena na Zona T. Uma jovem família passa sem pressa, tomando sorvete e empurrando suas bicicletas. Um sorriso toma conta do rosto de Peñalosa e aquece seu discurso.

"Se quisermos nos sentar em frente a um café sem sermos perturbados por carros, ler o jornal em silêncio, ouvir os pássaros cantando, ver as crianças brincando sem medo na rua e ouvir seu riso, ver casais se beijando na calçada, nos sentir seguros o bastante para ir de bicicleta para o trabalho ou encontrar um amigo num parque, encher a cidade de borboletas e flores — todas essas coisas mudam sua vida de uma forma que é melhor do que dobrar sua renda", ele diz. "Minha visão para Bogotá era criar uma cidade onde as pessoas quisessem estar do lado de fora, onde todos pudessem viver a vida como ela deve ser vivida."

É um discurso comovente que me emociona. E isso é algo importante, pois uma Solução Gradual requer alguém capaz de inspirar suas tropas. Você poderia encher um Kindle com livros, artigos e ensaios dedicados à arte da liderança, mas grande parte dela se resume a isto: inspirar outras pessoas a seguirem-no na batalha. "Se as pessoas sentem sua falta de paixão, ou se a única coisa que lhe importa é ganhar crédito, não investirão em você", diz Tony Silard, do Global Leadership Institute. "Quando você tem uma verdadeira paixão por uma ideia, as pessoas o seguem."

Muitos dos nossos Solucionadores Graduais têm o fogo dentro de si. Julien Benayoun, projetista que trabalhou no projeto Wiki-Cells, descreve David Edwards como o principal catalisador de Le Laboratoire. "Ele acredita o equivalente a uma, duas, três, quatro ou cinco pessoas", diz. "Quando estamos desanimados, quando somos desencorajados pela complexidade de um problema, ele pode nos estimular. Algumas pessoas têm esse dom."

Está claro que o mesmo se aplica a Peñalosa. Embora o fato de ter sido derrotado em três tentativas de reeleição aponte para possíveis deficiências na sua capacidade de campanha, é fácil imaginá-lo motivando suas tropas na prefeitura. Muitos dos membros de sua antiga equipe continuam sendo seus fãs convictos. "Enrique fala com as pessoas de uma forma que as faz sentir as mais importantes do mundo", diz uma antiga assessora. "Ele é um maestro em inspirar-nos a ir mais fundo quando as coisas ficam difíceis."

Peñalosa teve a vantagem de ter chegado à Prefeitura com uma visão potente. Para inspirar as pessoas, é preciso fazer mais do que simplesmente dominar os detalhes. É preciso pensar grande e a longo prazo. Você não consegue convencer o eleitorado com a promessa de mais ciclovias ou ônibus melhores, e sim prometendo revolucionar a cidade. "Até mesmo os mais humildes varredores de rua compreenderam que ele não estava apenas limpando as calçadas, mas transformando Bogotá", diz Peñalosa. "Eles sabiam o que estávamos fazendo e por qual motivo, pois tínhamos uma visão que foi incutida."

Atualmente, a maioria dos moradores locais admite que Bogotá teve grandes avanços desde os anos 1990, mas mudar atitudes arraigadas foi uma batalha difícil. No início, os motoristas se recusavam a ceder espaço. "Era uma guerra interminável para tirar os carros das calçadas, e depois para torná-las mais amplas", conta Peñalosa. "Os motoristas dominavam a cidade, eram os ricos, e ninguém jamais ousara desafiá-los. Eles achavam que tinham o direito divino de dirigir e estacionar onde quisessem. Olhavam com desprezo para os ônibus como meios de transporte para os pobres. Era uma guerra até a morte."

CATALISADOR: O PRIMEIRO ENTRE IGUAIS

Peñalosa pagou um preço caro por isso. Após apenas um ano de mandato, a oposição aos seus planos de renovação urbana tornou-se tão ameaçadora que ele e a esposa mandaram a filha de 12 anos para Toronto, onde ela passou a morar. "Eu era o inimigo público número um; a única pessoa mais odiada que eu era o chefe das Farc", diz. "Lembro-me de rezar de manhã pedindo: 'Deus, por favor, permita que eu sobreviva a este dia'. Eu sequer pedia para sobreviver à semana, ou ao mês, ao ano. Eu simplesmente queria sobreviver a cada dia."

Muitos políticos teriam cedido à pressão. O fato de Peñalosa ter mantido sua posição diz muito sobre sua personalidade. Também sugere que os Solucionadores Graduais precisam de mais do que apenas poder para inspirar: também precisam de um grande estoque de autoconfiança. Peñalosa certamente usou o seu para lidar com os problemas de Bogotá. "Eu consegui perseverar porque sabia que estava certo", diz ele. "Mesmo que as pessoas se opusessem à visão que eu tinha para a cidade, eu sabia que era a coisa certa a ser feita. Quando você tem uma clara visão de longo prazo, tem a confiança necessária para enfrentar o mundo inteiro, para enfrentar a opinião pública, pois tem a tranquilidade de saber que em 15 ou vinte anos essa visão será comprovada." E aí está mais uma vez: a tranquilidade que a visão de longo prazo pode nos dar.

Essa convicção à prova de bala com frequência surge quando dedicamos o tempo necessário ao desenvolvimento de uma compreensão profunda do problema que temos diante de nós. Basta olharmos para os currículos de todos os outros Solucionadores Graduais. Hoeidal trabalhou durante quase duas décadas no sistema penitenciário norueguês, inclusive como agente penitenciário, antes de ir para Halden. Hurley passou anos administrando algumas das escolas mais problemáticas do condado de Los Angeles antes de assumir o comando da Locke. Edwards já estudava a criatividade e a relação entre as artes e as ciências havia anos antes de fundar Le Labo.

Peñalosa vira um número suficiente de soluções rápidas fracassar em Bogotá para não querer se apressar em sua revolução na cidade. Ele sabia que, em primeiro lugar, precisava fazer os exercícios intelectuais necessários, obter o conhecimento e a experiência que lhe permitiriam resolver os problemas de sua cidade da forma apropriada. Na década de 1970, quando estudava em Paris, ele começara a considerar como a paisagem urbana moldava o comportamento das pessoas. "Paris me ensinou que em uma cidade onde você tem segurança, vida cultural, oportunidade de fazer caminhadas, praticar esportes, frequentar parques torna-se menos importante o fato de ser rico ou pobre", é o que diz. "Isso me deu uma nova forma de pensar sobre Bogotá." Por volta da mesma época, o envolvimento de seu pai na Conferência das Nações Unidas sobre os Assentamentos Humanos introduziu Peñalosa às últimas tendências em desenvolvimento urbano.

Depois de estudar como holandeses e dinamarqueses dominaram o trânsito e recuperaram suas cidades para pedestres e ciclistas, ele deu início a um debate sobre ciclovias na imprensa colombiana. Investigou como Lima, capital do vizinho Peru, recuperara seus parques, tomando-os de delinquentes. Também explorou os prós e os contras do sistema dos ligeirinhos, que Curitiba, cidade da região sul do Brasil, adotara nos anos 1970. "Eu estava um pouco temeroso, pois ninguém mais no mundo inteiro havia seguido o exemplo, então achei que deveria haver algum problema que eu não estava entendendo ou identificando, algo que eu precisava compreender antes de passar da teoria à prática", explica Peñalosa. "Visitar outros lugares me deu ideias e me ajudou a desenvolver meu pensamento, mas talvez a coisa mais importante seja que isso me motiva a ver que problemas podem ser resolvidos."

Depois que fez a tarefa de casa, era hora de começar a agir. "Passei 25 anos estudando, lendo, pensando sobre como resolver

CATALISADOR: O PRIMEIRO ENTRE IGUAIS

os problemas desta cidade", conta. "Quando assumi o cargo, estava pronto para fazer mudanças radicais, e rápido." Tradução: sua base de dados pessoal estava pronta para ser posta em ação.

Contudo, a exemplo de outras personalidades notáveis que já vimos participarem de outras Soluções Graduais, Peñalosa não é um adepto da escola autocrática da liderança. Pelo contrário: ele aposta no trabalho em equipe e em consultar a multidão. Para manter ideias e os feedbacks fluindo livremente, ele criou um sistema de correio de voz que permitia que todos os 1.500 membros da sua administração deixassem uma mensagem pessoal para qualquer outro membro que quisessem, incluindo o próprio prefeito. A cada três meses, como Yvon Chouinard, da Patagônia, ele levava membros que tinham um papel-chave em sua equipe num retiro nos arredores da cidade com o intuito de repassar seu progresso. Apesar de ter uma fé de aço em sua própria visão e uma determinação igualmente forte para vê-la se concretizar, ele fazia tudo que estava ao seu alcance a fim de parabenizar colegas pelo seu bom trabalho e críticas construtivas. "Se você quer resolver um problema complexo, precisa ser ao mesmo tempo arrogante e humilde. Você não pode se convencer de que é um oráculo com todas as respostas", diz. "Se as pessoas pensassem que eu estava errado, conversávamos, debatíamos, fazíamos ajustes. Sim, de vez em quando eu era duro. Precisava ser. Mas eu não forçava minha equipe a aceitar minha visão, e sim os persuadia. A chave era que todos os membros do time contribuíssem e sentissem que parte da visão e do resultado era o fato de juntos sermos capazes de realizar coisas que eu jamais poderia ter imaginado, para não mencionar feito, sozinho."

Essa atitude está de acordo com os melhores trabalhos acadêmicos sobre liderança. Pesquisas mostram que debates de grupo são mais produtivos quando um líder assegura que todos tenham a chance de falar, e que pessoas em posições de poder começam a tomar decisões erradas quando passam a ignorar o que os outros têm a dizer. Quando Jim Collins realizou a pesquisa para seu influente livro *Good to Great*, ele se surpreendeu ao descobrir que aqueles que levam as companhias a crescimentos estratosféricos de longo prazo não são os chefes viris e arrogantes que chamam nossa atenção em *O aprendiz*. Sim, eles são duros, determinados a gerar resultados a qualquer custo. Por outro lado, também são humildes o bastante para ouvir — exatamente como Peñalosa.

"Modestos, quietos, reservados, e até tímidos — esses líderes são um misto paradoxal de humildade e determinação profissional", escreveu Collins. "Eles são mais como Lincoln e Sócrates do que como Patton ou César."

Essa abordagem está de acordo com os tempos. Hoje, as distâncias tornaram-se menores. Celebridades e presidentes executivos falam diretamente com fãs e clientes no Twitter, e os erros e defeitos dos grandes são expostos como jamais foram. A própria ideia do líder infalível, autossuficiente, que tudo sabe parece ultrapassada. Contudo, ouvir o que os outros têm a falar é apenas o início. Os melhores líderes geralmente têm muito do que Daniel Goleman chamou "inteligência emocional", que é a habilidade de compreender e se relacionar com outras pessoas. Quando Goleman estudou as 188 companhias mais importantes do mundo, descobriu que a IE era seu principal fator de sucesso. "Quando analisei todos esses dados, cheguei a resultados dramáticos", ele escreveu. "Não há dúvidas de que o intelecto era uma força propulsora para um desempenho notável. Habilidades cognitivas, tais como as visões do todo e de longo termo eram particularmente importantes. Entretanto, quando comparei as habilidades técnicas, o QI e a inteligência emocional como ingredientes para um desempenho excelente, a inteligência emocional mostrou-se duas vezes mais importante que as outras duas para cargos de todos os níveis."[6]

O Google chegou a uma conclusão semelhante quando testou sua própria suposição de que os melhores gerentes são aqueles dotados de uma grande bagagem de especializações técnicas. Após meses de mineração de dados — processo que incluiu a análise de levantamentos de opiniões, avaliações de desempenho e indicações para prêmios de gestão — a companhia chegou a um veredito: gestores que investiam tempo no diálogo em particular, que lidavam com problemas fazendo perguntas em vez de simplesmente imporem soluções e que demonstravam interesse pelas vidas e carreiras dos funcionários não apenas eram os mais populares, como também lideravam as equipes com melhor desempenho.[7]

É por isso que tantos gurus da liderança invocam Ernest Shackleton, oficial da marinha britânica que liderou uma malfadada jornada para descobrir o Polo Sul em 1914. Ao longo do caminho, seu navio, o *Endurance*, ficou preso no gelo, tendo flutuado por dez meses antes de finalmente ter sido esmagado como uma maquete de palitos de fósforo. Shackleton, então, teve que resolver um dos problemas mais difíceis nos anais das explorações do Antártico: como resgatar 28 homens presos num campo de gelo, a mais de mil quilômetros da civilização. Para mantê-los vivos, ele deu uma aula incrível de liderança, dando ordens ao mesmo tempo em que estimulava um forte espírito de equipe. Ele estabeleceu horários de refeição regulares, ajudou a restabelecer a saúde de homens doentes e insistia que os oficiais executassem as tarefas mais simples. Encorajou sua tripulação a se expressar por meio de jogos, poesias recitadas durante festas e com tarefas de que gostassem. No fim das contas, Shackleton e seis de seus homens atravessaram 1.300 km de oceano gélido em um pequeno barco e depois escalaram uma cordilheira de montanhas congeladas à procura de ajuda. Eles a encontraram e voltaram para resgatar seus companheiros. Após dois anos no inferno polar, todos os 28 tripulantes do *Endurance* sobreviveram para contar a história.[8]

"Alguém chamou Shackleton de 'viking com coração de mãe', e não poderia haver um epíteto melhor para um líder: se é um viking, você é forte, assertivo, realmente se importa com algo e não tem medo de se manifestar sobre isso; ao mesmo tempo, se tem um coração de mãe, você protege e apoia os outros", diz Silard. "Os líderes mais eficientes são os que alcançam esse equilíbrio entre empatia e autenticidade. As pessoas querem alguém com uma forte visão sobre como resolver um problema, mas ao mesmo tempo querem ser ouvidas."

Muitos dos nossos Solucionadores Graduais combinam a seda e o aço. Consideremos como Wolfson descreve o diretor Hurley da Locke High School: "Ele sabe ouvir e dar apoio, mas se precisa determinar a direção em que deseja seguir, também pode fazer isso", diz. "Ele sabe caminhar sobre a linha tênue entre nos dar liberdade para contribuir com nossas próprias ideias e também nos reunir num único caminho."

Nem todos os líderes de sucesso têm um coração de mãe. Steve Jobs é um bom contraexemplo. Quem conhecia a Apple internamente o descrevia como um tirano obcecado pelo controle, que poderia ser abominavelmente grosseiro com a equipe, reduzindo-os a pó aos gritos, assumindo a autoria de suas ideias, não demonstrando nenhum interesse por suas vidas particulares. Poderia a Apple ter tido ainda mais sucesso se sua IE fosse proporcional ao seu QI? Jamais saberemos. Mas talvez Jobs fosse exatamente aquele tipo raro de líder: um gênio de quem ignorar as ordens era pôr sua própria conta em risco.

Até que ponto os meros mortais são capazes de exercer o estilo de liderança "Sr. Abominável" é uma questão aberta para debate, mas não há dúvidas de que a resolução de um problema complexo com frequência depende de uma figura central motivadora. É certamente difícil imaginar que Bogotá teria se

CATALISADOR: O PRIMEIRO ENTRE IGUAIS

transformado, ou apostado na TransMilenio, sem homens como Peñalosa no comando.

Seja qual for o problema, o ideal é colocar uma figura catalisadora no centro da solução. Pense tanto como um viking quanto com um coração de mãe, e com muito conhecimento sobre o assunto. Se você não se enquadra na descrição, é melhor deixar o ego de lado e recorrer a alguém que se enquadre. Se essa pessoa abandonar o barco, encontre um substituto rapidamente. Jamais deixe sua solução sem um líder, ou ela ficará à deriva, e talvez até mesmo sofra um regresso.

Basta observar como Bogotá perdeu o impulso de reforma nos últimos anos, com os prefeitos seguintes empregando menos energia em obras públicas, na redução da pobreza e na organização do trânsito. O crime, ou pelo menos o medo dele, voltou a aumentar. Em 2011, o então prefeito foi forçado a renunciar graças a um escândalo de corrupção que também paralisou a construção da nova linha da TransMilenio para o aeroporto. Ao mesmo tempo, a crescente prosperidade colocou mais carros na estrada. Resultado: o equilíbrio do poder voltou a pender para os automóveis privados.

Depois do jantar na Zona T., Peñalosa me leva para um passeio pelo bairro. Ele se sente claramente orgulhoso por suas realizações. "Estávamos determinados a mudar a cultura local, e fizemos isso em Bogotá", ele diz. "É claro que ainda faltam 10 mil coisas, e há muito mais a ser feito, mas a questão crucial é que mudamos a visão da cidade. Estabelecemos a ideia de que o progresso deve ser medido não pelo número de estradas que temos, mas pela qualidade do transporte e dos espaços públicos. Sem isso, a TransMilenio jamais teria funcionado. Nada que fizemos teria funcionado. Não teria sido nada além de uma solução rápida insignificante."

Mas ele se sente irritado pelo retrocesso sofrido pela cidade desde que deixou o cargo. Quando passamos por três carros estacionados na calçada de um restaurante especializado é ceviche, ele ergue os braços num gesto exasperado. "Eles não deveriam estar ali, é completamente ilegal", diz numa voz carregada com o ar quente da tarde. Um segurança parador a uma porta ouve seu lamento e afasta o olhar, desconcertado.

Antes de ele partir pedalando pela noite, pergunto a Peñalosa o que ele mudaria se pudesse retornar ao ponto inicial da transformação de Bogotá. Ele responde sem pestanejar: "Faríamos muito mais para ganhar o apoio do povo", ele diz. "Para resolver problemas difíceis, você precisa envolver o maior número possível de pessoas que convivem com eles."

11

Delegar: Autoajuda (no bom sentido)

*Boas soluções só existem na experiência... Problemas
devem ser resolvidos de forma aplicada... por pessoas
que sofrerão as consequências de seus erros.*

Wendell Berry

Ricardo Pérez ainda lembra da primeira vez que experimentou o próprio café. Era o início de 2005 em São José, capital da Costa Rica, e a experiência mudara sua vida. Como tantos fazendeiros nessa pequena e tranquila nação da América Central, Pérez vem de uma família que cultiva café há gerações. Entretanto, nem ele, nem seus ancestrais jamais haviam tomado um café feito dos grãos de sua boa safra. Qualquer safra que eles tivessem destinado anteriormente ao uso pessoal era processada de forma tão inapropriada que a mera memória faz Pérez se contorcer. "Não era algo que você tivesse vontade de beber", diz. "Era ruim, muito ruim."

O que Pérez bebeu naquela manhã de 2005 era o santo graal para aficionados em café do mundo inteiro: uma mistura orgânica, produzida a partir de uma única propriedade, refinada, torrada e levada à perfeição. "Eu vivera e trabalhara com o café minha vida inteira sem jamais ter realmente experimentado meu verdadeiro produto, portanto foi um momento incrível", diz o produtor de 50 anos. "Os sabores eram maravilhosos, lembro-me da surpresa do delicioso toque cítrico, também foi algo muito emocionante. Pensei: 'Este é o meu café, estou bebendo o meu café, não é um café de nenhum outro lugar, é meu, pertence a mim, e o sabor é esplêndido'. Tudo mudou a partir daquele momento."

O café é levado a sério na Costa Rica. Os primeiros grãos árabes foram trazidos da Etiópia e plantados aqui em 1779. Depois de identificar o potencial da safra, o governo ofereceu pequenos lotes de terra a qualquer um que quisesse plantar café. As exportações deram início a uma nova classe de barões com poder o bastante para derrubar o primeiro presidente do país e dominar sua política e sua economia até o século XX. Mas o dinheiro também ajudou a transformar a Costa Rica de uma província colonial atrasada em um estado moderno. Como o peixe na Islândia e o trigo nas pradarias canadenses, o café confunde-se com a própria cultura costa-riquenha. As férias escolares coincidiam com a colheita e o ano fiscal ainda reflete a economia cafeeira ao começar em outubro. O café continua sendo um dos principais produtos de exportação da Costa Rica.

Muitos de nós temos um ponto de vista hollywoodiano de fazendeiros de café, criado pelos mais de cinquenta anos de anúncios publicitários com Juan Valdez, o fazendeiro inventado pela Federação Nacional dos Cafeicultores da Colômbia. Com a marca registrada do seu bigode e sua mula de confiança, Conchita, ele é um humilde *cafetero* que vive uma vida simples, mas completamente gratificante, em harmonia com a natureza. Os comerciais de TV mostram-no acariciando e cheirando seus feijões com um

DELEGAR: AUTOAJUDA (NO BOM SENTIDO) 223

sorriso beatífico ao som de uma trilha sonora tocante. "Juan Valdez definitivamente foi uma excelente ferramenta de publicidade", diz Pérez. "Mas deu uma imagem muito idealizada da vida levada pela maioria dos cafeicultores."

No mundo real, a indústria é castigada por problemas comuns a todas as culturas comerciais. Seja açúcar ou café, os fazendeiros sofrem o impacto das alterações nos preços e no mercado internacional de commodities. Tampouco são apenas os pequenos fazendeiros que sofrem. Howard Schultz, presidente executivo da Starbucks, acusou os especuladores de provocarem o aumento do preço do café em 2011.[1] É claro que a volatilidade afeta menos os fazendeiros quando o mercado passa por um longo período de tendência altista, como a que estimulou a Costa Rica na década de 1970. Durante essa "era dourada", os pais de Pérez compraram três carros e mandaram todos os filhos para a universidade. Ele mesmo se formou em ciências políticas e relações internacionais. Entretanto, os anos seguintes trouxeram instabilidade e dificuldades, e quando o preço do café caiu, em 2002, muitos fazendeiros da Costa Rica foram à falência. Pérez, proprietário de um lote de 15 hectares a noroeste de São José, estava pronto para desistir completamente do café. "Eu estava pensando em passar para o gado leiteiro, ou até mesmo vender a fazenda e começar a fazer algo inteiramente diferente", conta. "Teria sido o fim de uma tradição familiar, mas o café parecia um beco sem saída."

Isso pode ser chocante para qualquer um que já tenha comprado um macchiato por 5 dólares em Nova York ou Londres. Na verdade, há sempre muito dinheiro jorrando no mercado do café; o problema é que a parte que vai para o bolso dos fazendeiros não é o bastante. Consequentemente, pequenos produtores, como Pérez, geralmente carecem do dinheiro ou do incentivo para transformar suas fazendas em negócios sustentáveis e prósperos. Agora isso está mudando.

SOLUÇÃO GRADUAL

Por toda a Costa Rica, os fazendeiros estão fazendo o impensável: processando e comercializando o próprio café com seu próprio rótulo. Em vez de transportarem sua safra do campo diretamente para os grandes moinhos que dominaram o mercado do café por mais de um século, eles instalaram seus próprios equipamentos e passaram a processar seus grãos.

A chamada "revolução do micromoinho" iniciou-se em resposta à mudança da tendência na indústria do café. Na década de 1990, a Starbucks, a Illy e outras companhias importantes varreram o mundo à procura de grãos de excelente qualidade. Eles não queriam os produtos anônimos dos megamoinhos da Costa Rica. Quando a revolução do hábito de beber café ganhou ritmo, torradores de produtos exclusivos entraram no mercado à procura dos grãos perfeitos para venderam para clientes dispostos a pagarem pela xícara perfeita de café.

Como tantos outros Solucionadores Graduais, uma pessoa teve um papel crucial no sucesso dos micromoinhos na Costa Rica. Francisco Mena, exportador de café, viu o potencial logo no início. Ele apresentou Pérez e outros fazendeiros ao seu próprio café. Ajudou-os a enfrentar os megamoinhos e a burocracia envolvida na expansão de seus negócios. Também ajudou a criar a premiação anual do sabor, que motivou a elevação dos padrões e ao mesmo tempo do prestígio do café costa-riquenho. Com seu inglês fluente e sua elegância, Mena reúne torradores internacionais e produtores locais. Mesmo depois das apresentações, muitos fazendeiros, incluindo Pérez, continuam exportando seu café pela companhia de Mena. Quando chego a São José, ele está oferecendo um jantar para os juízes do prêmio Taça da Excelência. Enquanto conhecedores de café da Inglaterra, da Noruega, da Alemanha, de Singapura e dos Estados Unidos se misturam com os fazendeiros e suas esposas, Mena assume o papel de anfitrião como se essa fosse sua profissão.

DELEGAR: AUTOAJUDA (NO BOM SENTIDO)

"Francisco é o cara cuja visão tornou tudo isso possível", me diz um dos cafeicultores. "Sem ele, não sei ao certo se sequer estaríamos falando em revolução do micromoinho."

"Revolução" pode ser uma palavra muito forte, mas a ascensão do micromoinho sem dúvida está mudando vidas na Costa Rica. Antigamente, cafeicultores como Pérez não passavam de fornecedores de matéria-prima. "Trabalhávamos um pouco, suávamos um pouco mais, e então, às 14h ou 15h, você se sentava com as pernas cruzadas porque não havia mais nada a fazer no restante do dia", diz ele. "Você achava que se esforçar mais não renderia muitos benefícios."

Tudo mudou em 2005, quando Pérez uniu forças com dois vizinhos para instalar um micromoinho em sua fazenda, que se estende ao longo do declive de um vale verde na região Llano Bonito de Naranjo. Atualmente, ele trabalha do amanhecer até o anoitecer. Além de cuidar dos cafezais, ele e seus parceiros acompanham o trabalho dos funcionários que operam o micromoinho Helsar de Zarcero, onde a safra é triturada, fermentada e seca. Durante a minha visita, os lavradores estão colocando grãos de café em máquinas que os descascam, produzindo um ruído estrondoso e enchendo o ar de poeira. Do outro lado do armazém, atrás de uma montanha de sacas brancas cheias de grãos prontos para exportação, sete mulheres separam grãos que não estão de acordo com os padrões de qualidade sobre uma correia transportadora em alta velocidade. Em um novo bangalô com vista para o vale, Pérez, com sua fala mansa, responde a perguntas do mundo inteiro num notebook Hewlett-Packard que a filha adolescente lhe ensinou a usar. Logo ao lado, numa pequena cozinha, ele e os sócios torram, fermentam e experimentam o próprio café. Durante a temporada da colheita, entre dezembro e março, dois ou três compradores internacionais visitam a fazenda semanalmente para se juntar à degustação e fazer encomendas para o ano seguinte. "A mudança é inacreditável", diz Pérez. "Não somos mais apenas entregadores que deixam seu café no moinho de outra pessoa e depois não pensam mais nele; agora somos especialistas, empreendedores, gerentes, controladores de qualidade, financistas, comerciantes, publicitários e agrônomos. Passamos de uma fazenda inerte a um negócio com uma base sólida no mercado global."

A vida certamente tem sido boa para Pérez e seus sócios desde que ganharam o prestigioso prêmio Taça da Excelência em 2007. Hoje em dia eles não conseguem produzir café o bastante para atender à demanda, e grande parte de seus grãos já estão vendidos mesmo antes de serem colhidos nos campos. Uma busca por "Helsar de Zarcero" no Google apresenta cerca de 20 mil páginas, muitas delas com elogios entusiásticos. Um fã elogia o "aroma de amoras silvestres frescas e a acidez suave" de seu café. Outros falam que ele é "doce como um favo de mel, com um toque de baunilha e o exótico aroma seco de amora".

Oito vizinhos agora trazem partes de suas próprias safras para moer no Helsar de Zarcero, que emprega cerca de 35 pessoas. Mais importante: uma parte muito menor da sua renda vai para intermediários. Pérez conta que de cada dólar pago por um torrador em Seattle ou Seoul, 85 centavos vão para o seu bolso: quatro vezes mais que antes. E o melhor de tudo é que ele agora está muito menos vulnerável às variações de preços do mercado global. De Osaka a Ottawa, passando por Oslo, compradores estão dispostos a pagar bem por grãos de qualidade de pequenos produtores com uma boa história sobre cuidar do meio ambiente e renovar comunidades locais. Os preços do café dos micromoinhos aumentam e diminuem, mas não com a mesma volatilidade implacável observada nos mercados globais da commodity. Proprietários de micromoinhos com frequência forjam vínculos fortes e de longo prazo com seus

DELEGAR: AUTOAJUDA (NO BOM SENTIDO) 227

clientes torradores do exterior como forma de se proteger de reveses de curto prazo. Da mesma forma que os vendedores de vinho unem-se a uma boa vinícola num ano ruim, ou um editor aceita um livro abaixo da qualidade esperada de um autor consagrado, os torradores tentam comprar o máximo de grãos que puderem depois de uma safra pobre. Quando os custos da produção dispararam no Helsar de Zarcero pouco tempo atrás, os compradores de Pérez de Tóquio simplesmente alteraram seu contrato para lhe garantir um preço mais alto.

Graças à revolução dos micromoinhos, Pérez vive numa casa confortável, dirige um utilitário esportivo e planeja mandar as duas filhas para a universidade. Fiel às raízes latinas, ele parece mais comovido pelo orgulho da mãe. "É muito emocionante para meus pais também, porque eles teriam adorado fazer isso com nosso café", diz ele. "Minha mãe fica muito emocionada ao pensar que seus filhos estão mantendo viva a tradição da família e se dando bem com isso; é como se o sonho deles tivesse sido realizado por seus filhos."

Já vimos as vantagens de se recorrer a uma grande variedade de pontos de vista, tanto de especialistas quanto de amadores, ao se resolver um problema. Também exploramos como um único indivíduo, com o fogo necessário, pode motivar a busca por uma solução. A revolução dos micromoinhos combina essas diferentes abordagens, uma que vai da base para o topo e outra que faz o caminho inverso, para acrescentar outro ingrediente à Solução Gradual. Em outras palavras, muitas vezes faz sentido colocar a resolução do problema nas mãos dos que convivem com ele diariamente, proporcionar àqueles que estão na linha de frente a chance de dar as ordens.

Essa ideia não é nova. Na Grécia Antiga, a assembleia ateniense esperava que as populações e os magistrados regionais resolvessem problemas locais.[2] No final do século XIX, o Vaticano adotou a subsidiariedade, o princípio segundo o qual as decisões deveriam ser tomadas a partir do nível mais local possível.[3] Em 1931, em uma encíclica intitulada *Quadragesimo Anno*, o Papa Pio XI afirmou que "é gravemente errado tirar dos indivíduos o que podem alcançar por sua própria empresa e indústria". Ao exigir que burocratas e *apparatchika* resolvessem até mesmo os problemas mais simples da vida cotidiana, a União Soviética assinou seu próprio atestado de óbito. Mais tarde, a subsidiariedade foi o princípio central, ao menos no papel, daquele país.

A revolução dos micromoinhos funciona porque coloca fazendeiros como Pérez ao volante. O café agora é uma vocação, e não apenas uma forma de pagar as contas. "Amo meu café agora", ele diz.

"Antes ninguém daqui dizia que amava seu café porque era apenas uma coisa que vendíamos para ganhar a vida, mas agora temos um sentimento profundo de responsabilidade e propriedade. Nosso café é como o filho que geramos depois de muito trabalho, e o seguimos até o dia em que lhe dizemos: Você está pronto para sair para o mundo!" Como um pai orgulhoso e exigente, Pérez nunca deixa de procurar novas formas de resolver o velho problema de levar uma vida decente com o café. "Hoje em dia, do momento em que acordamos até o momento em que vamos dormir, pensamos em como aperfeiçoar nosso café — como processá-lo e torrá-lo melhor, como cuidar das nossas plantações para produzir uma xícara melhor", diz.

Esse sentimento de propriedade pode levar a resolução de problemas além dos cafezais da Costa Rica. Companhias veem a vantagem de premiar seus funcionários com opções de ações pelo aumento dos lucros, da produtividade e também pelo aumento mais rápido do preço da ação do que ocorre àqueles que as restringem à gerência. Um estudo conduzido em 2010 pela Cass Business School concluiu que as companhias que pertencem aos seus funcionários são mais produtivas e resistentes durante recessões.[4] Pesquisas mostraram que as pessoas trabalham melhor e buscam soluções com mais entusiasmo quando sabem que possuem parte da companhia para a qual trabalham.[5]

O grupo britânico John Lewis, que inclui lojas de departamento e a cadeia de supermercados Waitrose, é um bom exemplo. Especialistas em negócios elogiam seu "modelo de parceria" como a pedra fundamental do seu sucesso. Toda a sua equipe de 76.500 integrantes possui uma participação na companhia por meio de um fundo independente, e cinco são eleitos para fazer parte da diretoria. Todos os funcionários da John Lewis, do presidente executivo até a limpeza, levam para casa o mesmo bônus em porcentagens sobre os seus salários. Muitos já estão na companhia há vinte anos. "Em todos os lugares onde trabalhei as pessoas ficam de braços cruzados e deixam os outros assumirem a liderança ou levarem a culpa quando as coisas dão errado", diz Maggie Shannon, que começou no departamento de vendas uma década atrás e agora trabalha na gerência. "Mas quando todos são donos da companhia, a cultura muda. Você vê um problema, e então quer fazer tudo que puder para resolvê-lo."

Quem está nas trincheiras com frequência está mais apto a lidar com problemas do que quem trabalha em escritórios isolados com certificados emoldurados na parede. "Um especialista de um laboratório dos Estados Unidos não é a melhor pessoa para resolver os problemas da minha fazenda na Costa Rica", diz Pérez. "É claro que o especialista pode ajudar, mas quem deve assumir a liderança é o próprio fazendeiro. Cavamos o solo com nossas próprias mãos. Seguramos esses grãos entre nossos dedos. Conhecemos essa terra de dentro para fora. Basta nos dar o poder para controlar nosso próprio destino e não haverá limites para as soluções que podemos criar."

Pérez agora tem os meios e a motivação para reagir instantaneamente até mesmo às melhores mudanças no mercado. Não faz muito tempo, um comprador japonês à procura de novos sabores pediu-lhe que extraísse menos mel do café, lavando-os com menos vigor. Depois de fazer alguns ajustes no moinho, Pérez produziu uma safra com um sabor um pouco mais doce que agradou fãs do café em Tóquio. "Os compradores estão sempre procurando algo novo, e agora podemos atender aos seus pedidos", ele diz. "Em vez de simplesmente vermos os preços caírem quando as preferências mudam, podemos fazer adaptações para nos destacar."

O meio ambiente também sai ganhando. Com o intuito de aumentar as safras e incentivados por especialistas e investimentos dos países desenvolvidos, cafeicultores da Costa Rica abandonaram os métodos tradicionais de plantio nos anos 1970 e 1980 em favor de técnicas apoiadas na alta tecnologia. Isso levou à derrubada de árvores para a exposição direta das plantas à luz do sol e à adoção de fertilizantes e pesticidas químicos. Atualmente os cafeicultores dos micromoinhos estão transformando suas terras e retornando à abordagem de pequenos ecossistemas. Pérez plantou bananeiras, corticeiras e abacateiros que lançam sombra sobre os pés de café e criam um hábitat natural para animais e insetos. Em vez de usar substâncias químicas para fertilizar os campos, ele agora espalha polpa de café compostada enriquecida com micro-organismos que se desenvolvem no solo extraído das montanhas da região. Grão por grão, seu micromoinho aproveita uma fração da água usada por seus rivais de grande porte. E suas terras não apenas respeitam mais o meio ambiente: elas também produzem mais café.

O modelo do micromoinho também tem suas desvantagens. Quando o preço da commodity do café aumenta, os fazendeiros podem começar a se perguntar se o trabalho extra de processar seus próprios grãos vale a pena. Se decidirem simplesmente levar

DELEGAR: AUTOAJUDA (NO BOM SENTIDO)

sua safra para o megamoinho mais próximo, o relacionamento cuidadosamente desenvolvido com o torrador pode sofrer. Outro lado negativo do comércio direto entre pequenos fazendeiros e pequenos torradores é que os últimos correm um risco financeiro muito maior. E apesar de todo o nobre discurso sobre o desenvolvimento de relacionamentos com os fazendeiros, alguns torradores continuam mais interessados em apregoar o último café *du jour*. Poul Mark vende grãos de micromoinho de Pérez e outros fazendeiros da Costa Rica em seus três andares na cidade onde moro — Edmonton, Alberta. Ele teme que a abordagem "ame-os e deixe-os" de alguns torradores possa minar o movimento dos micromoinhos "Ainda encontramos muitas pessoas que estão apenas em busca da próxima tendência, então visitam uma fazenda, tiram fotos sorridentes ao lado do produtor, colocam as fotos no seu website, vendem o café, e então, no ano seguinte, procuram outra coisa", diz Mark. "Para que o modelo dos micromoinhos funcione, tem de haver um casamento, e não simplesmente uma aventura. Você precisa investir tempo para cultivar relacionamentos estáveis e de longo prazo. Dessa forma, vocês podem trabalhar juntos tanto nos períodos de prosperidade quanto nas situações de dificuldade. Tudo depende da confiança."

A administração de micromoinhos também traz riscos para os produtores. O mercado dos sabores especiais de café está crescendo, e provavelmente continuará à medida que cada vez mais consumidores de países ricos como a China descobrirem o sabor dos *lattes* e dos *espressos*. Contudo, há nuvens carregadas no horizonte. A Costa Rica tem mais custos do que rivais com produtos inferiores, que estão de olho na ponta do mercado de cafés especiais, como é o caso do Vietnã. E mesmo em casa a competição está aumentando à medida que cada vez mais fazendeiros tentam tirar sua fatia da ação dos micromoinhos. A diferença é que cafeicultores como

232 SOLUÇÃO GRADUAL

Pérez agora se sentem preparados para enfrentar esses problemas. "Sabemos que o café não se cuidará sozinho, e que há riscos em tudo", diz. "Mas ao menos o movimento dos micromoinhos nos dá forças para encontrar nossas próprias soluções e moldar nosso próprio futuro." Colocar as pessoas para resolverem seus próprios problemas faz parte de uma mudança cultural mais ampla. Em todo lugar, ao facilitar as comunicações e o compartilhamento de informações, a tecnologia está disseminando o poder do centro para a periferia, dos poucos para os muitos. Informadas e conectadas como jamais aconteceu, pessoas simples estão solucionando problemas que antes pareciam além do seu alcance. Basta pensarmos em como cidadãos com acesso a aparelhos celulares partiram para a ação e derrubaram ditaduras consolidadas durante a Primavera Árabe.

Delegar poderes também compensa no ambiente de trabalho. Convidar enfermeiros a conduzirem seus próprios projetos de pesquisa ajudou a melhorar os cuidados oferecidos aos pacientes do Georgetown University Hospital, em Washington, DC.[6] Uma enfermeira descreveu como a velha apatia de seus colegas foi substituída por um espírito confiante no qual "todos estão buscando crescer — como posso tornar esse lugar melhor?". Uma pesquisa realizada pela Universidade de Cornell com 320 pequenas empresas concluiu que as que davam à equipe verdadeira autonomia cresciam quatro vezes mais rápido e tinham um terço a mais de faturamento do que as que adotavam a abordagem do comando e do controle. O mesmo se aplica às grandes companhias.

Quando Jan Carlzon assumiu a presidência executiva da SAS em 1981, a linha aérea estava indo mal, jorrando dinheiro e atraindo críticas por seus voos atrasados. Carlzon decidiu concentrar-se no mercado da classe executiva. Ele otimizou a gestão e investiu tempo, energia e 45 milhões no aprimoramento de cada detalhe dos serviços oferecidos a viajantes dessa classe. A SAS foi a primeira linha

DELEGAR: AUTOAJUDA (NO BOM SENTIDO) 233

aérea do mundo a introduzir, por exemplo, uma cabine separada para a classe executiva. Contudo, o verdadeiro golpe de mestre de Carlzon foi dar à equipe que estava na linha de frente poder para solucionar problemas por si só. "Os problemas são resolvidos imediatamente, assim que surgem", ele disse na época. "Nenhum funcionário da linha de frente precisa esperar pela permissão de um supervisor." Era o equivalente corporativo à revolução dos micromoinhos — e funcionou. Dentro de um ano, a SAS era a linha aérea mais pontual da Europa e voltou a ter lucros. Um ano depois disso, ela foi premiada Linha Aérea do Ano pela *Air Transport World*. A SAS tornou-se um exemplo usado pelos currículos das faculdades de administração, e seu modelo de treinamento mais tarde foi exportado para outras companhias, da Japan Airlines à Hewlett-Packard e à Marks & Spencer.[7]

A delegação de poder também traz vantagens no chão de fábrica. Na tradicional linha de montagem, cada funcionário trabalha numa bolha, mestre da sua própria tarefa e alheio ao que se passa ao seu lado. A Toyota virou esse modelo de cabeça para baixo, dando aos operários habilidades, conhecimento e liberdade o bastante para entenderem e aperfeiçoarem o processo de produção do início ao fim — de forma muito semelhante ao que fez Pérez.[8] A Toyota também incentivou o trabalho de equipe e passou a dar até mesmo aos funcionários nos níveis mais baixos da hierarquia liberdade para resolverem problemas com a corda *Andon*. Resultado: antes de os grandes executivos terem parado de ouvir os funcionários, a Toyota tornou-se a maior fabricante de carros do mundo.

Quanto mais controle temos sobre o nosso ambiente de trabalho, de acordo com o que vários estudos já mostraram, maior o nosso desempenho. Em um experimento bem conhecido, pesquisadores pediram a dois grupos de pessoas que resolvessem problemas e realizassem tarefas de revisão enquanto sons intrusivos aleatórios eram tocados ao fundo. O primeiro grupo foi colocado numa sala com um botão que podia ser apertado para silenciar a trilha sonora.[9] O segundo, por outro lado, teve que trabalhar sem essa opção. Como você já deve imaginar, o primeiro grupo fez revisões muito mais precisas e resolveu cinco vezes mais problemas. O porém, contudo, é que eles não apertaram o botão em nenhum momento. O simples fato de saberem que isso era possível, que estavam no comando, foi o bastante para ajudar a canalizar suas capacidades.

Dar poder às pessoas simples também pode ajudar na guerra contra a pobreza. Muitos projetos de amparo fracassam porque são concebidos, desenvolvidos e implementados por especialistas trabalhando em escritórios com ar-condicionado a centenas ou até milhares de milhas de distância, deixando aos afetados pela pobreza o papel de pouco mais que observadores ou peões num tabuleiro de xadrez. Quando a seca devastou o Chifre da África na década de 1980, matando gado e ameaçando produzir uma onda de fome, a agência de desenvolvimento da Noruega entrou em cena com o que, para observadores externos, parecia uma solução inteligente. Os criadores de gado seminômades de Turkana, a extremidade remota da região noroeste do Quênia, viviam ao lado de um lago cheio de peixes. Por que não ajudá-los a transformar essa rica mina de criaturas marinhas em uma fonte estável de alimento e renda? Bastava ensinar os pastores nômades quenianos a pescarem, e eles estariam bem alimentados pelo resto da vida. Assim, os noruegueses construíram uma fábrica de congelamento de peixes de alta tecnologia às margens do Lago Turkana, ensinaram os criadores de gado a tirarem o máximo das reservas de peixes e esperaram que os padrões de vida aumentassem. Mas não foi o que aconteceu, e a empreitada e a fábrica foram um fracasso.[10] Se os noruegueses houvessem reservado algum tempo para ouvir o povo, teriam percebido que a cultura nômade é incompatível com a comercialização

DELEGAR: AUTOAJUDA (NO BOM SENTIDO)

de peixes. "Foi a velha abordagem descendente", disse Cheanati Wasike, representante do setor de pesca do Lago Turkana. "O lago foi identificado por pessoas de fora como um recurso, mas eles nunca consultaram os turnakas, nunca lhes perguntaram o que eles achavam de pescar."

Atualmente, os projetos de amparo de maior sucesso transformam a população ajudada em parceiros na solução de seus problemas. Um exemplo é o Programa Bolsa Família, no Brasil. Lançado nos anos 1990, quando os governos latino-americanos deram início ao desenvolvimento do que ficou conhecido como programas de transferência direta de renda, o Bolsa Família dá dinheiro àqueles que cumprem com determinadas obrigações que atendem aos seus próprios interesses. Todo mês, famílias pobres brasileiras podem ganhar R$ 22 por filho, até um máximo de R$ 200. Em troca, os pais se comprometem em manter os filhos na escola e levá-los para exames de saúde regulares. O Bolsa Família atualmente atende a 12 milhões de famílias, o que faz dele o maior programa de transferência direta de renda do mundo. Também é um dos mais bem-sucedidos, tendo ajudado na redução da pobreza e de problemas de desnutrição entre crianças que moram no campo, bem como a desigualdade de renda, e a aumentar a frequência nas escolas — tudo por uma fração dos custos das medidas de bem-estar tradicionais. Os partidos políticos mais importantes do Brasil são a favor da expansão do programa, que foi elogiado pelo Banco Mundial e copiado por mais de 20 países.[11]

Por que ele funciona? Porque combina vários ingredientes da Solução Gradual que já exploramos. O programa usa a abordagem holística ao atacar três dos principais pilares da pobreza — a baixa renda, a falta às aulas e a saúde — de uma vez só. Se uma criança começa a faltas às aulas ou não comparece a uma consulta médica marcada, a família recebe menos dinheiro para a alimentação. O

Bolsa Família também é uma solução para problemas de curto e de longo prazo: dinheiro para as necessidades de hoje e um investimento na saúde e na educação para um futuro melhor. Outro fator crucial é a autonomia concedida pela transferência direta de renda às famílias pobres. Em vez de simplesmente receberem doações de alimentos e ouvirem discursos sobre os benefícios da educação e dos cuidados com a saúde, elas têm liberdade para fazer as próprias escolhas. O temor de que os brasileiros pobres pudessem desperdiçar o dinheiro provou-se infundado. A maioria das famílias gasta o dinheiro do Bolsa Família em alimentação, roupas e material escolar para os filhos. "Quando damos dinheiro com condições às pessoas, estamos dizendo a elas: 'Vocês têm direitos, mas também responsabilidades, e confiamos em vocês para que cumpram essas responsabilidades'", diz Paulo Moreira, filantropo de São Paulo. "Trata-se de uma mudança considerável na dinâmica do amparo e do bem-estar. De repente, o amparado deixa de ser um agente passivo esperando que outras pessoas tenham ideias para passar a exercer um papel ativo na resolução dos próprios problemas."

Alguns grupos de amparo deram um passo além ao doar fundos sem nenhuma condição. Em 2006, a entidade filantrópica britânica Oxfam concedeu uma ajuda única a 550 famílias pobres em oito vilas de An Loc, uma comunidade localizada numa área rizicultora na região central do Vietnã.[12] Os pagamentos foram consideráveis, tendo uma vila embolsado um montante três vezes maior do que sua renda anual de uma única vez. Além da promessa de não gastarem o dinheiro em álcool, drogas e apostas, as famílias receberam liberdade para usá-lo conforme achassem melhor.

E como se saíram? Na verdade, usaram o dinheiro com muita sabedoria. A maioria dos beneficiados investiu em melhores instalações hidráulicas e de saneamento básico para suas casas, bem como em sementes, fertilizantes e vacas — garantia de uma fonte

DELEGAR: AUTOAJUDA (NO BOM SENTIDO)

de alimentos para o futuro. Quatro anos depois dessa injeção única de dinheiro, a frequência nas escolas havia aumentado, a pobreza diminuído em dois terços e um número muito maior de habitantes estava participando das atividades comunitárias. "Achamos que as pessoas pobres claramente têm o direito de decidir como o dinheiro deve ser gasto", diz Steve Price-Thomas, diretor da Oxfam para o Vietnã na época. "O que seria melhor do que colocar dinheiro em suas mãos e deixá-las decidirem o que fazer com ele?"

O mesmo pensamento está por trás do movimento do micro-crédito, em que bancos, fundos e agências especializados oferecem pequenos empréstimos a quem é pobre demais para passar pela avaliação do sistema financeiro tradicional. Meu exemplo favorito é a Kiva, cujo website reúne mutuários de países em desenvolvimento e mutuantes dispostos a lhes conceder empréstimos baixos, alguns de até 25 dólares. Os mutuários demonstram o mesmo espírito empreendedor confiante que Pérez. Empreste 575 dólares a Sixta, e ela usará o dinheiro na compra de uma geladeira para bebidas e sorvete, no intuito de diversificar a barraquinha de tortillas que tem na Nicarágua. Naftary usará o mesmo montante na compra de uma vaca para a sua fazenda em Murang'a, região central do Quênia. Desde 2005, mais de 600 mil pessoas emprestaram mais de 240 milhões de dólares por meio da Kiva. O mais impressionante disso tudo é que a comunidade possui um índice de pagamento de dar inveja a qualquer banco de Wall Street: quase 99% dos mutuários pagam seus empréstimos integralmente.[13]

Dar poder às pessoas para que encontrem suas próprias soluções é uma estratégia que funciona especialmente na arena do conflito humano. Como parte de uma iniciativa para tornar as escolas mais democráticas, a Finlândia criou um programa com o intuito de colocar as crianças no comando da resolução de disputas surgidas na hora do recreio. Embora os professores ainda lidem diretamente com casos de bullying, ferimentos ou danos a propriedades, os alunos agora são os mediadores na maioria das outras desavenças. As escolas estabeleceram um horário fixo semanal em que as chamadas sessões VERSO são realizadas em uma sala especial. Uma audiência que geralmente dura 10 ou 15 minutos pode ser convocada a partir de um pedido formal de qualquer criança, pai ou responsável. Cada sessão é supervisionada por mediadores um pouco mais velhos do que os envolvidos. Nunca há adultos presentes durante as sessões e os mediadores não podem propor soluções. Depois que os mediadores explicam as regras da audiência, os envolvidos contam cada um seu lado da história e como o conflito os fez se sentir. Os dois lados propõem ações para resolver suas diferenças de uma vez por todas. Se conseguirem concordar em relação a uma solução, escrevem-na e assinam um juramento para colocá-las em ação.

Como qualquer Solução Gradual digna do nome, o VERSO significa investir tempo para chegar à raiz de um problema. Mesmo que o caso envolva várias crianças, as audiências sempre são conduzidas com apenas uma de cada lado a fim de permitir tempo para o diálogo. Os participantes concordam em se reunir uma ou duas semanas depois da audiência para confirmarem se o problema foi resolvido. Nos casos mais difíceis, podem ser realizadas sessões complementares por meses depois da audiência inicial. Na verdade, a insistência em dar tempo às crianças para encontrarem uma solução duradoura não agrada os professores. "Ainda há uma forte cultura segundo a qual o professor tem o poder e não quer cedê-lo aos alunos", diz Maija Gellin, especialista em educação e no trabalho com adolescentes que criou o programa VERSO. "Eles pensam: 'Posso resolver esse problema mais rápido e com mais facilidade sozinho para podermos retornar às aulas'. Mas a abordagem da solução rápida só cria uma paz superficial, deixando o problema mais profundo sem resolução."

DELEGAR: AUTOAJUDA (NO BOM SENTIDO)

Para ver o VERSO em ação, visito a Lotilan Middle School em Lahti, uma cidadezinha 100 km a nordeste de Helsinki. É inverno, e as crianças chegam às suas carteiras com bochechas rosadas e os cabelos cheios de eletricidade estática dos gorros de lã. Cerca de 30 conflitos são mediados anualmente no sistema VERSO. As sessões podem ser conduzidas diariamente ao meio dia numa pequena sala de reuniões. Nela, uma mesa estilo IKEA com uma faixa laranja e amarela no meio rodeada por cartazes de Charlie Chaplin e um nu de Picasso. Há também uma pia, um micro-ondas e um vaso preto com flores frescas.

Hoje é o dia da mediação do caso de Mikko e Oskar, dois meninos de 12 anos que trocaram socos na sala de ginástica onze dias antes. Eles são amigos e também jogam no mesmo time de hóquei no gelo. Como não conseguiram fazer as pazes, eles pediram uma sessão VERSO no dia seguinte à briga.

Os meninos entram na sala usando capuzes, parecendo punidos e um pouco tensos. É a primeira vez que os dois passam por uma sessão VERSO. Ritva, a mediadora de 14 anos, pede a cada menino que dê sua versão dos fatos e explique como o incidente o fez sentir-se. Em se tratando de adolescentes do sexo masculino, o que se segue não é uma torrente de emoções: os dois dão de ombros, emitem resmungos monossilábicos e fazem longas pausas. Mas também há momentos de ternura à medida que eles se aproximam de um acordo. Em certo ponto, Mikko lembra a Oskar que foi o primeiro quem fez o passe para o último marcar um gol no último jogo. Oskar olha diretamente para o amigo pela primeira vez e sorri. No fim das contas, eles chegam a um consenso sobre a briga: os dois são teimosos e competitivos, e ambos haviam tido um dia ruim. Sua solução é simples: pedirão desculpas sinceras um ao outro e não voltarão a brigar — e a dupla deixa a sala sorrindo e tranquila.

240 SOLUÇÃO GRADUAL

Mais tarde, pergunto aos meninos o que acham do VERSO. Ambos parecem encantados. "Se não tivéssemos vindo à sessão VERSO, não teríamos parado de pensar no que aconteceu e teríamos outras brigas", diz Mikko. "Conversar desse jeito torna mais fácil esquecer a vingança e tentar voltar a nos dar bem."

Oskar também está satisfeito. "É definitivamente mais fácil sem adultos, pois crianças entendem crianças melhor. Falamos a mesma língua e pensamos da mesma forma", ele diz. "Foi legal termos descoberto qual era o problema e resolvido sozinhos."

A Finlândia agora tem mais de 7 mil mediadores treinados do VERSO. Anualmente, 20 mil crianças comparecem a uma audiência, e 90% mantêm suas promessas. Novas escolas continuam se juntando ao esquema anualmente, e Gellin ajudou na adoção do programa da Rússia à Itália.

Outros países possuem sistemas similares. Com aulas semanais inseridas no currículo escolar, o Peace First ensinou mais de 40 mil pré-adolescentes em Boston, Nova York e Los Angeles a resolver seus próprios conflitos e também problemas sociais em suas comunidades. Embora funcionários da escola supervisionem o programa, e adultos jovens voluntários transmitam o material para as crianças, como suas contrapartes finlandesas do VERSO, são as crianças que assumem o comando. Nas escolas que adotaram o sistema, a violência diminuiu 60%, enquanto o número de casos de crianças que separam brigas e ajudam seus colegas aumentou 70%.[14]

Colocar as pessoas no comando da resolução de seus próprios problemas é algo que também pode ajudar a reinventar os serviços públicos. Tradicionalmente, o estado os opera da mesma forma que uma loja de departamentos vende roupas. Ele estabelece uma série de programas, direitos e benefícios, e se algum deles por acaso der certo, você sai feliz. Se isso não acontecer, você pode passar anos vagueando pelo sistema, tentando incessantemente experimen-

DELEGAR: AUTOAJUDA (NO BOM SENTIDO) 241

tando roupas que pinicam a cintura ou com mangas curtas. "As pessoas são condicionadas a soluções rápidas, então você consulta um especialista, ele faz uma rápida avaliação, dá uma resposta, orientações, recomenda um serviço, e fica por aí", diz Eddie Bartnik, comissário para a Saúde Mental da Austrália Ocidental. "Mas é claro que a vida não é assim. Se você não der às pessoas o poder de encontrarem suas próprias soluções, elas podem acabar com muitos serviços que não resolvem seus problemas, o que as deixa sentindo-se profundamente solitárias e desconectadas."

Em 1988, Bartnik, na época diretor da Comissão de Serviços para Deficientes na Austrália Ocidental, convenceu o governo do estado a experimentar uma nova abordagem com cidadãos deficientes. A Coordenação de Área Local, como o serviço passou a ser conhecido, virou o status quo de cabeça para baixo. Em vez de dizer às pessoas de que serviços precisavam, no estilo contraintuitivo da IDEO, o estado passou a perguntar-lhes: "O que levar uma boa vida significa para você?" Depois, o estado ajudava as respostas a se tornarem realidade. A pedra fundamental do sistema são os Coordenadores de Área Local, que dedicam tempo a conhecer seus clientes como pessoas, e não casos. Um misto de advogado, confidente, conselheiro, agregador e amigo, o coordenador exerce o papel da figura catalisadora, que, como vimos no capítulo 10, é crucial para tantas Soluções Graduais. Ele ajuda seus clientes a identificar serviços padrão adequados e a aplicá-los à comunidade local, permitindo-lhes integrar um grupo de tricô, um coro, um clube de futebol ou a se voluntariar para ajudar nas tarefas de uma igreja local. Mais radicalmente, ajudam-nos também a obter dinheiro público a ser usado no desenvolvimento de soluções padronizadas para seus problemas. "As pessoas passaram anos ouvindo de especialistas o que deviam fazer, o que esperar, do que precisavam", diz Bartnik. "O Coordenador de Área Local investe nisso ao ouvir a pessoa à sua frente, fazendo as perguntas certas, e então lhe dando poder para obter o apoio de que precisa."

Peta Barker concorda. Ela administra uma firma de pintura e decoração com o marido num subúrbio de Perth. Seu filho de 20 anos, Kirk, é autista. Quando ele tinha três anos, a família se sentia completamente enganada pelo estado. "Tentamos conseguir ajuda, mas sempre descobríamos que, se não nos encaixávamos num protótipo, a resposta era 'Não, desculpe-nos, não podemos ajudá-los', e então éramos passados como um embrulho de médico para médico, de departamento para departamento", diz Barker. "Era muito frustrante, pois a sensação era de querer fazer algo, mas não saber por onde começar."

A Coordenação de Área Local mudou tudo isso. Finalmente, os Barkers passaram a ter um aliado que conhecia tanto a eles quanto ao sistema de dentro para fora. Sua primeira coordenadora trabalhou com a família por 11 anos, e sua substituta acompanha-os há cinco. "Sally-Anne conhece meu marido, meus filhos, meus gatos, meus cachorros", diz Barker "Ela até mesmo vai até os fundos e pergunta: 'Como é que está seu periquito?'"

Quando nos conhecemos no escritório da coordenadora, perto de sua casa, Barker, uma mulher energética com uma gargalhada contagiante, diz que o programa foi uma bênção. Na primeira reunião que teve, sua coordenadora original encorajou-a a pensar bem, no todo e em longo prazo. "Passei anos com uma lista do que era necessário para Kirk na cabeça, e ela disse que na verdade também deveríamos nos concentrar no que a família precisa, pois sem apoio, sem garantirmos que toda a família tenha ajuda e cuidados, não conseguiremos cuidar do nosso filho", diz Barker. "Isso me pegou de surpresa, pois eu nunca havia pensado assim, mas era verdade." Com o apoio de uma coordenadora, os Barkers encontraram a escola perfeita para Kirk e conseguiram ajuda do governo para pagar

DELEGAR: AUTOAJUDA (NO BOM SENTIDO)

aulas de natação e críquete. Também conseguiram recursos para financiar uma ou outra noite fora de casa quando as coisas ficassem estressantes. "Sem isso, a vida teria sido muito mais difícil, e não sei como nossa família teria sobrevivido", diz Barker.

Atualmente, os Barkers acham que levam a melhor vida que poderiam. Kirk está se desenvolvendo. Toda terça-feira ele tem uma aula de habilidades básicas em que está aprendendo a cozinhar. Às quintas um voluntário lhe ensina a pedalar nas estradas. Dois dias por semana ele pedala sozinho até seu local de trabalho, que faz parte do sistema, localizado num bairro vizinho. Lá, ele é encarregado de tarefas como pintar rótulos de garrafas de azeite de oliva ou encaixotar pacotes para uma loja local.

Uma série de estudos mostra que a abordagem da Coordenação de Área Local reduz os custos do estado no apoio fornecido a pessoas deficientes. Autoridades de outros estados australianos — e também da Nova Zelândia, da Escócia e da Inglaterra — implementaram programas semelhantes. Acima de tudo, o sistema é extremamente popular entre deficientes e suas famílias, que receberam a oportunidade de participar da resolução de seus próprios problemas de braços abertos.

Mesmo que nenhuma deficiência faça parte das nossas vidas, todos podemos nos beneficiar de um poder semelhante. Eleve sua capacidade de resolver problemas assumindo maior controle sobre suas condições de trabalho, da sua agenda ao uso da tecnologia. Ao buscar uma Solução Gradual, sempre pergunte: "Quem estou tentando ajudar? Como posso envolver essas pessoas na busca pela solução certa?" Invista tempo em aprender o que realmente as move — e não apenas o que acham e dizem, mas sim o que *sentem*.

Enquanto pega suas coisas para ir encontrar Kirk, Barker me conta que ajudar famílias como a dela a encontrarem suas próprias soluções não é a única razão de sucesso da Coordenação de Área Local. Igualmente crucial é o fato de o programa ter tornado o sistema mais humano por meio do desenvolvimento de fortes vínculos emocionais. "De vez em quando, tudo de que precisamos é de alguém ao nosso lado, alguém para quem possamos telefonar quando estivermos tendo um dia ruim", ela diz. "Os coordenadores deixam tudo de lado para ouvi-lo, talvez oferecendo sugestões rápidas, e de repente você está se sentindo melhor e pronto para lidar com o que quer que a vida lhe traga. A parte emocional é muito importante."

12

Sinta: Ajustando o termostato emocional

É impossível transformar a escuridão em luz e a apatia em movimento sem emoção.

Carl Jung

Marta Gomez atravessa os corredores do hospital Reina Sofía como um soldado traumatizado cambaleando por um campo de batalha. Sua mãe está em coma desde que teve um derrame à mesa de jantar uma semana atrás. Os médicos estão fazendo o que podem pela senhora de 81 anos, mas tudo ainda é incerto, o que deixa Gomez num limbo agonizante. Seus olhos estão injetados, suas mãos tremem e ela fala numa voz lenta e sussurrante. "Estou dormindo mal e com dor de cabeça o tempo todo", conta. "São tantos sentimentos que é difícil saber o que pensar ou dizer."

Mas até mesmo no meio dessa tempestade emocional, uma coisa está completamente clara: quando sua mãe falecer, a família dará permissão ao hospital para retirar seus órgãos. E a história por trás dessa decisão aponta para o ingrediente seguinte da Solução Gradual.

Com a demanda por transplantes aumentando rapidamente, hospitais do mundo inteiro enfrentam um problema sério: o número de doadores de órgãos é insuficiente. Muitos se recusam a entregar qualquer parte do seu corpo após a morte, muitas vezes por razões religiosas ou culturais. Outros não deixam seu desejo claro antes de morrer. Entretanto, com frequência é a família que se recusa a assinar a linha pontilhada. O resultado em muitos países são listas de espera mortalmente longas. Na Grã-Bretanha, um paciente à espera de um órgão geralmente espera três anos por um transplante. Três morrem enquanto esperam. Nos Estados Unidos, o número de mortes anuais chega a 6 mil.

É por isso que hospitais como Reina Sofía, localizado em Córdoba, uma cidade de 350 mil habitantes no sul da Espanha, atualmente chamam atenção. Quando o assunto é persuadir as pessoas a doarem seus órgãos após a morte, os espanhóis parecem ter decifrado o código. Em 1989, o índice de doações era baixo para os padrões internacionais. Hoje, é o mais alto do mundo. Das famílias espanholas, 85% aceitam a doação dos órgãos no momento da morte. É o dobro da média europeia, e 30% mais que o observado nos Estados Unidos, a nação pioneira em transplantes.

Em se tratando de número de doações, uma solução popular é a criação do chamado sistema de opção de negação. Isso significa que qualquer um registrado é um doador de órgãos — a não ser que peça especificamente para ser retirado da lista. Na prática, contudo, isso produz resultados diferentes. A Suécia, por exemplo, tem um sistema de opção de negação, e mesmo assim sua taxa de doações é uma das mais baixas da Europa. Era o que acontecia com a Espanha até 1989. Por quê? Porque no momento da morte, a maioria dos médicos ainda procura a aprovação da família — e é aí que o consentimento, não importa o que a lei diga, é muitas vezes negado.

A Espanha compreendeu que a única forma de lidar com a crise dos órgãos era reformular a abordagem adotada antes, durante e após a morte. Em 1989, o país estabeleceu a Organização Nacional de Transplantes (ONT), dando-lhe poder e recursos financeiros para ajustar cada passo do processo de doação: da detecção de doadores em potencial à obtenção de consentimento de famílias, identificação dos receptores e à realização dos transplantes. O resultado é que a Espanha atualmente é a pioneira em cirurgias experimentais. Em 1997, cirurgiões do Reina Sofía realizaram o primeiro transplante triplo em um único paciente da Europa. Os médicos espanhóis também foram os primeiros a implantar uma traqueia feita das células do próprio paciente. Em 2011, cirurgiões de Barcelona fizeram o primeiro transplante completo de rosto — incluindo uma nova mandíbula, céu da boca e dentes — num homem que havia sido ferido num acidente de caça.

Mas o que realmente surpreende é o sucesso da Espanha na persuasão das famílias a doarem os órgãos de seus entes queridos. Essa mudança em parte é o fruto de uma campanha de conscientização pública vigorosa com o objetivo de fazer a doação passar a ser vista como um ato supremo de generosidade, bondade e solidariedade. E em nenhum lugar o esforço para ganhar mentes e corações foi maior do que em Córdoba. No início de junho, enquanto o restante da Espanha celebra o Dia do Doador, o Reina Sofía comemora a Semana do Doador. Em concertos, desfiles e festas de ruas, toureiros glamourosos, astros do esporte, dançarinos de flamenco e cantores de pop pedem ao público que doem os órgãos. O hospital publicou dois livros de poesias falando sobre a doação de órgãos, escritos por quarenta poetas, e realizou uma exibição de obras de artistas conhecidos explorando o que significa dar e receber órgãos. O time de futebol da Espanha usou a faixa vermelha da campanha de doação de órgãos e os táxis da cidade exibem adesivos promovendo a causa. Toda terça-feira, crianças são levadas em passeios escolares para conhecer as alas de transplante do Reina Sofía, onde ouvem pacientes e médicos falarem sobre a importância da doação.

Um enorme complexo com 1.300 leitos e 33 salas de operação, o Reina Sofía aproveita cada oportunidade para promover a doação de órgãos. Cartazes pedindo órgãos são vistos nos corredores e salas de espera. Uma parede inteira é coberta por uma fotomontagem contando a história dos transplantes no hospital, incluindo os retratos de cirurgiões sorridentes e pacientes gratos. Perto da entrada principal fica um cardume de golfinhos em papel machê — o trabalho admirável criado por pacientes psiquiátricos para expressar seus sentimentos sobre a doação. Em frente ao hospital, 16 quadros exibem imagens e histórias de pacientes beneficiados por doações como se fossem bandeiras regimentais. Um imponente monumento aos doadores fica embaixo da escada principal do hospital. Poemas e cartas de receptores gratos estão fixados na sua lateral. Um diz simplesmente: "Obrigado pelo milagre."

Depois de quase 25 anos de conscientização e mais de 70 mil transplantes, a Espanha entrou num círculo virtuoso: quanto mais pessoas conhecem alguém que já doou ou recebeu órgãos, mais se sentem dispostas a fazer o mesmo. "Cada transplante fala, cada família fala, cada vizinho fala", diz Juan Carlos Roble, coordenador de transplantes no Reina Sofía desde 1997. "São todos como discípulos divulgando a boa-nova, de forma que a cada dia mais pessoas compreendem que as doações salvam vidas." Declarar-se doador de órgãos agora é uma parte tão integrante da cultura na Espanha quanto a *siesta* e a *fiesta*. Até mesmo Pedro Almodóvar, o gênio louco da Espanha, fez o filme ganhador do Oscar *Tudo sobre Minha Mãe*, que se desenvolve ao redor de uma ala de transplantes. Os espanhóis se orgulham do seu papel como líderes mundiais na doação de órgãos. Os cordobeses contam que a cidade tem duas joias em sua coroa: a bela mesquita do século VIII do quarteirão mouro e o hospital Reina Sofía.

Ajuda o fato de a Espanha possuir um sistema público de saúde invejável, que a Organização Mundial de Saúde classifica como o sétimo melhor do mundo. Todos os espanhóis têm direito a cuidados médicos gratuitos de excelência. Os hospitais espanhóis têm um grande número de leitos de cuidados intensivos, e os pacientes muitas vezes se recuperam em quartos particulares bem equipados. Além disso, as equipes médicas tentam ressuscitar os pacientes por mais tempo que nos outros países. Isso significa que a maioria das pessoas que morrem nos hospitais espanhóis está num respirador, o que é ideal para a doação de órgãos. Também significa que as famílias se sentem gratas às autoridades.

Esse certamente é o caso de Gomez. Sofrendo de problemas cardíacos, na bexiga e no estômago, ela mesma já passou por quatro operações gratuitas no Reina Sofía. E agora vê os médicos não pouparem esforços na recuperação de sua mãe. "O hospital é incrível, e sei que estão fazendo tudo que é possível pela minha mãe", ela diz. "Me sinto muito, muito grata mesmo."

Entretanto, o elemento principal do milagre da doação na Espanha são seus coordenadores de transplante, que passam por um treinamento criterioso. Em outros países, os profissionais responsáveis por procurar órgãos e obter consentimento para retirá-los muitas vezes são agentes externos à rotina diária dos cuidados médicos. Na Espanha, eles integram as equipes de todos os hospitais mais importantes do país. A maioria também é especialista no cuidado intensivo, o que significa que geralmente são os responsáveis pelos pacientes que têm mais probabilidade de ir a óbito, podendo fornecer informações precisas aos familiares. A qualquer momento, os quatro coordenadores de transplantes do Reina Sofía podem lhe informar os nomes de todos os doadores em potencial do hospital, como seu tratamento está progredindo e qual é o estado emocional dos respectivos familiares. Enquanto um médico tradicional se concentra em salvar o paciente, um coordenador espanhol vê o quadro geral em longo prazo. "Temos um chip diferente em nossas cabeças", diz o doutor Robles. "Para um coordenador, não se trata simplesmente de tentar salvar o paciente, mas também de pensar que, se o paciente morrer, poderá ajudar a salvar outros pacientes pela doação de órgãos."

O mais importante é que os coordenadores são rigorosamente treinados para lidar com o lado emocional do luto. A partir do momento em que um doador em potencial dá entrada no hospital, eles começam a cultivar um relacionamento com a família. Cada coordenador tem seu próprio estilo, mas todos sabem como e quando abordar a delicada questão da doação, reunindo o conhecimento médico à atitude ideal para a situação. Depois de ter colocado coordenadores no estilo espanhol em seus hospitais, tanto a Itália quanto Portugal tiveram um aumento no número de doações. "Podemos gastar milhões em campanhas de publicidade para conscientizar o público, podemos passar 24 horas por dia nas ruas dizendo às pessoas que doem seus órgãos, podemos ter os melhores equipamentos, os melhores cirurgiões e o melhor sistema de saúde do mundo, mas se não sabemos como falar com a família no momento crucial, tudo é em vão", diz o doutor Robles. "A pedra fundamental do nosso sistema é o relacionamento entre o médico, o paciente e a família. Se conseguirmos desenvolver o relacionamento certo, tudo flui naturalmente."

Qual é o segredo de um bom coordenador de transplantes? Tratar cada família com humildade, compaixão e muita paciência.

SINTA: AJUSTANDO O TERMOSTATO EMOCIONAL 251

"Minha filosofia é a de que um coordenador nunca deve olhar para o relógio", diz o doutor Robles. "Cada família é única, portanto precisamos explorar todas as possibilidades, ouvir, prestar atenção aos silêncios, pois é assim que conhecemos a família que temos à nossa frente, é assim que podemos ajudá-la a lidar com suas emoções a fim de que ela possa tomar a decisão certa para ela em relação à doação."

Durante minha visita, o doutor Robles está conduzindo a família Gomez ao longo desse processo. Desde o dia em que sua mãe chegou ao Reina Sofía ele conversa com seus filhos. As reuniões são realizadas numa sala pintada em tons claros de pêssego, com um vaso de flores de madeira na mesa, bem como um cartaz e um calendário promovendo a doação de órgãos na parede. O doutor Robles está usando óculos e jaleco verde de cirurgião. Aos 52 anos, ele tem cabelos curtos e escuros, olhos pretos e a solidez reconfortante de alguém que já viu tudo. Quando conversa com uma família, ele fala devagar e claramente, com uma suavidade que desarma, assumindo o papel ao mesmo tempo de médico e terapeuta. Vê-lo em ação me lembra de como os médicos foram descuidados ao conversarem comigo e minha esposa quando nosso bebê foi colocado em tratamento intensivo anos atrás. "O doutor Robles é uma pessoa maravilhosa", diz Gomez. "Outro dia, eu estava chorando, e ele me abraçou para me consolar. Fica claro que ele sente muito pela nossa dor."

Dois dias depois, o doutor Robles abordou o tema da doação com delicadeza. A família Gomez ainda não havia conversado sobre isso. "Já ouvíramos muito sobre a doação de órgãos na TV e no rádio", diz Marta. "Minha mãe nunca disse claramente o que queria fazer com os órgãos quando morresse, mas lembro que ficou muito feliz quando soube como os transplantes salvavam outras pessoas."

Ainda assim, uma das irmãs de sua mãe é contra a doação. O doutor Robles levantou a possibilidade, mas depois deu tempo e espaço para que a família chegasse a um consenso. No final das contas, a irmã hesitante foi convencida. "O médico explica as coisas muito bem, ele nos ouve. Ele nos dá tranquilidade", diz Gomez. "Nunca nos sentimos pressionados por ele, mas no final todos queríamos muito dizer sim."

Contudo, é mais difícil convencer outras famílias. Quando o filho de um casal divorciado morre, encontrar o consenso entre os pais em conflito pode levar horas falando, ouvindo e apertando mão. Recentemente, um homem de 67 anos faleceu no Reina Sofía. Sua família estava dividida em relação à doação, com cinco de seus filhos a favor e os outros filhos contra. Como um diplomata tentando conseguir apoio durante uma conferência das Nações Unidas, o doutor Robles passou uma tarde inteira indo de irmão a irmão, acalmando temores, massageando egos, construindo pontes, explicando como a morte de seu pai poderia salvar as vidas de outras pessoas. No final, a família inteira disse sim.

Coordenadores como o doutor Robles nunca buscam intimidar ou enganar as pessoas para que a doação seja feita contra a sua vontade. Isso pode levar ao aumento do número de doações a curto prazo, mas também pode prejudicar o sistema, já que uma quantidade cada vez maior de famílias reclamaria de ter sido enganada. A Espanha até agora conseguiu evitar esse tipo de solução rápida. Um estudo recente no Reina Sofía não identificou um único caso em que a família tenha se arrependido de ter dado permissão para a doação. Com certeza, nenhum familiar jamais se queixou de ter sido enganado pelo doutor Robles. "Sempre pensamos a longo prazo, e isso significa que o nosso objetivo é que a doação una a família, e

SINTA: AJUSTANDO O TERMOSTATO EMOCIONAL

não a divida", ele diz. "Precisamos encontrar por que uma pessoa diz não e depois a convencer de tal forma que ela se sinta orgulhosa ao dizer sim. Queremos transformar as lágrimas de tristeza geradas pela morte de um ente querido em lágrimas de felicidade pelas vidas que os órgãos dessa pessoa podem salvar. No fim das contas, tudo depende de como lidamos com as emoções."

E com isso o doutor Robles aponta para o próximo ingrediente da Solução Gradual: investir tempo na compreensão e na canalização de emoções. Na maioria das vezes, levamos a resolução de problemas a uma ciência de planilhas, fluxogramas e diagramas de Venn. Se você quiser resolver alguma coisa, dizem os especialistas, não seja emotivo. Em vez disso, recorra aos números. Seja lógico. Seja racional. Seja científico.

É claro que você não ganhará muito se perder o controle ou entrar em pânico, mas isso não significa que devemos tratar todos os problemas como Mr. Spock. Estamos condicionados aos sentimentos. "O comportamento humano flui a partir de três fontes principais", diz Platão, "Desejo, emoção e conhecimento". Mesmo quando pensamos que estamos sendo racionais e lógicos, muitas vezes somos guiados por sentimentos. Ao longo dos anos, economistas, sociólogos e psicólogos reuniram uma biblioteca de pesquisas que mostram que a emoção e as tendenciosidades que ela pode produzir na maioria das vezes dominam a racionalidade. Talvez você acredite na igualdade racial, mas mesmo assim continua segurando a bolsa com mais força quando alguém como Lewis Price se aproxima numa rua deserta. Ou considere um experimento conhecido como o jogo do ultimato, no qual dois participantes — vamos chamá-los Max e Mary — recebem dez libras e são convidados a dividir a quantia. Max propõe uma forma de divisão do dinheiro e Mary pode aceitar ou rejeitar sua proposta. Se ela rejeitar, nenhum recebe o dinheiro. Num mundo puramente racional, Mary aceitaria qualquer proposta de Max, a menos que a divisão desse todo o dinheiro a ele. Mesmo que Max proponha ficar com 9,99 libras, Mary ainda vai para casa com um centavo a mais. Contudo, no mundo real, as pessoas recusam ofertas muito mais generosas, deixando as duas partes de mãos vazias. Por quê? A razão é que nossas decisões são influenciadas por nossos sentimentos em relação ao que achamos justo. Não gostamos de injustiça a ponto de estarmos dispostos a sacrificar a possibilidade de ganhar dinheiro para punir qualquer um que tente ser injusto conosco. No mundo inteiro, as pessoas costumam rejeitar qualquer divisão menos favorável que 80-20.

Os sentimentos também exercem sua influência nos ambientes de trabalho ao redor do globo. Um estudo após outro mostra que quando nos desconectamos emocionalmente do nosso emprego, nos tornamos menos criativos e produtivos.[1] Quando os profissionais se sentem felizes, costumam ter mais ideias.[2] Uma pessoa satisfeita com o emprego tem mais probabilidade de refletir sobre problemas do trabalho ao deixar o escritório e voltar com uma solução inteligente no dia seguinte. Já vimos as emoções em ação em muitas Soluções Graduais. Lembremos como Enrique Peñalosa fez os membros de sua equipe se sentirem valorizados; como tratar prisioneiros com dignidade ajuda a combater a reincidência na Noruega e em Singapura; e como é importante para os alunos da Locke High School que a equipe os trate como uma família. "É como se houvesse uma atitude positiva todos os dias", diz Price. "Mesmo em dias ruins, saímos pelos portões pensando 'Cara, tem pessoas me encorajando por todos os lados, como posso ficar com raiva em um ambiente tão cheio de amor'?"

Quando perguntei a Ricardo Pérez sobre o papel das emoções na revolução dos micromoinhos da Costa Rica, ele respondeu que, para um empreendedor, uma simples batidinha nas costas pode ser tão valiosa quanto capital, semente, máquinas modernas ou um plano de negócio. Em 2007, ele visitou o Stumptown Café, um empório moderno que torra e vende seu café em Portland, Oregon. De pé ao lado do balcão observando o movimento matutino, Pérez ficou encantado ao ver jovens americanos pedindo café Helsar de Zarcero pelo seu nome. "Foi uma das coisas mais bonitas que já aconteceram comigo, ver nosso nome ali no quadro e ouvir as pessoas pedindo por ele. Fiquei com lágrimas nos olhos ao pensar em todo o trabalho investido nisso pela minha família, meus pais, meus avós, ao longo de tantos anos", contou. "Durante séculos, ninguém nos disse se nosso café era bom, e se fazemos algo sem que ninguém nos diga que é bom, ano após ano, perdemos o interesse em aperfeiçoá-lo. Ver alguém de outro país beber nosso café, ouvir de outras pessoas que estamos fazendo um bom trabalho e contribuindo para o mundo é o tipo de motivação necessária para que um produtor trabalhe cada vez melhor. A emoção é essencial para os seres humanos."

Muitos problemas complexos só podem ser resolvidos se convencermos as pessoas a fazerem sacrifícios, ou algo que geralmente não desejariam fazer. Apelar para a razão muitas vezes não é o bastante. Se quisermos promover uma mudança mais profunda na cultura de uma sala de aula, de uma companhia ou de uma comunidade, fazer as pessoas comprarem uma causa, o que é crucial para a maioria das Soluções Graduais, precisamos usar o que Vincent Van Gogh chamou "as pequenas emoções (que) são os grandes capitães das nossas vidas".

Como podemos fazer isso? Um dos meios é treinar os solucionadores para lidarem com as emoções. A fim de desenvolverem a empatia na profissão médica, hospitais do mundo inteiro estão encorajando as equipes a fazerem cursos de arte, música e fotografia. Todos os oncologistas da Grã-Bretanha hoje precisam obrigatoriamente fazer um curso de três dias em que especialistas e atores ensinam-lhes como falar com pacientes de câncer. Faculdades de medicina ampliaram seus currículos com a inclusão de disciplinas das ciências humanas a fim de desenvolver alunos que combinem pontuações elevadas nos exames à inteligência emocional. No mesmo espírito, a Harvard Medical School modificou seus requisitos de admissão de forma que, a partir de 2016, todos os candidatos deverão "ser fluentes e ter uma facilidade variada de falar a língua inglesa".

No capítulo 11, vimos como recrutar pessoas para resolverem seus próprios problemas pode alcançar reservas mais profundas de criatividade. Também pode gerar um apoio emocional para a solução. Mesmo que a solução criada pelas pessoas não seja perfeita, ela é a *sua* solução. E sejamos honestos: todos amamos ver nossas ideias se tornarem realidade, ou pelo menos sentir que fomos ouvidos. Isso é psicologia básica. Quando Bruno Frey, professor de economia e ciências do comportamento, analisou dados de pesquisas sobre a felicidade e os níveis de autonomia e democracia direta nos 26 cantões da Suíça, ele identificou uma correlação muito clara: quanto mais participação as pessoas têm no processo democrático, mais felizes são. Frey identificou duas razões para isso. A primeira é que a democracia apresenta uma maior probabilidade de produzir governos melhores. Entretanto, a principal razão é o bem-estar produzido pela sensação de que podemos influenciar os eventos em nossas vidas, o que também explica por que a perda da liberdade na prisão pode ser tão devastadora. Frey também descobriu que os suíços saboreiam uma injeção de felicidade mesmo quando não votam. Em outras pala-

SINTA: AJUSTANDO O TERMOSTATO EMOCIONAL 257

vras, o mero fato de que nossa voz *pode* contar é o bastante para nos fazer *sentir* melhores em relação à vida e ao sistema político sob o qual vivemos.

Isso pode muito bem ser o principal legado da experiência posterior à quebra da bolsa na Islândia. Mesmo que nenhuma sugestão das assembleias nacionais seja usada na nova constituição ou na política governamental, o investimento no *crowdsourcing* ainda assim pode ser válido. Os eleitores sentem que foram consultados, que suas ideias contam, e que podem ter uma participação real no processo. "Nos últimos anos, a política parecia mais algo que outras pessoas faziam comigo", diz Dagur Jónsson, professor de Reykjavík. "Agora, sinto que o governo não é simplesmente um agente externo que opera separadamente das pessoas. Podemos ser o governo." Isso comprova o pensamento de Gudjon Gudjonsson, o principal responsável pela criação das assembleias. Ele acha que o *crowdsourcing* é o tônico perfeito para revigorar a política eleitoral no mundo inteiro. "Nesse novo modelo de democracia, você reúne visões e valores da população por meio do *crowdsourcing* para lhe servirem de farol", ele diz. "E isso dá à população um sentimento de propriedade no sistema político."

Com o intuito de ganhar apoio para o programa VERSO, os organizadores buscam a colaboração dos estudantes desde o início. "Quando chegamos a uma escola, perguntamos às crianças como a mediação deveria funcionar, e então acrescentamos algumas ideias, mencionamos o que outras escolas estão fazendo, apresentamos algumas dramatizações, desenvolvendo a ideia lentamente de forma a conduzi-los delicadamente para o lugar certo, mas fazendo com que sintam que a ideia é deles, gerando um verdadeiro senso de propriedade", diz Maija Gellin. "Se as pessoas envolvidas num conflito sentem que a solução não foi imposta, que veio delas, a probabilidade de se empenharem para fazê-la funcionar é maior."

Quem dera os autores do Tratado de Versalhes entendessem isso em 1919. Os Solucionadores Graduais da IDEO certamente entendem. "Começamos a pensar de forma diferente sobre o que significa pedir a participação das partes interessadas", diz Jane Fulton Suri. "Não podemos simplesmente entregar tábuas da lei. Para tirarmos o melhor das pessoas envolvidas na resolução de um problema, temos que tornar a experiência participativa."

Canalizar nossa necessidade emocional de aceitação é outra forma de ganhar apoio. Como animais sociais, queremos pertencer a um grupo, fazer parte de um todo maior, saber que outras pessoas tanto dependem de nós quanto nos observam. Que outra razão explicaria o fato de simplesmente colocar a imagem de um par de olhos humanos ao lado de caixas da honestidade* ter feito as pessoas serem mais honestas?[3] E como explicar modas passageiras como gravatas largas, macacões de poliéster e mullets? Para modificar um comportamento arraigado, organizações como a dos Alcoólicos Anônimos e os Vigilantes do Peso motivam os membros com reuniões de grupo. O movimento do microcrédito também usa a pressão de iguais ao vincular os mutuários em pequenos grupos em que um único caso de inadimplência pode representar o corte do acesso ao capital de todos. Na guerra, soldados não arriscam suas vidas para seguirem a política do governo ou obedecer a ordens; eles se postam na linha de fogo porque isso é o que seus companheiros esperam. *Cohesion: The Human Element in Combat*, o coronel William Darryl Henderson, que ensinou psicologia militar na Academia Militar de West Point, escreveu: "A única força no

---

*Caixas utilizadas na Grã-Bretanha para o recolhimento de pagamentos por produtos e serviços sem intervenção humana, do original *honesty box*. [*N. da T.*]

campo de batalha forte o bastante para fazer um soldado avançar sob fogo é sua lealdade a um pequeno grupo e às expectativas desse grupo de que ele avançará."[4]

Se a necessidade de sermos aceitos pode nos convencer a nos arriscar sob fogo inimigo, então talvez possa nos ajudar a superar hábitos e tendenciosidades que atrapalham tantas Soluções Graduais. É o que pensa Peter Whybrow, psiquiatra e neurocientista que encontramos anteriormente. "Somos egoístas e movidos por nossos próprios interesses, mas também somos sociáveis", diz. "Se conseguirmos descobrir como focalizar nosso desejo de obter o reconhecimento dos outros, podemos começar a equilibrar o egoísmo e conseguir uma alavanca para o pensamento e as soluções de longo prazo."

Uma forma de ganhar essa aprovação é por meio da humildade. Quando figuras de autoridade admitem as próprias fraquezas, quem se encontra em posições inferiores se sente inclinado a apoiar a solução proposta. Ao assumir o erro cometido sobre o Mar do Norte, Dicky Patounas inspirou os membros do seu esquadrão a admitirem seus próprios erros. "Se eles acharem que seu líder não vestiu a camisa, não será do seu interesse, pois estarão se expondo", diz ele. "É por isso que faço questão que saibam que estou dentro."

A humildade muitas vezes significa manter os canais de comunicação abertos. Não há nada que desagrade mais as pessoas do que não saberem o que está acontecendo, especialmente em momentos de crise e mudanças. É por isso que as companhias parecem sobreviver melhor a uma reestruturação quando a gerência está aberta a todos. Em 2001, a crise das telecomunicações afetou a Marlow Industries Inc., produtora de equipamentos termoelétricos para a indústria de alta tecnologia sediada em Dallas. Quando as encomendas sofreram uma queda vertiginosa, a companhia deu início a um corte desesperado de gastos, automatizando partes da sua linha de montagem, transferindo a produção das peças mais simples para a China e cortando a folha de pagamentos de 799 para 222 funcionários. Os que ficaram tiveram que aceitar um corte nos salários. Barry Nickerson, presidente da companhia, não deixou que o abatimento tomasse conta pela adoção de um lema: "Comunicar. Comunicar. Comunicar." Em reuniões diretas e pessoais mensais, ele explicava a todos os funcionários o pensamento por trás de cada peça da reestruturação, como o processo estava se saindo, o que viria em seguida e quando os salários integrais seriam restaurados.

Como outras Soluções Graduais que encontramos, Nickerson ancorou cada reforma a uma visão de longo prazo para a companhia, prometendo fazer da fábrica de Dallas um centro mundialmente reconhecido de produção avançada, deixando para a China a responsabilidade pela produção de menos complexidade. "Sempre que passávamos por uma mudança, realizávamos uma reunião para explicar exatamente o que estávamos fazendo", diz Nickerson. "Éramos muito abertos com nossos funcionários em relação à nossa situação financeira. Explicávamos exatamente em que condições nos encontrávamos no momento."

A Marlow Industries superou a crise e saiu dela mais forte do que nunca. Mais de uma década depois, é uma potência global na tecnologia termoelétrica. A mão de obra de Dallas alcançou a casa dos 1.100 funcionários, e Nickerson continua no comando.

A comunicação com as tropas faz parte do modus operandi de Sir Richard Branson. Como Peñalosa, o empreendedor de cavanhaque com negócios no mundo inteiro faz questão de estar aberto para qualquer funcionário do Grupo Virgin. "Um excelente serviço

SINTA: AJUSTANDO O TERMOSTATO EMOCIONAL

também depende de uma excelente comunicação, que deve começar a partir do topo", escreveu recentemente. "Tenha coragem: dê seu endereço de e-mail e o número de seu telefone. Seus funcionários saberão usá-lo bem, e não para incomodá-lo à toa; ao fazer isso você estará dando uma grande motivação psicológica — eles saberão que podem entrar em contato com você sempre que surgir um problema que requeira a sua atenção."[5]

Às vezes, até mesmo a menor conexão emocional pode ter um efeito dramático. Estudos realizados em uma série de campos diferentes mostram que grupos resolvem problemas melhor quando os membros sabem os nomes uns dos outros.[6] Os hospitais onde as equipes cirúrgicas se apresentam antes de uma operação — "Sou Sameena Tewari, a cirurgiã responsável..." "Sou Rachel Jankowsk, enfermeira responsável..." "Sou o anestesista e meu nome é Paul Chang" — dizem que a comunicação durante a cirurgia melhora notavelmente, com todos se sentindo mais inclinados a apontar para problemas e sugerir soluções.

A lição tirada de cada Solução Gradual é iniciar a comunicação assim que você tiver algo para comunicar. A Green Dot aprendeu essa lição pelo caminho difícil. Por não ter dado início ao seu plano de conquista logo no início, a rede de escolas charter permitiu que críticas em Watts envenenassem a opinião pública contra seus planos para a Locke. "Deveríamos ter transmitido nossa mensagem logo", diz Ellen Lin, a gerente de negócios da escola.

Aprender a ajustar o termostato emocional é algo que está ao alcance de todos. Comece ouvindo mais. Ao discutir um problema, adote a regra de não interromper quando outras pessoas estiverem explicando seus argumentos. Preste atenção não apenas às palavras, mas às emoções por trás delas. Seja o mais aberto e honesto possível. Reserve tempo o bastante para estabelecer vínculos com os participantes cruciais da sua Solução Rápida. Cultive com mais cuidado os relacionamentos da sua vida particular e se exponha à literatura, à música, à natureza e às artes — qualquer coisa que ajude a sintonizar sua antena emocional.

Lembre-se, contudo, de que a abordagem emocional nem sempre é o bastante. Se quiser quebrar padrões de comportamento arraigados, você muitas vezes precisará sacudir as pessoas para fazê-las entrar em ação. Anos de experiência no setor privado ensinaram Marco Petruzzi que é difícil resgatar companhias em queda livre — e que aqueles que conseguem geralmente dão início à recuperação com um choque intenso e rápido no sistema. "Sem essa sacudida inicial, a inércia se estabelece e você é engolido pela bolha", diz ele.

A fim de criar o choque ideal para a Locke, a Green Dot certificou-se de que todos os elementos de mudança — uniformes, novos professores, gramado, a nova pintura, consertos, segurança reforçada — fossem reunidos desde o início. "A ideia era que quando as crianças voltassem daquele primeiro verão, tudo estivesse diferente, de uma forma tão chocante que chamasse sua atenção para o fato de este ser um novo mundo, de que elas precisariam agir, se comportar e reagir de forma diferente, e de que esperamos mais delas", diz Petruzzi. "Introduzir aquele ambiente completamente novo no primeiro dia foi o que tentei trazer da minha experiência no mundo dos negócios."

Ao passar pelos portões naquele primeiro dia, Lewis Price lembra-se de ter sentido que a Locke abrira um novo capítulo para ele e para Watts. "Achávamos que a nova Locke seria exatamente como a nossa comunidade, um lugar onde precisamos estar sempre atentos, aonde as pessoas iam para causar problemas ou para abandonar os estudos, mas desde o primeiro dia soubemos que seria

SINTA: AJUSTANDO O TERMOSTATO EMOCIONAL

diferente", conta. "Passamos pelos portões e eles nos receberam com tanto carinho, como se fôssemos uma família. O campus estava completamente limpo, e todos usavam uniformes."

Isso chocou Price e seus colegas a ponto de produzir uma nova atitude?

"Definitivamente. Tudo parecia diferente, então soubemos que teríamos que ser diferentes", ele diz. "Era como um jogo — eles haviam feito sua jogada, e nós tínhamos que fazer a nossa."

13

Jogue: Resolvendo problemas um jogo de cada vez

As pessoas raramente são bem-sucedidas, a menos que se divirtam no que estão fazendo.

Dale Carnegie, autor de *Como fazer amigos e influenciar pessoas*

Qual é o problema mais difícil do mundo? Alguns colocariam a mudança climática, a pobreza e o terrorismo no topo da lista. Outros poderiam optar pelo crime, pelo racismo ou pelo consumismo. Em muitos lares, entretanto, às vezes parece que o problema mais complicado que a humanidade enfrenta é o trabalho doméstico.

Não são as tarefas propriamente ditas que são o problema. Tirar o pó dos móveis, passar o aspirador e esfregar o chão são tarefas muito simples: quando foi a última vez que você conheceu alguém que estava fazendo um curso de limpeza doméstica? O verdadeiro problema é encontrar uma forma justa de dividir o trabalho. Depois de várias ondas de revolução feminista, as mulheres continuam fazendo a maior parte do trabalho doméstico. Um estudo realizado em 2010 na Espanha concluiu que mais da metade das mulheres em casamentos nos quais os dois cônjuges têm uma renda faz todo ou a maior parte do trabalho doméstico, com um terço dos homens não fazendo absolutamente nada.[1] Na Itália, 70% dos homens nunca usaram um fogão, e 95% nunca ligaram uma máquina de lavar. Até mesmo em partes do mundo onde os papéis dos sexos opostos são menos rígidos, tais como a Escandinávia, os homens continuam fazendo menos da metade das tarefas domésticas.

Isso gera conflitos. Um estudo mostrou que as tarefas domésticas têm mais probabilidade de provocar um aumento na pressão sanguínea do que reuniões de trabalho para aqueles que se sentem prejudicados por uma divisão injusta de responsabilidades.[2] Em lares do mundo inteiro, as mulheres queixam-se da divisão desigual de tarefas. Fóruns on-line transbordam a fúria das exploradas. Em um website para pais, uma mãe de Montreal sob o pseudônimo DomesticSlave, ou "escrava doméstica", abre o verbo contra a família: "Eles não fazem NADA em casa, e isso está me ENLOUQUECENDO!" É de surpreender que quanto mais tarefas domésticas um homem faz, menos provável é que o casamento termine em divórcio?[3] As guerras domésticas afetam até mesmo as famílias que podem contratar ajuda. Quando Barack Obama concorreu à presidência dos Estados Unidos em 2008, sua esposa o censurou em público por ter deixado as meias usadas no chão.

Isso lhe parece familiar? Certamente parece para mim. Na nossa família, é minha mulher quem se queixa. Não que eu não ajude: eu cozinho e faço um grande esforço para manter a cozinha limpa, cuido do que precisa de reparos em casa e de vez em quando lavo roupas. Mesmo apesar de ter que travar uma verdadeira guerra contra todos aqueles travesseiros, de vez em quando também faço a cama. Mas a verdade é que eu poderia fazer mais — começando

JOGUE: RESOLVENDO PROBLEMAS UM JOGO DE CADA VEZ

por não deixar minhas meias usadas no chão. Nossos filhos também não ajudam muito. Se tivéssemos uma avaliação para o trabalho doméstico, todos os membros da família, exceto pela minha mulher, receberiam um "Poderia Fazer Mais".

Por que não faço mais? O estado em que se encontra meu escritório sugere que a organização não é muito importante para mim. Minha mesa está cheia de papéis e blocos de anotações, pontilhada aqui e ali por farelos de biscoito e pedacinhos de frutas secas. Um garfo descansa sobre uma tigela de salada caseira. Aos meus pés, uma pilha de equipamentos esportivos, e roupas amarrotadas em vários estados de limpeza estão encostadas à parede.

Embora eu saiba que essa anarquia é inaceitável em casa, ainda é difícil demonstrar entusiasmo por tarefas domésticas. Fora a culinária, eu simplesmente as detesto. Também não dou muita importância a um quarto arrumado. Meus filhos se sentem da mesma forma. Minha filha certa vez me disse: "Se o trabalho doméstico é tão importante, por que não inventam uma forma de torná-lo mais divertido?"

Bem, em 2007, alguém fez exatamente isso. Chore Wars é um jogo on-line que transforma o trabalho doméstico em algo que você pode finalmente passar a querer fazer. Para jogar, você precisa formar um grupo de pessoas que compartilhe o mesmo espaço no mundo real — uma casa, um escritório ou um clube social, por exemplo. Cada jogador escolhe um avatar, e juntos vocês devem fazer uma lista de tarefas a serem executadas em troca de prêmios que vão de ouro virtual a pontos que levam ao aprimoramento do seu avatar. Você também pode trocar seu tesouro digital por prêmios no mundo real: talvez ingressos para o cinema para seus filhos ou uma massagem para sua esposa ou seu marido.

Como todos os RPGs, Chore Wars dá um toque épico e heroico à realidade. As tarefas tornam-se "aventuras". Colocar o lixo lá fora, por exemplo, pode ser descrito como "remover detritos tóxicos do reino", enquanto limpar a neve derretida no portão pode ser chamado "evacuar a água da enchente dos portões".

Sei o que você está pensando, porque pensei a mesma coisa: que besteira, que tolice, muito infantil. Não se pode fazer as pessoas amarem o trabalho doméstico transformando-o em uma versão de *Dungeons & Dragons*. Bem, parece que eu estava errado. Chore Wars vem inspirando pessoas do mundo inteiro que têm verdadeira fobia do trabalho doméstico a pegarem a vassoura e o espanador. Os jogadores falam sobre crianças pulando da cama para arrumar seus quartos e dobrar a roupa lavada; colegas chegando mais cedo ao trabalho para lavar a louça na cozinha do escritório; e até mesmo jovens brigando pelo direito de lavar banheiros em repúblicas estudantis. Os guerreiros do jogo surpreendem-se pela própria conversão a amantes de tarefas como tirar o pó, usar o esfregão e a vassoura. "Nunca tinha visto meu filho de 8 anos fazer a própria cama", exclama uma mãe do Texas. "Quase desmaiei quando meu marido limpou o forno elétrico."

Não que eu esteja disposto a passar mais tempo em frente a uma tela de computador, mas os elogios a Chore Wars são difíceis de ignorar. Quando mencionei o jogo pela primeira vez para os meus filhos, esperava que eles se irritassem e me acusassem de tentar manipulá-los para que passassem a ajudar em casa. Porém, sua reação foi o oposto. Mesmo antes de eu terminar de explicar as regras do jogo, eles começaram a sugerir possíveis prêmios — chicletes, balas, jujubas. Antes que eu possa dizer "Adoro quando um plano dá certo", eles já pegaram um pedaço de papel e começaram a desenhar os próprios avatares.

Uma das lições deste livro é que inspirar alguém a fazer coisas que geralmente não faria está no coração de uma Solução Gradual. Recrutar pessoas para resolverem seus próprios problemas é uma

JOGUE: RESOLVENDO PROBLEMAS UM JOGO DE CADA VEZ   **269**

forma de fazer isso. Lembre-se de como o sistema VERSO inspira as crianças a entrarem sozinhas num acordo quando surgem conflitos nos playgrounds da Finlândia. Outra forma é lidar com as emoções, como o sistema de doações de órgãos da Espanha. O sucesso de Chore Wars sugere que um jogo pode gerar um efeito semelhante, o que nos leva a mais um ingrediente da Solução Gradual: canalizar a atração humana por jogos.

O instinto de competição é uma característica natural do ser humano. Muito depois de os jogos terem ajudado no desenvolvimento dos nossos cérebros ao longo da infância, continuamos adorando-os, de palavras cruzadas e *Sudoku* a damas e xadrez. Há setenta anos, Johan Huizinga, um sociólogo holandês, identificou o jogo como um instinto humano básico em seu livro *Homo Ludens*: "A existência do jogo é inegável", escreveu. "É possível negar, se quiser, quase todas as abstrações: a justiça, a beleza, o bom, Deus. É possível negar-se a seriedade, mas não o jogo."

Você não pode absolutamente negar que a revolução dos jogos está penetrando a nossa cultura. Atualmente, as pessoas passam 3 bilhões de horas por semana jogando.[4] Jogos eletrônicos hoje em dia lucram mais que o cinema e os DVDs juntos. Para qualquer um acima dos 40 anos, isso pode ser chocante. Gerações mais velhas lembram-se dos jogos eletrônicos na infância: o bombardeio monótono de *Space Invaders* e os torneios enfadonhos de *Pong*. Os jogos evoluíram muito desde então.

Nos dias de hoje, muitos jogos são fascinantes, complexos e viciantes. O estereótipo dos amantes de jogos eletrônicos como adolescentes solitários cheios de sardas explodindo zumbis no quarto não se aplica mais. Muitos jogadores agora possuem um forte componente social: pense em *The Sims* ou em todos os convites que você recebe para regar os jardins dos seus amigos em *Farmville*. A idade média da comunidade dos jogos eletrônicos atualmente é 30 anos, e mais de um quarto dos jogadores têm mais de 50. Quase metade são mulheres.[5]

Com quatro décadas de ajustes atrás de si, os desenvolvedores de jogos conhecem todos os botões psicológicos e neurológicos que precisam ser apertados a fim de nos manter completamente imersos. Em Chore Wars, as recompensas pela conclusão de aventuras são imediatas, e você pode acompanhar o aperfeiçoamento dos poderes e das habilidades do seu avatar. Isso pode soar trivial, mas um progresso constante, mensurável e gradual é precisamente o que o cérebro procura.

Para persuadir os jogadores a fazerem coisas que geralmente não gostariam de fazer, Chore Wars oferece recompensas. Cada aventura produz recompensas diferentes, e os jogadores têm liberdade para escolher as aventuras que querem enfrentar. Isso elimina o fator da coerção e transforma o trabalho doméstico em uma série de atos voluntários e estratégias criativas.

Chore Wars também se baseia nas relações sociais. Os jogadores recebem comentários de rivais, congratulações por finalmente terem ganhado acesso, digamos, para as calhas ou provocações bem-humoradas por evitarem as aventuras mais difíceis. Como animais sociais, adoramos interagir com outros jogadores numa competição, especialmente quando ganhamos a aprovação dos nossos companheiros.

Minha esposa se mostra cética quando abro uma conta para nós em Chore Wars. "De que adianta transformar o trabalho doméstico num jogo?", ela pergunta. "Por que não oferecer simplesmente prêmios ou recompensas por realizar tarefas de verdade?" Nossa filha tem a resposta na ponta da língua: "Porque se for um jogo é mais divertido."

Depois que minha esposa decide ficar de fora, nós criamos um grupo chamado Bennerley Band. Meu avatar é um camponês

JOGUE: RESOLVENDO PROBLEMAS UM JOGO DE CADA VEZ

de barba vestido como um centurião romano. Meu filho escolhe um mago mascarado com olhos frios. Minha filha escolhe uma guerreira glamorosa com um capuz roxo. Fazemos uma lista de aventuras que vão de colocar e tirar a mesa a guardar meias e fazer camas. Depois disso, estabelecemos as recompensas. A conclusão de uma aventura vale um número fixo de pontos de experiência, mas também gera um número imprevisível de moedas de ouro e a chance de ganhar um tesouro, como uma capa de invisibilidade, poções ou uma espada.

Isso significa que nunca sabemos exatamente qual será nossa recompensa total, o que é um estímulo neurológico. Estudos mostram que o cérebro produz dopamina quando alcançamos um objetivo, ganhamos um prêmio ou obtemos uma vitória. Contudo, libera ainda mais endorfina quando as recompensas são novas e incertas — é por isso que jogos de azar são tão viciantes. Em jogos como Chore Wars, triunfos agradáveis, mas imprevisíveis, fazem o cérebro liberar uma boa quantidade de dopamina, e com isso nos fazem voltar.

O Bennerley Band começa bem. Nós três percorremos a casa em busca de aventuras. Meu filho pega o máximo possível de roupas sujas que consegue para colocar no cesto do andar de cima, enquanto minha filha trás três rolos de papel vazios do banheiro para colocar na lata de reciclagem. Duas tarefas já foram. Surpreendo-me arrumando todos os sapatos, botas e patins no vestiário — mais uma já foi. A princípio, temi que a novidade logo cansasse, mas estava errado. Certa noite, cinco dias depois de começarmos, ouço as crianças ameaçando fazerem as camas uma da outra de manhã. Uma semana depois de entrarmos no jogo, a porta da frente se abre e fecha durante o café da manhã. Pergunto-me se alguém está invadindo a casa, mas então minha filha entra na cozinha com o leite, o que lhe rende dez preciosos pontos, 24 peças de ouro e uma adaga.

Decidimos que nossas moedas e tesouros podem ser transformados em prêmios do mundo real que vão de uma música no iTunes e um sorvete na sorveteria local a um ingresso para uma partida do Chelsea. Mas fica claro que os prêmios são apenas parte da brincadeira. Também nos apaixonamos pelo jogo propriamente dito, pela excitação e pelo prazer de jogarmos juntos, pelo entusiasmo que vem quando lideramos a competição ou ganhamos um tesouro inesperado. Meu filho me envia uma mensagem de texto se gabando por ter ultrapassado meu total em moedas de ouro depois de ter arrumado o quarto. Mais tarde, me pego entrando no website de Chore Wars no trabalho para checar as pontuações e planejar minhas aventuras para a noite. Tenho que confessar que quando o jogo me premia com um tesouro inesperado pela primeira vez — um compasso mágico — esmurro o ar de satisfação. A última comprovação que faltava vem dez dias depois do início do experimento, quando minha filha se aproxima de mim na cozinha com um pedido que antes de Chore Wars teria sido impensável: "Por favor, por favor, por favor, podemos arrumar juntos as meias?"

É por isso que Chore Wars é apenas a ponta do iceberg. No mundo inteiro, as escolas descobrem que ensinar com jogos eletrônicos pode levar as crianças a fazerem suas tarefas de casa com prazer. Voluntariamente, minha filha corre para o computador da cozinha para testar suas habilidades aritméticas contra crianças do mundo inteiro em um jogo online chamado *Mathletics*. Em 2010, quando veio à tona que os membros do parlamento britânico vinham gastando numa escala épica, a mídia precisou recrutar um exército instantâneo de pesquisadores para encontrar evidências de irregularidades em quase meio milhão de páginas de documentos. Quantos cidadãos ultrajados não teriam se voluntariado para ajudar se simplesmente tivessem recebido os documentos em um

PDF gigantesco por e-mail? Exatamente. Em vez disso, o *Guardian* transformou a caça a despesas duvidosas em um jogo online. Resultado: mais de 30 mil pessoas juntaram-se à corrida para desencavar cada pequena pepita de escândalo em troca de nada além da excitação do jogo.[6]

O que motiva programadores de enorme talento a devotarem centenas de horas não remuneradas nas competições do MATLAB? Com certeza não é a perspectiva de ganhar o grande prêmio: uma camiseta da MathWorks. O que os motiva é a excitação do jogo, bem como o prazer e as congratulações provenientes de jogarem bem com iguais.

Os jogos podem nos ajudar até mesmo a vencer a inércia que nos prende a maus hábitos. Tomemos o singelo pedômetro como exemplo. Como verdadeiros jogadores, seus fãs contam os passos obsessivamente e competem, torcem e trocam dicas em grandes comunidades on-line. O resultado é que em média um usuário do pedômetro acaba dando 2 mil passos a mais por dia.[7] Em 2011, residentes de uma rua em Brighton, Inglaterra, começaram a marcar seu uso diário de energia elétrica. Com a ajuda de um artista grafiteiro e uma caixa de giz colorido, eles registraram seu consumo médio num infográfico no estilo de um jogo eletrônico no meio da rua. Para despertar a competitividade, o placar comparava o consumo da rua com o de outras partes da Grã-Bretanha e outros países. Cada residente precisava economizar mais energia do que seu vizinho, enquanto a rua deveria superar rivais do mundo inteiro. Em algumas semanas, o consumo médio de eletricidade da rua caiu em 15%.[8]

A medicina também está cedendo aos benefícios dos jogos. Um dos problemas mais difíceis enfrentados por médicos, planos de saúde e indústria farmacêutica atualmente é a nossa insistência em não seguir ordens médicas.[9] Quando vamos ao médico, voltamos para casa com medicamentos, mas apenas cerca de metade de nós toma os comprimidos conforme recomendado. Nos Estados Unidos, essa "desobediência" leva a 125 mil mortes que poderiam ter sido prevenidas e gera um custo extra de 100 bilhões de dólares para o sistema de saúde.

Os jogos podem ajudar a mudar isso. Muitos diabéticos do tipo 1, especialmente adolescentes, não conseguem acompanhar sua glicemia, que determina a quantidade de insulina de que precisam. Afinal de contas, quem quer furar o dedo com um medidor de glicose quatro vezes por dia quando se está na escola? Para contornar essa aversão, o Centre for Global eHealth Innovation, em Toronto, desenvolveu um aplicativo para smartphone que transforma o processo num jogo. Cada vez que os adolescentes checam seu nível de açúcar no sangue, recebem um tapinha eletrônico nas costas com créditos para gastarem na loja do iTunes. Resultado: o número de checagens aumentou em 50%.

Quando é necessário modificar um comportamento arraigado, um elemento presente nos jogos é particularmente promissor: o retorno. Você já percebeu como aqueles indicadores que emitem sinais eletrônicos para informar sua velocidade no momento em que você passa têm se multiplicado? A princípio, eles parecem sem sentido. Afinal de contas, o velocímetro no seu painel já lhe dá essa informação. E não há nenhum tipo de coerção por trás dos indicadores: nem câmeras, nem policiais nas proximidades com radares, nem ameaça de multa. O máximo que pode acontecer é você receber um alerta de "Reduza a velocidade". No mundo inteiro, contudo, esses indicadores têm nos inspirado a observar o limite de velocidade. Ao receberem o alerta, os motoristas reduzem a velocidade em média em 10% — e continuam dirigindo mais devagar por vários quilômetros depois. Um desses indicadores apareceu recentemente perto da minha casa em Londres. Ele está

JOGUE: RESOLVENDO PROBLEMAS UM JOGO DE CADA VEZ

fixado num poste de iluminação em uma longa rua larga e reta onde acho particularmente fácil passar do limite de velocidade sem me dar conta. Bem, a verdade não é essa: antes de o indicador ser instalado, eu sabia quando estava infringindo a lei, e me mantinha atento a qualquer sinal de policiais ou câmeras. Agora, entretanto, sempre que o indicador dispara um alerta, tiro um pouco meu pé do acelerador. Todas as vezes que minha velocidade cai para perto do limite legal, não posso evitar sentir um sabor de vitória. Quando o indicador me informa que alcancei as mágicas 30mph, passo por uma versão modesta da mesma corrente de realização que mantém os amantes de jogos eletrônicos sentados diante do computador por horas.

Talvez isso seja uma evidência de que preciso sair mais. Todavia, o meu jogo com o indicador eletrônico de velocidade é uma reação perfeitamente natural ao que os psicólogos chamam de ciclo de feedback.[10] Desde que os homens da caverna começaram a brincar com pedras e pedaços de pau, resolvemos problemas por tentativa e erro. Um feedback rápido, claro e regular está no cerne desse processo: precisamos saber como estamos nos saindo *agora* a fim de podermos planejar como nos sair melhor *depois*. Em outras palavras, o cérebro humano está condicionado a responder ao desafio implícito dos indicadores eletrônicos de velocidade.

Quando reciclamos garrafas ou jornais, ou doamos roupas que não usamos mais para a caridade, não há ciclo de feedback. Ninguém lhe diz em quanto você reduziu suas emissões de carbono, deixando-lhe apenas um senso vago de ter feito a coisa certa. Compare isso ao uso de um pedômetro, que lhe dá o número de passos que você dá em tempo real; ou a dirigir um Toyota Prius, cujo painel exibe a milhagem por galão de cinco em cinco minutos. Tire o pé do acelerador só um pouquinho, e o número aumenta. Acelere ou ligue o ar-condicionado se quiser vê-lo cair. Esses são exatamente o tipo de ciclo de feedback que transforma uma tarefa simples em um desafio pessoal, ou até mesmo num jogo. Como os usuários de pedômetros, proprietários do Prius usam a internet para se gabar de seus números de milhagem por galão e trocar dicas sobre como reduzi-los. Danny Hernandez, dono de um restaurante em São Francisco, cantarola *We Are The Champions*, do Queen, sempre que seu painel mostra 60 milhas por galão. "Sinto algo quando vejo aquele número de milhagem subir, e saber que fui eu que fiz isso acontecer é muito legal", diz ele. "Acho que me transformou num nerd da milhagem total." Também o transformou num motorista melhor, tendo resolvido um problema com velocidade que ele tinha desde a adolescência.

Os ciclos de feedback são diferentes. Se forem sutis demais, dissolvem-se no barulho de fundo da vida diária; se forem agressivos demais, acabamos por descartá-los. O segredo está na tênue linha entre uma coisa e outra, com um sinal que, como os indicadores eletrônicos de velocidade ou o painel do Prius, chame a atenção, mas não de forma opressiva. Seja para convencer as pessoas a dirigirem mais devagar, tomarem seus remédios, usarem menos energia, pararem de fumar ou se alimentarem de forma mais saudável, os ciclos de feedback costumam produzir uma melhora por volta de 10% no comportamento. Nada arrebatador, é claro, mas o bastante para lhe render um lugar na caixa de ferramentas de todo Solucionador Gradual, e esse é o motivo que dá ao feedback um papel em tantas das soluções que já vimos. Lembre-se dos pedestres em Bogotá censurando os motoristas com cartões exibindo polegares para cima ou para baixo, e de como a RAF telefona para os membros de esquadrões que informam erros ou incidentes em 24 horas e os mantém informados sobre o progresso do caso.

Uma das maiores defensoras da canalização dos jogos eletrônicos para ajudar na mudança de comportamento é Jane McGonigal, uma

JOGUE: RESOLVENDO PROBLEMAS UM JOGO DE CADA VEZ   277

desenvolvedora de jogos de 34 anos que mora em São Francisco. Seu livro *Reality Is Broken* é uma convocação, um manifesto sobre como os amantes de jogos on-line podem ajudar a resolver problemas do mundo real. Organizações, do Banco Mundial e do Departamento de Defesa dos Estados Unidos ao McDonald's, não hesitaram em procurar sua ajuda.

Encontramo-nos em Londres. Com os olhos incrivelmente azuis, cabelos loiros encaracolados, jeans preto, camiseta preta e manguitos de caxemira, ela parece uma versão do Vale do Silício de uma musa pré-Rafaelita. McGonigal é um poço de energia determinada, as palavras fluindo como texto num teleimpressor de cotações da bolsa. Assim que nos sentamos, ela começa a me dizer como os jogos eletrônicos podem moldar nossas mentes para resolverem melhor os problemas.

"Quando jogamos, nos sentimos as melhores versões de nós mesmos. Nos sentimos tão inteligentes, capazes e autoconfiantes. Temos todos esses aliados que podem nos ajudar a resolver nossos problemas, e isso pode nos levar a estabelecer objetivos realmente ambiciosos e nos manter firmes no caminho para alcançá-los, a sermos muito mais resistentes diante do fracasso", diz ela. "É um tipo muito especial de energia. Passar o mesmo tempo assistindo à televisão não faz as pessoas pularem do sofá e quererem salvar o mundo. Os jogos realmente nos colocam num estado mental e sentimental que nos torna mais aptos a fazer algo extraordinário no mundo."

McGonigal não para por aí, e explica por que os jogos podem ser um ingrediente crucial da Solução Gradual. Eles não somente podem nos inspirar a sair do sofá e enfrentar desafios (e tarefas domésticas) que geralmente evitaríamos, como também podem liberar a energia criativa necessária para criarmos as melhores soluções.

"Jogadores são acima de tudo solucionadores", diz McGonigal. "Os melhores jogos nos ensinam a começar a resolver o problema antes de conhecermos todos os parâmetros; a explorar o mundo, testando o que os diferentes recursos podem fazer, interagindo com sistemas só para descobrir como funcionam; a sermos abertos a qualquer desafio que aparecer; a abordarmos os desafios com curiosidade e tranquilidade; a estarmos completamente atentos ao ambiente e ao quadro geral; a continuarmos fazendo o melhor que pudermos quando nossas primeiras soluções não funcionam; a sermos otimistas e conservar uma energia positiva."

Isso não é tão estranho quanto parece. Os jogos podem ser uma forma de nos relacionarmos profundamente com o mundo e com nós mesmos. Os artistas sempre souberam que uma mente amante da diversão pode revelar os segredos mais incríveis. Picasso falava sobre conservar a criança dentro dele para pintar. Henri Matisse observou que "um tremendo espírito de aventura e o amor pelas brincadeiras" são a marca registrada dos pesos-pesados da criatividade. Na ciência também os testes dos limites pela simples diversão com frequência são o primeiro passo em direção aos golpes de genialidade que rendem prêmios Nobel. Sir Isaac Newton escreveu: "Tenho a impressão de ter sido uma criança brincando à beira-mar, divertindo-me em descobrir uma pedrinha mais lisa ou uma concha mais bonita que as outras, enquanto o imenso oceano da verdade continua misterioso diante de meus olhos." Albert Einstein foi mais sucinto: "Para estimular a criatividade, devemos desenvolver a inclinação infantil para as brincadeiras." O lema pessoal de Steve Jobs era: "Seja sempre faminto. Seja sempre tolo."

Isso faz sentido neurologicamente. A dopamina liberada durante um jogo não apenas nos faz sentir bem, mas nos ajuda a nos concentrar e aprender, acionando partes do cérebro responsáveis pelo pensamento criativo e pela resolução de problemas. Num sentido psicológico, McGonigal está certa: os jogos moldam nossa mente para a Solução Gradual.

É claro que nem todos os jogos tiram o máximo dos nossos cérebros. Muitos oferecem pouco mais que uma montanha-russa de excitações passageiras em que a mera busca de bônus, recompensas e pontuações elevadas torna-se a meta propriamente dita. Por outro lado, outros são um verdadeiro campo de treinamento para a Solução Gradual. Em vez de nos dar gratificações instantâneas, os jogos mais arrebatadores demandam horas de esforço e concentração intensa. Os jogadores se tornam especialistas na arte da tentativa e do erro, e também em manter a mente aberta. Em cerca de 80% das tentativas, eles não conseguem concluir as tarefas — encontrar um tesouro, por exemplo, ou matar um dragão —, mas aprendem com seus erros e tentam outra vez.[11] Preferindo ir no caminho oposto do espírito "o jogador leva tudo", muitos jogos de sucesso alcançam o equilíbrio entre a competição e a colaboração, entre o trabalho individual e o trabalho em conjunto. Assim que a última versão de um jogo chega ao mercado, fãs correm para a web a fim de comparar impressões e ajudar uns aos outros a serem melhores. Jogos como Chore Wars funcionam porque os jogadores competem dentro do contexto de uma missão compartilhada, e não no do saque ao vizinho ou do "cada um por si". "A competição é uma parte saudável dos jogos, mas não quando se torna intensa demais", diz McGonigal. "É por isso que sempre desenvolvo meus jogos não de forma que os erros dos outros beneficiem você, e sim seus sucessos. Você não quer que as pessoas tentem sabotar umas às outras, mas sim que lutem pela melhora de todos."

Já vimos um espírito de brincadeira no trabalho em várias Soluções Graduais. Lembre-se de como Bogotá mandou mímicos para as ruas a fim de ajudarem na mudança de atitude de motoristas e pedestres. Ou de como organizações beneficentes podem competir pelo Prêmio do Erro Brilhante. As melhores soluções do Odyssey of the Mind reúnem uma linha séria de pensamento a um

280 SOLUÇÃO GRADUAL

desempenho descontraído. Como McGonigal coloca: "A diversão e o Prêmio Nobel estão ligados."

Certamente é assim que muitos jogadores pensam. Em 2003, quando a Organização para a Cooperação e Desenvolvimento Econômico (OCDE) testou a habilidade de adolescentes de 15 anos do mundo inteiro na resolução de problemas que estavam além de seus currículos escolares, o destaque ficou com a Coreia do Sul.[12] O que explica isso? Não há um consenso. Com sua ênfase em exames, sua carga horária opressora e uma rotina de aprendizagem automática, inconsciente, o sistema educacional da Coreia do Sul não é famoso pelo estímulo do pensamento criativo. Seria a explicação a obsessão nacional por jogos eletrônicos?

A Coreia do Sul é o país mais conectado da Terra, e os jogos eletrônicos são um esporte nacional, com torneios que atraem milhares de espectadores e têm cobertura ao vivo de televisão. Os maiores jogadores são ídolos nacionais, reverenciados por fãs e apoiados por grandes somas em dinheiro. Entretanto, toda essa paixão por jogos eletrônicos também tem um lado negativo. Vários sul-coreanos já morreram durante maratonas de jogos, e o governo montou uma rede de centros e acampamentos de aconselhamento para ajudar jogadores a superarem o "vício pela internet". Ainda assim, a comunidade de jogadores aponta para evidências de que as inúmeras horas passadas em calabouços virtuais e mundos alienígenas on-line estão tornando as crianças coreanas mais inteligentes — e melhores solucionadoras.

Para descobrir mais, vou para a Cidade de Chuncheon, 75 km a nordeste da capital Seul. Mesmo num dia de sol glorioso, as lan houses que percorrem a rua principal estão movimentadas. Zone and Zone é a típica lan house. Subindo uma escada suja, passando por cartazes de jogos icônicos como *Starcraft*, *Lineage* e *World of Warcraft*, a sala de jogos é uma caverna sufocante com pouca luz e um cheiro entranho de cigarros e chulé. Uma geladeira grande perto da porta está cheia de alimentos característicos de rapazes solteiros: caixas de leite, latas de refrigerante, chá gelado e suco. Há uma chaleira para fazer sopa instantânea e um micro-ondas para esquentar pizza. Fileiras de jovens, a maioria homens, sentados em cadeiras de braço acolchoadas, jogam concentrados nas telas de computador. Cada cabine possui um pager eletrônico que lhes permite chamar uma garçonete sem tirar os olhos da tela.

O Zone and Zone fica aberto 24 horas por dia a semana inteira, e vários clientes passam dias jogando, tirando cochilos nas cadeiras entre os jogos. O recorde é duas semanas. "Eles parecem zumbis quando saem daqui", diz uma garçonete.

Mas não há nada que nos lembre zumbis nesses jogadores enquanto estão em ação. Muito pelo contrário: eles parecem cheios de ideias e ingenuidade. Sento-me para observar três amigos jogando *Mabinogi*, complexo jogo de fantasia que envolve enfrentar monstros e encontrar tesouros. Dois lutam com guerreiros samurais como avatares, enquanto o terceiro controla uma feiticeira de cabelos negros e saia curta. Quando entram numa masmorra virtual com detalhes ricos, um minotauro sai das sombras para atacar. "Vamos atacá-lo juntos e depois nos preocupamos com os outros", grita o primeiro rapaz. Seus dois amigos juntam-se à briga até que o minotauro é reduzido a uma pilha de membros decepados. Nesse momento, é como se as portas para o inferno tivessem sido abertas com o ataque de um exército de inimigos, incluindo ursos polares e ogros. O som da batalha — o choque do aço, explosões, gritos de dor — ressoa. "Pega o da esquerda", grita o segundo rapaz para o primeiro. "Eu fico com esses dois, e depois volto para ajudar." Sem perguntar a opinião dos outros, o terceiro afasta-se para disparar pequenas balas de canhão. Quando um dos samurais é atingido por um enorme lagarto vermelho, pergunta à feiticeira: "Você tem alguma porção curativa?"

A resposta vem num sussurro apressado: "Sim, mas vamos deixá-la para um inimigo maior. Agora, vamos matar este juntos." Quando começa a usar feitiços para ajudar o companheiro ferido, ele grita com um sorriso: "E por que você é tão fracote?"

O trio passa cerca de 25 horas por semana junto jogando *Mabinogi* no Zone and Zone. Eles já alcançaram o nível 53 e esperam alcançar o nível 70 em seis meses. É assim que relaxam e se divertem. Entretanto, os três estão convencidos de que jogar está ajudando-os a resolver melhor os problemas do mundo real.

Vestindo o uniforme universal dos jogadores — jeans, camiseta e tênis —, Cho Hyun Tae joga pelo menos vinte horas por semana desde os 12 anos. Atualmente com 19, é ele quem controla a feiticeira, e parece o mais ponderado do trio de *Mabinogi*: "No momento em que começa a jogar, você pode sentir seu cérebro passando para o modo de resolução de problemas", conta. "Todo o resto fica em silêncio e você se concentra completamente. Você precisa descobrir como o jogo funciona, como tudo se encaixa, como lidar com os efeitos das suas próprias ações, a equilibrar vitórias de curto prazo com sua estratégia de longo prazo. Você não vê o tempo passar e mergulha completamente no momento. É como uma coisa Zen."

Os rapazes gostam especialmente do trabalho em equipe que move tantos Solucionadores Graduais. Os três estudam produção de vídeo numa universidade local, e acham que as horas passadas jogando ajudam-nos a colaborar com mais criatividade em suas tarefas de casa. "No jogo, não estamos competindo um contra o outro, trabalhamos juntos como uma equipe, pois a colaboração é a chave para a resolução de problemas", diz Cho. "Cada membro da equipe tem seu próprio papel, suas próprias forças, fraquezas, ideias e experiência. Jogar em equipe ensina você a se relacionar melhor com os outros e a combinar os diferentes talentos."

Um dos samurais, Ji Park, entra na conversa. "Quando você joga, também aprende a deixar seu ego de lado", diz. "Pede ajuda quando

JOGUE: RESOLVENDO PROBLEMAS UM JOGO DE CADA VEZ   **283**

se mete em encrencas, admite seus erros, está sempre tentando aprender e a ajudar seus companheiros. Os melhores jogadores são os humildes."

Cho balança a cabeça vigorosamente em concordância. Ele bebe um gole de uma caixa de leite antes de retornar ao tema. "É por isso que nunca é tão fácil ou agradável jogar com estranhos", diz. "É aí que você percebe como você conhece seus companheiros de equipe e como a experiência compartilhada e a comunicação instantânea são a chave para o seu sucesso." Exatamente como acontece numa equipe de Fórmula 1.

Jogar pode até mesmo ajudar a resolver problemas científicos complicados. *Foldit* é um jogo on-line em que qualquer pessoa pode apresentar uma nova forma de dobrar sequências complexas de proteína para gerar formas tridimensionais estáveis — o primeiro passo para o desenvolvimento de novas drogas. Ele possui vários dos elementos padrões dos jogos, incluindo gráficos coloridos, uma trilha sonora estimulante, uma tabela de pontuação que está sempre mudando e muita colaboração. Embora a maioria dos 250 mil jogadores não tenha experiência anterior em dobrar proteínas, muitos descobriram, com o jogo, um talento para a tarefa, superando até mesmo os melhores algoritmos. Quando os pesquisadores desafiaram os jogadores a resolverem dez quebra-cabeças numa competição direta com o melhor software Rosetta, eles venceram cinco e empataram em três, enquanto nenhum dos dois lados chegou sequer perto de resolver os dois restantes. Os cientistas agora buscam formas de incorporar as técnicas de resolução de problemas usadas pelos jogadores amadores de *Foldit* — como a montagem de estruturas intermediárias quimicamente instáveis — aos algoritmos Rosetta.

Em 2011, fãs de *Foldit* fizeram sua primeira descoberta médica ao desvendarem a estrutura de uma proteína essencial para a replicação do vírus HIV. A modelagem da protease retroviral havia escapado aos cientistas por anos; os jogadores de *Foldit* quebraram o código em dez dias. Escrevendo na *Nature Structural and Molecular Biology*, os cientistas por trás do jogo celebraram o avanço como um marco: "Embora recentemente tenha sido dada muita atenção ao potencial do *crowdsourcing* e dos jogos, este é o primeiro exemplo do nosso conhecimento em que jogadores on-line desvendaram um antigo problema científico." Poucos meses depois, os jogadores de *Foldit* tiveram outra vitória épica ao desenharem uma proteína inteiramente nova do zero.

Alguns atualmente falam na possibilidade de uma nova Revolução Científica movida pelos jogos eletrônicos. Reconhecendo a possibilidade, a revista *Nature* abriu exceções em suas regras para incluir jogadores na lista de autores, com um artigo sobre as vantagens do *Foldit*. "Nosso objetivo final é estimular pessoas comuns a jogarem e se tornarem candidatas ao Prêmio Nobel de biologia, química ou medicina", diz Zoran Popovic, professor de ciência e engenharia da computação na Universidade de Washington e um dos principais pesquisadores do projeto *Foldit*. "Esperamos mudar a forma pela qual se faz ciência, e também quem a faz."

McGonigal acha que a ciência é apenas o começo. Em 2010, junto ao Instituto do Banco Mundial, ela desenvolveu o EVOKE, um jogo que encoraja os jogadores a resolverem problemas dos países em desenvolvimento. Uma semana, a missão pode ser encontrar uma fonte de energia renovável para uma vila; na próxima, melhorar o acesso de um indivíduo a alimentos e a água potável. Embora use os mesmos recursos que mantêm os jogadores de *Mabinogi* grudados nos assentos por dias — gráficos atraentes, missões, recompensas, níveis, retorno — o EVOKE tem o objetivo de minimizar o tempo passado diante do teclado. Em média, os jogadores passam de cinco a seis horas em missões no mundo real para cada hora passada em frente à tela. "Estamos tentando pegar pessoas comuns, que acham que não têm um papel positivo para exercer nos esforços de escala

JOGUE: RESOLVENDO PROBLEMAS UM JOGO DE CADA VEZ

planetária, e lhes dar o senso de que podem contribuir como indivíduos para tornar o mundo melhor", diz McGonigal.

Mas o EVOKE também é um exercício para descobrir talentos no meio da multidão — os John Harrisons da iniciativa social. Os melhores jogadores são recompensados com dinheiro e aconselhamento de inovadores sociais. "Queremos descobrir os mais talentosos e motivados", diz McGonigal, "investir em seu capital social, desenvolvimento e otimismo, pois alguns deles um dia podem ganhar o prêmio Nobel."

Embora poucos de nós um dia possamos desenvolver nossos próprios jogos on-line, ainda assim podemos usar nosso instinto de jogadores. Reserve mais tempo a atividades divertidas e desafiadoras na sua vida particular. Faça uma aula de comédia de improviso, ou chame amigos e família para noites de jogos regularmente. Da próxima vez que uma criança pedir a você que entre numa brincadeira de faz de conta, sente-se no chão e deixe sua imaginação voar. Se não pode contratar alguém como McGonigal para transformar seu problema num jogo, procure outras formas de incorporar componentes de jogos — humor, diversão, competição, retorno — na sua Solução Gradual.

Como ferramentas para a resolução de problemas do mundo real, os jogos ainda têm um longo caminho a percorrer. Entretanto, os desenvolvedores ainda estão refinando seus conhecimentos em relação ao que funciona e ao que não funciona. Quando o assunto são os gráficos, a narrativa, a experiência do usuário, paletas de cores e a gestão de comunidades, cada novo jogo ainda precisa se aperfeiçoar na última. "Ainda estamos na Idade das Trevas em termos do potencial dos jogos, mas estamos melhorando continuamente", diz McGonigal. "Há uma evolução constante."

14
Evolua: Já chegamos lá?

Estou para ver um problema, por mais complicado,
que, quando examinado pelo ângulo certo, não se torne
ainda mais complicado.

Poul Anderson

Marco Segovia avistou o inseto pela primeira vez na sua sala de estar. Ele saiu debaixo de um sofá, fez um pequeno arco e depois voltou rapidamente para o esconderijo. Parecia uma barata ou um besouro com listras amarelas.

Segovia é um fazendeiro de San Felipe de Aconcágua, região inóspita aninhada no sopé dos Andes, no Chile. A paisagem daqui parece ter sido tirada de um filme de faroeste — árida, rochosa, pontilhada por cactos e arbustos. No céu, condores voam preguiçosamente no azul Tecnicolor. Segovia cria galinhas e cabras, e mora com a mulher e dois filhos numa pequena cabana com teto de zinco. Insetos são comuns aqui, mas a visão que teve na sala foi como um estalo na mente de Segovia. "Imediatamente soube que tínhamos um problema", conta ele.

O inseto que ele viu naquele dia era um barbeiro, que transmite o parasita mais letal das Américas. O *Trypanosoma cruzi* foi descoberto em 1909 pelo médico brasileiro que deu seu nome à doença que ele transmite: Chagas. Não se sabe qual foi a origem do parasita. Alguns dizem que ele apareceu pela primeira vez na Bolívia e depois foi propagado pelo continente pelos Incas ou pelos colonizadores europeus. Outros acreditam que ele sempre existiu em toda a América Latina. O que está claro é que o barbeiro é um assassino furtivo. Ele pousa no rosto da vítima enquanto ela dorme, pica sua pele e suga sangue o bastante para aumentar em várias vezes seu tamanho original. Esse processo vampiresco leva 20 minutos, não causa dor alguma e raramente acorda a vítima. Alguns se referem ao barbeiro como "beijoqueiro", mas seu beijo pode ser fatal. Enquanto se alimenta, o barbeiro expele fezes que podem estar infectadas pelo *Trypanosoma cruzi*, que penetra os tecidos da vítima e vai para os órgãos. Cerca de 10% das pessoas infectadas desenvolvem a doença de Chagas em seu maior nível de gravidade. Além de um inchaço na região da pele ao redor da picada, os primeiros sintomas podem ser desde febre, vômitos e convulsões a falta de ar e rigidez muscular no pescoço. Às vezes, a morte vem logo em seguida por falência dos órgãos. Mas a doença de Chagas tem uma variação mais sinistra. Em muitos casos, as vítimas desenvolvem um inchaço não diagnosticado, e depois seguem vivendo uma vida aparentemente saudável — até morrerem de falência dos órgãos anos mais tarde. Antes de eu me mudar para a América do Sul nos anos 1990, meu médico me receitou todas as vacinas possíveis e um único conselho: nunca adormeça no chão de uma casa de barro, o campo de caça favorito do barbeiro. Alguns afirmam que Charles Darwin foi infectado com a doença de Chagas durante sua viagem pioneira à América do Sul no século XIX. Ao longo de sua vida, ele sofreu de uma cornucópia de sintomas, incluindo espasmos musculares, vômitos, eczema, zumbido no ouvido e cólicas, entre outros. Ele acabou morrendo de parada cardíaca. Em 1835, narrou em seu diário um incidente ocorrido na Argentina, do outro lado dos Andes em relação à fazenda de Segovia: "À noite, sofri um verdadeiro ataque (pois este é o nome que merece) de benchucas [sic], (...) o grande percevejo preto dos Pampas. É uma sensação revoltante sentir esses insetos macios, sem asas, com cerca de uma polegada de comprimento, caminhando sobre o nosso corpo. Antes de sugar eles são bem magros, mas depois eles se tornam arredondados e inchados com sangue e, nesse estado, são facilmente esmagados."

Por sorte, a família de Segovia sabia exatamente como resolver o problema. Eles mataram o barbeiro, colocaram-no num pequeno recipiente de vidro e o enviaram para ser analisado num laboratório da capital, Santiago. Apesar de o inseto não estar contaminado com a doença de Chagas, as autoridades do sistema de saúde local enviaram uma equipe para dedetizar sua casa três vezes. "Não vimos outro barbeiro aqui desde então", diz Segovia, dono de uma compleição sólida e de um sorriso desconfiado. "É um grande alívio saber que estamos seguros em nossas camas agora."

Combater doenças infecciosas é um dos problemas mais urgentes e complexos da humanidade. A cada ano, a malária, a tuberculose, a diarreia, o HIV/AIDS matam 11 milhões de pessoas e destroem a saúde de outros milhões. Considerando esses números, nos sentimos tentados a procurar uma solução rápida, uma droga mágica para erradicar à doença num piscar de olhos, um passe de mágica farmacológico. Mas se aprendemos alguma coisa ao longo da nossa jornada, foi que resolver problemas difíceis leva tempo, paciência e muito esforço.

O Chile tem tido mais sucesso do que a maioria na batalha contra a doença de Chagas. No início dos anos 1990, os barbeiros habitavam cerca de 18% das casas do país, com esse número chegando a 40% nas áreas mais afetadas.[1] Atualmente, a média está perto dos 0,1%. O último caso confirmado de infecção de um humano por um barbeiro foi em 1999.

O país chegou a esse resultado por meio da adoção de muitos dos ingredientes da Solução Gradual. Pela abordagem holística, o Chile ancorou a batalha contra a doença de Chagas a um esforço mais amplo para aumentar os padrões de vida. O barbeiro se prolifera nos cantos escuros de casas pobres da zona rural. Com habitações melhores e iluminação elétrica, foi possível afastar uma boa parte dos insetos. Hoje em dia, a maioria das casas tradicionais de barro, cujos orifícios das paredes são o habitat perfeito para os mosquitos, são habitadas por gado, e não por seres humanos.

De acordo com todos os chilenos, o crédito é de um engenheiro carismático que passou 22 anos exercendo um papel catalítico na batalha contra a doença de Chagas, mas também houve um grande trabalho de equipe e muita colaboração. Em 1991, o país juntou-se ao Brasil, à Argentina, à Bolívia, ao Paraguai, ao Peru e ao Uruguai num esforço conjunto do Cone Sul para se livrar da doença de Chagas. As sete nações vêm trabalhando juntas na dedetização de milhões de casas e na eliminação da infecção nas fronteiras. Eles criaram uma comissão de especialistas que desenvolveu uma base de dados incrível de conhecimento, uma cultura robusta de feedback e autoavaliação e um forte espírito de equipe. Os chamados *vinchuqueros* conhecem seu inimigo tão bem quanto Peter Hodgman conhece um carro de Fórmula 1.

O Chile também recorre à multidão fora do mundo da medicina. Em regiões remotas, os batalhões de polícia responsáveis pelas fronteiras e as companhias de mineração divulgam informações sobre o barbeiro e levam insetos para análise. O Chile também trabalhou duro para vender sua Solução Gradual para o público.

EVOLUA: JÁ CHEGAMOS LÁ?

Em regiões infectadas, representantes da saúde falam regularmente sobre a doença de Chagas nas estações locais de rádio e televisão, e distribuem camisetas, chaveiros e folders em eventos públicos. As campanhas realizadas nas escolas transformaram as crianças em um pequeno exército caçador de insetos.

O Chile poderia ensinar uma ou duas coisas aos meninos da Burton sobre a atenção aos detalhes. Todo o sangue doado no país é analisado para a identificação da doença de Chagas, prática também aplicada aos recém-nascidos em áreas de risco. O país também adotou uma postura de tolerância zero em relação ao barbeiro. Se um único inseto for avistado, o aparato completo de controle de pragas é posto em ação. Uma equipe realiza três dedetizações na casa, retornando para dedetizá-la mais uma vez três anos depois. Eduardo Astudillo, que dedetiza residências de San Felipe de Acon-cágua há duas décadas, vê o resultado do seu trabalho diariamente. "Costumávamos fazer inspeções de rotina nas casas, e quando descascávamos as paredes, encontrávamos colônias inteiras de barbeiros", conta. "Agora, nunca encontramos insetos durante as inspeções. Em vez disso, somos chamados por proprietários que acham ter visto um inseto no chão. A ameaça atualmente é muito, muito pequena mesmo."

Assim, ao chegar ao Chile, espero encontrar a atitude típica dos vitoriosos do Ministério da Saúde para baixo. O que encontro, po-rém, é uma conduta muito mais sóbria: um orgulho pelo progresso feito acompanhado por alertas sombrios de que a batalha ainda não foi vencida, e talvez nunca seja.

Ainda não há vacina contra a doença de Chagas, e o tratamento continua caro, de eficácia incerta e apresentando uma boa proba-bilidade de produzir efeitos colaterais. Cerca de 14 mil latino-ame-ricanos continuam morrendo vítimas da doença diariamente, e o barbeiro provou-se mais resistente do que esperado. Com as taxas de detecção atualmente aumentando em partes do Brasil e da Argentina, os besouros com listras amarelas começaram a aparecer nas casas dos mais abastados nos arredores de Cancun, México. O turismo e a migração internacional provocaram uma proliferação da doença de Chagas, e hoje 10 milhões de pessoas podem estar infectadas no mundo inteiro, com mais de 10 mil destas morrendo anualmente.[2]

No Chile, a campanha contra a doença de Chagas já perdeu parte do impulso inicial. Nos dias atuais, as crianças das áreas infectadas preferem caçar amigos no Facebook do que insetos nos cantos escuros de suas casas. Os políticos chilenos preferem falar sobre obesidade, tema que atrai mais a atenção da mídia e financiamentos para o sistema de saúde. Vinte anos depois do estabelecimento da iniciativa do Cone Sul, muitos habitantes de Santiago têm apenas uma vaga ideia de que a doença de Chagas continua sendo uma ameaça nos cantos mais remotos de seu país.

O resultado disso é a redução das expectativas. O sonho original de erradicar completamente tanto o barbeiro quanto a doença de Chagas foi engavetado. Até mesmo a eliminação absoluta do mosquito das casas está começando a parecer ambiciosa demais. Atualmente, os responsáveis pelo sistema de saúde falam em "controlar" a infecção mantendo os barbeiros o mais longe possível dos humanos.

A mudança não surpreende. A única doença que a humanidade já erradicou foi a varíola, que agora existe apenas nos tubos de teste escondidos na Rússia e nos Estados Unidos. Talvez um dia possamos dizer o mesmo da dracunculose e da poliomielite, mas as campanhas de erradicação para quatro outras doenças — febre amarela, malária, tênia e ancilostomose — também esfriaram e acabaram simplesmente desaparecendo.

EVOLUA: JÁ CHEGAMOS LÁ?

O doutor Loreto Caldera, que acompanha a luta contra a doença de Chagas em San Felipe, não ficou surpreso com a resistência do barbeiro. "Insetos são bons sobreviventes, e não se pode fazê-los desaparecer da natureza", ele diz. "Aprendemos que nunca resolveremos o problema da doença de Chagas pela erradicação. Em vez disso, precisamos descobrir como viver com o problema, como coabitar com os barbeiros e adotar comportamentos para minimizar sua presença em nossas casas."

Talvez isso só sirva para ressaltar a verdade mais incômoda da busca pela Solução Gradual: não importa o quanto você planeje, pense, colabore, recorra à multidão e teste, não importa o quão incansavelmente motive, inspire e se conecte emocionalmente com as pessoas ao seu redor, não importa o quão humildemente aprenda com erros e incidentes, não importa a atenção dada aos detalhes ou a diversão tirada do processo, a verdade é que alguns problemas jamais poderão ser resolvidos. Ao menos não completamente. Eles podem demandar sacrifícios que não estamos dispostos ou aptos a fazer.

Dos conflitos entre casais, 69% vêm de "problemas perpétuos", ou que jamais poderão ser resolvidos — isso de acordo com o doutor John Gottman, um importante pesquisador da engrenagem dos relacionamentos.[3] Você sabe do que ele está falando: ele acha difícil expressar seus sentimentos; ela tem dificuldade em refrear os seus; os dois não entram num consenso em relação às finanças pessoais. Quando se trata de construir um casamento duradouro, o ingrediente secreto de Gottman é aprender a viver com essas diferenças irresolvíveis, exatamente como o Chile está procurando um modo de viver com o barbeiro.

Talvez muitos dos grandes problemas que enfrentamos hoje sejam simplesmente complexos demais para serem resolvidos. Será que realmente podemos acabar com a pobreza? Ou será que sempre existirão pessoas pobres? A resolução de um problema também depende do ponto de vista. Todos concordamos em relação ao que quer dizer o fim da pobreza? Ou sobre o que significa "resolver" o problema da mudança climática? "Os maiores e mais importantes problemas são fundamentalmente insolúveis", disse Carl Jung.

Não que seja o fim. Trata-se apenas de bom senso. Resolver problemas complexos em caráter permanente e para a satisfação de todos é uma tarefa hercúlea, talvez até mesmo a missão de um tolo. Esse tipo de problema com frequência é confuso, fluido e difícil de ser definido. Você nunca consegue controlar todas as variáveis ou prever todos os possíveis resultados. Muitas vezes, o simples ato de tentar resolver um problema, de colocar sua solução em ação, pode levar os parâmetros a mudar, gerando consequências indesejadas. Quando Bogotá limitou a circulação de automóveis pelo centro da cidade na hora do rush, suas ruas de repente ficaram mais tranquilas, limpas e menos congestionadas. Foi então que as traves do gol simplesmente mudaram de lugar. Os motoristas começaram a contornar a nova lei com a compra de um segundo ou até um terceiro carro. Resultado: Bogotá continua atormentada por engarrafamentos épicos. Até mesmo a ciência, que se baseia na solidez dos dados e das verdades empíricas, é uma paisagem de incertezas em constante mutação. Ainda falta muito para que compreendamos, quem dirá para que resolvamos, todos os nossos problemas científicos, e até mesmo os nossos axiomas mais valiosos podem oscilar. Desde que Einstein revelou a Teoria da Relatividade, todos os físicos passaram a se basear na ideia de que nada pode viajar mais rápido do que a velocidade da luz. E então veio o neutrino.

Isso não significa que devemos parar de tentar resolver problemas. Muito pelo contrário: o progresso alcançado pelo Chile contra a doença de Chagas serve para lembrar de que uma solução parcial na maioria das vezes é muito melhor do que nenhuma solução. Além disso, a maioria das soluções não enfrenta um prazo inadiável como o da final mundial do Odyssey of the Mind. Em vez disso, persistem em seu caminho no mundo real. Como a própria ciência, a maioria das Soluções Graduais que vimos são trabalhos em progresso, sujeitas a constantes ajustes, refinamentos e reinvenções. A Norsafe montou uma equipe de gestão para monitorar a sua transformação. "O mundo está em constante mutação, portanto nossa solução precisa adaptar-se para acompanhá-lo", diz o proprietário Geir Skaala. Vemos o mesmo espírito de evolução na Locke High School de Los Angeles. Quando ficou claro que alguns alunos não estavam acompanhando o progresso da escola, a Green Dot criou a academia Advanced Path. Quando a academia falhou, ela colocou as crianças menos motivadas num grupo cujo avanço é feito separadamente. "Nos orgulhamos de manter um controle rígido de tudo, então quando algo não está certo, não esperamos, retornamos imediatamente e começamos a fazer alterações", diz Marco Petruzzi. "Fazemos ajustes constantes no modelo."

Para sobreviver a longo prazo, até mesmo soluções consolidadas precisam se adaptar. Consideremos como exemplo o modelo de transplantes de órgãos da Espanha. Há vinte anos, 80% dos doadores com idades inferiores a 30 anos eram vítimas de acidentes de trânsito. Atualmente, graças à revolução da segurança nas estradas, 80% dos doadores têm mais de 40 anos e dão entrada nos hospitais com uma série de problemas de saúde, o que significa órgãos de qualidade comprometida que são difíceis de remover. Ao mesmo tempo, a estagnação econômica provocou o aumento dos já elevados índices de desemprego na juventude para 40%, colocando muitos desses jovens espanhóis contra o estado. "Estamos vendo cada vez mais parentes jovens dizerem: 'Não me peça nada, pois não vou doar os órgãos da minha mãe, do meu pai, da minha irmã, de ninguém'", diz o doutor Robles. "Nossos problemas econômicos levaram à redução da solidariedade e a uma reação de revolta contra o sistema como um todo." A fim de acompanhar as mudanças, a Espanha aumentou o esforço para promover o compartilhamento de dicas entre os hospitais a respeito de como remover órgãos e lidar com parentes relutantes. Um guia oficial de melhores práticas para o sistema de transplantes já está sendo produzido. As autoridades do sistema de saúde também estão investindo mais em campanhas que têm os jovens como público-alvo. "Não importa quanto sucesso você tenha, nenhuma solução jamais será perfeita ou completa", diz o doutor Robles. "Precisamos continuar procurando formas de melhorar e adaptar."

É por isso que o último ingrediente da Solução Gradual é a evolução. Este, evidentemente, é o modus operandi do melhor solucionador gradual do mundo: a Mãe Natureza. No mundo natural, cada mutação ocorrida em uma espécie tem tempo o bastante para comprovar seu sucesso. As que falham são rapidamente descartadas; aquelas que representam as soluções inteligentes de longo prazo rapidamente são replicadas para toda a espécie. Depois disso, o ecossistema inteiro ajusta-se para absorver a reação em cadeia à mudança. E ainda assim as adaptações e ajustes não cessam.

Quase todo produto que usamos nas nossas vidas diárias está em constante evolução. Pense nas atualizações do MacBook ou do Xbox, em como cada sistema operacional, do Linux ao Apple OS e ao Microsoft Windows, é um trabalho em progresso, em como o conteúdo da Wikipédia é constantemente analisado e modificado por um exército de voluntários. A própria ciência avança de forma semelhante, constantemente produzindo, testando e reformulando hipóteses. A cada experiência, recolhemos o trigo e descartamos o joio. Até mesmo a humilde escova de dentes está sempre evoluindo. Mais de 5 mil anos atrás, os egípcios e os babilônicos produziram suas primeiras percussoras mastigando as pontas de varetas para torná-las fibrosas. Os chineses criaram uma versão aperfeiçoada no século XVI aplicando os pelos de porcos de regiões frias nas extremidades de brotos de bambu e ossos de animais. As cerdas de náilon das escovas de dentes de plástico, introduzidas no mercado na década de 1930, acabaram substituídas por complexas cerdas cruzadas projetadas para alcançar até os cantos mais impenetráveis da boca. No ano passado, passei a usar uma escova de dentes elétrica, que sem dúvidas ainda será superada por outra coisa que já está ganhando forma num laboratório em algum lugar.

A pedra fundamental da evolução é o método de tentativa e erro, que usamos naturalmente. Pense em como aprendemos a amarrar os cadarços dos nossos sapatos. As instruções de mamãe e papai geralmente não passam de um ponto de partida. Na realidade, aprendemos dobrando os cadarços repetidamente, fazendo e desfazendo nós, suportando dias em que nossos sapatos ficam apertados ou folgados demais, até finalmente conseguirmos. A prática supera a teoria. Como aprendemos a jogar vídeo game? Não é lendo um livro de regras ou traçando estratégias com antecedência. Simplesmente começamos a jogar, testando, investigando, aprendendo com nossos erros, descobrindo as regras e inventando soluções na hora.

É claro que ninguém gosta de pensar em cirurgiões, bombeiros e pilotos de avião fazendo experiências no trabalho. Mas a estrada para a excelência sempre é pavimentada por anos de tentativa e erro. Você aprende com seus erros durante um processo de treinamento para não voltar a repeti-los quando estiver trabalhando.

Negócios inteligentes, sem dúvida, têm uma grande experiência com tentativas e erros. Do desenvolvimento de software à farmacologia e às finanças, o mantra dos melhores solucionadores é: "Falhe cedo, aprenda rápido". Investidores de empresas de capital aberto esperam que muitas das empresas em que investem fracassem. Ao

SOLUÇÃO GRADUAL

desenvolver um novo dispositivo, a Apple produz inúmeros protótipos para cada um de seus recursos, os quais são submetidos a uma maratona de testes para a sobrevivência do mais forte. O protótipo sobrevivente é o que se torna seu iPhone ou iPad.

Outros deixam as tentativas e erros para os usuários finais. Governos, agências de amparo e hospitais testam programas em pequenos projetos pilotos. Anualmente, a Capital One, uma das maiores companhias de cartões de crédito dos Estados Unidos, conduz milhares de testes randomizados para ideias que variam entre áreas de marketing, projetos de produtos, cobrança e políticas de vendas cruzadas.[4] A maioria das experiências fracassou, mas a reação em cadeia é um aprendizado muito útil. Seja para reprojetar uma ala de hospital ou uma estratégia de marketing, a IDEO também prefere buscar a solução ideal com testes de ideias. "Não ficamos no abstrato muito tempo antes de compartilhar ideias e convidar a respostas, reações, aprendizados", diz Jane Fulton Suri. "Sabemos que vamos construir vários protótipos e errar, mas produzir coisas tangíveis e experimentais logo no início do processo ajuda a tornar mais precisos nosso pensamento e a abordagem do problema." Um dos cinco princípios básicos da OpenIDEO é "Sempre em Beta". Sempre evoluindo, em outras palavras.

Isso significa que lidar com problemas difíceis envolve momentos em que não sabemos exatamente o que estamos fazendo, por que estamos fazendo ou o que virá em seguida. John Keats, poeta romântico inglês, disse que um homem está na estrada para a realização quando é "capaz de existir nas incertezas, nos mistérios e nas dúvidas, sem se deixar ser captado pela ação prematura ou razão". Isso é algo que ouvimos em todas as disciplinas. Embora os cientistas busquem os fatos e a razão, eles também passam por trechos enevoados na busca pela clareza empírica. "A coisa mais bela que podemos vivenciar é o mistério. Ele é a fonte fundamental

EVOLUA: JÁ CHEGAMOS LÁ?

de toda verdadeira arte e de toda ciência.", disse Einstein. "Aquele que não o conhece e não mais se maravilha, paralisado em êxtase, é como se estivesse morto: seus olhos estão fechados."

É por isso que nossos solucionadores mais inovadores tiram proveito justamente daqueles momentos em que o caminho à frente é turvo e confuso. No início de um projeto da IDEO, todos dão ideias, e cada uma, por mais absurda, transforma-se num esboço ou numa anotação que fica na parede da sala do projeto. "No início há sempre muita divergência, pois estamos tendo ideias, e essas ideias são coletadas, mas não juntadas de imediato ou analisadas a fundo", diz Fulton Suri. "Isso significa que há muita incerteza, de 'poderia ser assim' ou 'poderia ser assado'." A IDEO também usa histórias como forma de explorar e analisar ideias. "As pessoas apreciam narrativas em vários níveis, então elas podem ser uma forma de resolver a tensão entre o desejo por uma ordem e um processo e a necessidade de preservar uma quantidade importante de flexibilidade e imprecisão."

Parar a fim de apreciar o choque e a admiração gerados pelas ideias também faz parte do trabalho no Le Laboratoire de Paris. "Às vezes, ficamos surpresos com as ideias que temos ao nos entregar à incerteza e simplesmente brincar com as coisas, conta François Azambourg, designer-chefe do projeto WikiCells. "Você descobre que uma solução que não esperava que funcionasse na verdade funciona. Ou tropeça em outra solução que ainda não tinha pensado." Coloquemos de outra forma: às vezes, o processo é mais importante do que o resultado final, e a jornada proporciona um tesouro mais rico do que o destino. Se isso parece um pouco fantasioso, David Edwards concorda. "Os criadores adoram quando nada é certo, tudo é fluido, cada ideia é sua própria legitimidade e há espaço para sonhar", ele diz. "Quando lidamos com um problema em Le Labo, não sabemos aonde vamos chegar, quem dirá exatamente como

SOLUÇÃO GRADUAL

chegaremos lá. Vamos descobrindo ao longo do caminho. O dia em que nossa metodologia tiver sido compreendida e esclarecida será o dia em que perderemos nossa *raison d'être* e deixaremos de existir, pois não há receitas comprovadas ou fórmulas mágicas. O mistério é essencial."

Até mesmo as companhias que mais valorizam os dados entendem isso. Google notoriamente encorajou seus desenvolvedores a dedicarem um quinto da sua carga de trabalho a projetos pessoais. Sem metas, sem prazos, sem punições caso o resultado seja um fracasso. Pelo contrário, o chamado "20% do tempo" é dedicado aos pressentimentos, a correr riscos, cometer erros e aprender com eles — e na maioria das vezes você não sabe exatamente para onde está indo. Também se trata de dar à equipe uma autonomia que pode despertar seu talento para a resolução de problemas. Embora a maioria dos projetos não cheguem a lugar nenhum, muitos produtos do Google, sucessos como o Gmail e o Google News, ganharam forma durante aqueles "20% do tempo".[5]

Entretanto, sejamos honestos. Abrir mão do controle, deixar as coisas acontecerem, concentrar-se no processo em vez de visar o resultado, nada disso pode ser facilmente alcançado numa cultura dependente de metas, horários e resultados de testes. Gostamos de ser organizados e reduzir tudo a fluxogramas ou a uma apresentação no PowerPoint. Mostre-me os números — gritamos. Até mesmo o Google já foi acusado de limitar a liberdade concedida pelo programa dos "20% do tempo". Os números, porém, não chegam nem perto de contar a história toda, e geralmente estão abertos a interpretações. Somos realmente capazes de reduzir o aprendizado de uma criança ao resultado de um exame? Ou a saúde economica da nossa nação ao diagnóstico de uma agência de crédito? Sera o número 42 realmente a resposta fundamental para a vida, o universo e tudo mais? É claro que não. O algoritmo mais sofisticado jamais

EVOLUA: JÁ CHEGAMOS LÁ?

301

capturará as dimensões subjetivas e emocionais da resolução de problemas. Até mesmo depois que um problema é solucionado, lutamos para provar essa solução com exatidão. Peguemos, por exemplo, a queda brusca dos índices de criminalidade observada na última geração em Nova York. Mesmo depois de anos de mineração dos dados, os acadêmicos ainda não conseguiram chegar a um consenso sobre o que exatamente aconteceu. Ela foi causada pelas mudanças nas técnicas de policiamento? Tolerância zero? Pelo aumento dos números de prisões? Uma relação inter-racial melhor? Pelo aumento da prosperidade? Uma utilização inteligente da teoria das janelas quebradas? Pela redução das ocorrências de gravidez indesejada depois da legislação do aborto em 1973? Teria sido uma combinação entre todos esses fatores, ou será que houve outras tendências ou gatilhos mais profundos do que conseguimos observar? Jamais saberemos ao certo. Num mundo complexo, a única certeza é a incerteza.

É por isso que os melhores solucionadores rápidos nunca apostam tudo numa única vitória. A melhor forma de enfrentar um cenário de parâmetros e possibilidades em constante mutação, de acordo com os teóricos da complexidade do Instituto Santa Fé, no Novo México, é misturar muitos passos de bebê com saltos ocasionais.[6] Em outras palavras, na maior parte do tempo a solução de problemas envolve um grande número de pequenas vitórias a longo prazo. Como disse Henry T. Ford: "Não existem grandes problemas, mas apenas vários problemas pequenos."

Depois de passar anos investigando como algumas companhias dão o salto para o sucesso duradouro, Jim Collins chegou à mesma conclusão: "Não importa quão dramático seja o resultado final, as transformações de bom para excelente nunca aconteceram numa tacada só", escreveu ele. "Não houve uma única ação, um grande programa, nenhuma inovação fantástica ou um golpe de sorte decisivo, nenhum momento milagroso. Em vez disso, o processo me lembrou o ato de empurrar incansavelmente um pesado volante numa direção, desvio após desvio, ganhando impulso até conseguir fazer progresso, e daí para além."

Avançar passo a passo certamente é o objetivo na Locke. Em sua sala, os professores rabiscam ideias e *aperçus* em vários quadros-negros. Um diz: "Não procure o grande e rápido progresso." Já outro indaga: "Que pequenos passos posso dar para motivar?"

Aí está um conselho sábio para todos nós. Quando estamos diante de qualquer problema complexo, vale a pena adotar a abordagem evolucionária. Teste, teste e teste muitas ideias desde o início, refinando, reciclando e reinventando o tempo todo. Faça o máximo de anotações, mas não as arquive muito organizadamente — ideias que agora parecem desconexas mais tarde podem servir de catalisador para um progresso criativo quando acidentalmente avistadas numa mesa desorganizada. Em vez de prometer o céu, certifique-se de que sua Solução Gradual seja sempre um trabalho em progresso. Acima de tudo, resista à pressão de declarar vitória e ampliá-la cedo demais.

No nosso mundo impaciente, todos — governos, negócios, organizações — estão à procura de soluções excepcionais que possam ser replicadas e postas em prática de imediato. Entretanto, uma solução pode funcionar incrivelmente aqui, mas não em outro lugar, ou talvez precise de adaptações para dar o salto necessário ao sucesso. Como uma cidade com ruas largas, uma grande densidade populacional e uma forte tradição no uso de ônibus, Bogotá é um hábitat natural para sistemas de ligeirinho como a TransMilenio. O mesmo não pode ser dito das cidades antigas da Europa, que simplesmente não têm espaços nas ruas para acomodar faixas exclusivas de ônibus. Na América do Norte, as populações estão muito dispersas para que o ligeirinho possa ser a espinha dorsal do transporte local. Los Angeles implementou uma versão da TransMilenio, mas apenas para complementar sua tradicional rede ferroviária, deixando de lado as paradas fechadas e outros elementos do sistema de Bogotá.

É por isso que Petruzzi resiste à pressão de adotar o mesmo estilo da revolução da Locke em outros lugares dos Estados Unidos. Ele quer ver outras mudanças funcionando bem antes de ampliá-las em nível nacional. Outro grupo charter, o Knowledge Is Power Program, passou seis anos refinando seu modelo em Nova York e Houston antes de replicá-lo em todo o país. Atualmente, o KIPP administra mais de cem escolas e continua fazendo modificações na receita.

"Não tenho nenhum temor, trabalho focado no desenvolvimento, e acredito que podemos transmitir o que estamos fazendo na Locke a nível nacional", diz Petruzzi. "Mas seria estúpido tentar fazer isso cedo demais. Ampliaremos o programa quando tivermos um impulso muito bom, quando estivermos prontos." Tradução: nunca apresse uma Solução Gradual.

CONCLUSÃO

Solucionando o futuro gradualmente

Não é que eu seja tão inteligente, é que passo mais tempo com os problemas.

Albert Einstein

O Japão tinha um problema em 1941. Para dar continuidade à conquista da Ásia Oriental, precisava tomar o controle das reservas de óleo e borracha da Malásia britânica e das Índias Orientais holandesas, mas temia que a invasão de uma ou de outra levasse Washington a declarar guerra. Solução: um ataque surpresa a Pearl Harbor que enfraqueceria a frota naval americana e intimidaria os americanos, desencorajando-os a participar do conflito. Os japoneses estavam tão seguros quanto à perspectiva de anular a ameaça militar americana de uma vez só que sequer se deram ao trabalho de bombardear os tanques de armazenamento de combustível, o estaleiro naval ou outros componentes da infraestrutura de guerra presentes no porto.

O ataque a Pearl Harbor foi infame não apenas por ter sido um ataque selvagem e sorrateiro a uma nação que não estava em guerra, mas porque falhou espetacularmente. Em vez de retirar-se para lamber as feridas, os Estados Unidos declararam guerra ao Japão no dia seguinte, e Pearl Harbor tornou-se o símbolo da propaganda americana. A infraestrutura de guerra deixada intacta pelos japoneses no final das contas foi crucial para a sua derrota. Como um almirante japonês observaria mais tarde: "Obtivemos uma grande vitória técnica em Pearl Harbor, e com isso perdemos a guerra."

Ceder à tentação da solução prática e pagar o preço não é algo novo. O que mudou desde o histórico equívoco japonês em 1941 é que a pressão e o apetite por soluções instantâneas cresceram exponencialmente. Quando o assunto é resolver problemas em qualquer estilo de vida, todos queremos obter vitórias épicas numa tacada só. Entretanto, apesar de obtermos vitórias táticas, acabamos perdendo muitas guerras Basta pensarmos nos danos provocados por soluções mal planejadas nas nossas companhias, escolas, vidas privadas, na política, na diplomacia e na medicina. Ou consideremos o estado em que se encontra o planeta.

Não precisa ser assim. Mesmo na nossa cultura apressada, a solução rápida não é obrigatória. Todos podemos optar por resolver problemas a fundo.

A boa notícia é que o mundo está evoluindo de uma forma que o faz pender cada vez mais para a Solução Gradual. Estamos mais esclarecidos do que nunca. A tecnologia nos deu uma formidável nova caixa de ferramentas para resolver problemas. A globalização fez o planeta encolher, facilitando o trabalho em conjunto e o compartilhamento de ideias. Mesmo as formas de entretenimento estão avançando na direção certa. Muitas horas antes passadas em frente à televisão agora são dedicadas a blogs, jogos ou outros passatempos on-line que exercitam nossos músculos cognitivos como nenhuma reprise de *Friends* poderia fazer. A tremenda urgência dos problemas com os quais a humanidade se depara atualmente

CONCLUSÃO: SOLUCIONANDO O FUTURO GRADUALMENTE

ajuda a manter as mentes focadas. Até mesmo a crise econômica que irrompeu em 2008 pode ter sido uma luz no fim do túnel: sem o dinheiro para investir na última solução rápida *du jour*, precisamos ser mais críticos e criativos. Ou, como colocou Ernest Rutherford, pai da física nuclear, durante um período de austeridade nos anos 1920: "Não temos dinheiro, então precisamos pensar."

Estamos começando até mesmo a reescrever o manual do capitalismo. A Grã-Bretanha e meia dúzia de estados americanos mudaram a lei corporativa para possibilitar a criação de companhias que coloquem objetivos sociais acima dos lucros, e vários países europeus estão considerando a adoção de uma legislação semelhante. Cooperativas também estão infundindo o capitalismo com o espírito da Solução Gradual ao ressaltarem a colaboração e colocarem o bem-estar a longo prazo de seus membros, da comunidade e do meio ambiente acima dos lucros rápidos. Com uma participação global de quase um bilhão, as cooperativas agora possuem metade da energia renovável da Alemanha e estão avançando em direção aos painéis solares e outras iniciativas verdes em partes dos Estados Unidos.[1]

Logo, teremos até mesmo um monumento à sabedoria de se pensar para além do aqui e agora. Dentro de uma montanha remota do oeste do Texas, ativistas agora estão construindo um enorme relógio projetado para trabalhar por 10 mil anos.[2] De vez em quando ele tocará uma melodia completamente nova. Jeff Bezos, fundador da Amazon, está ajudando a financiar o projeto para dar ao mundo o que chama de "um ícone do pensamento de longo prazo".

Ao mesmo tempo, um movimento, o Devagar está ganhando impulso à medida que cada vez mais pessoas desafiam a crença de que rápido é sempre melhor.[3] Para participar, você não precisa abandonar sua carreira, jogar seu iPhone fora ou se juntar a uma comuna. Viver Devagar não quer dizer viver como uma lesma.

Significa fazer tudo na velocidade certa — rápido, devagar ou em qualquer ritmo que produza os melhores resultados. Vários micromovimentos já estão em franco desenvolvimento sob o rótulo Devagar: Comida Devagar, Cidade Devagar, Trabalho Devagar, Sexo Devagar, Tecnologia Devagar, Educação Devagar, Criação Devagar, Design Devagar, Viagem Devagar, Moda Devagar, Ciência Devagar, Arte Devagar.

Moral da história: mesmo que pareça que tudo está cada vez mais rápido, no início do século XXI estamos na posição perfeita para incorporar a Solução Rápida no centro da nossa cultura. Para isso, entretanto, precisamos domar nosso vício pela solução rápida. Considerando a biologia humana e o mundo que habitamos, isso não será fácil, mas há formas de nos vacinarmos contra o vírus da pressa. Comecemos com uma revisão da educação para que as crianças aprendam desde o início a resolver problemas com paciência e atenção total. Tiremos as organizações da sua zona de conforto encorajando as equipes a assumirem novos desafios.

Lembram-se daquelas tendenciosidades ridículas que nos impulsionam em direção à solução rápida? Mesmo que jamais consigamos arrancá-las pela raiz, podemos conter seu efeito prejudicial chamando a atenção para os defeitos naturais do cérebro humano. Daniel Kahneman acredita que acrescentar termos como tendência ao status quo, problema do legado e efeito Einstellung ao nosso vocabulário diário pode ajudar a impedi-los de embotar nosso julgamento. Estudos mostram que simplesmente destacar o problema da discriminação racial na medicina pode levar alguns médicos a tratar pacientes negros de forma mais igualitária.[4] É melhor prevenir do que remediar.

Quando o assunto é resolver problemas, há coisas que podemos fazer para sabotar o reflexo do cérebro à solução rápida. Imite a Toyota e pergunte por que, por que e por que até encontrar a

CONCLUSÃO: SOLUCIONANDO O FUTURO GRADUALMENTE 309

raiz do problema. Cultive o que T.S. Eliot chamava de "sabedoria da humildade" forçando-se a examinar pontos de vista que vão contra as suas próprias opiniões. Para garantir que isso aconteça todos os dias, reserve-se um momento Clinton sempre que der início a uma nova linha de investigação e diga: "Eu estava errado" ou "Eu não sabia disso". Faça uma lista das suas soluções rápidas que deram errado e a repita para si mesmo sempre que sentir a tentação de recorrer à fita adesiva. Reserve tempo na sua agenda para a reflexão lenta.

Use as pessoas e as histórias deste livro como modelos, inspiração ou contos admonitórios. Lembre-se de como o piloto Dicky Patounas torna mais segura a pilotagem de caças Typhoon admitindo seus erros em público; como Geir Berthelsen salvou a Norsafe dedicando tempo à análise e à compreensão das raízes da sua disfunção; como a Green Dot colocou a Locke High School no caminho para a recuperação ao tratar seus vários problemas com uma visão holística; como se concentrar no objetivo de longo termo de reabilitação dos prisioneiros gera índices de reincidência invejáveis na Noruega; como os roqueiros do Van Halen usaram M&Ms para ajudar os organizadores de seus shows a se concentrarem nos detalhes; como David Edwards reuniu uma equipe multidisciplinar para inventar um novo recipiente para bebidas em Le Laboratoire; como a Islândia está usando o *crowdsourcing* para reescrever a democracia; como Enrique Peñalosa teve um papel catalítico na transformação de Bogotá; como Ricardo Pérez tornou-se um cafeicultor melhor ao assumir o controle do próprio negócio; como o doutor Juan Carlos Robles usa o coração tão bem quanto a cabeça para convencer famílias espanholas a doarem os órgãos de seus entes queridos; como o Chile combate a doença de Chagas ajustando sua campanha de acordo com as circunstâncias; como jogos como *Chore Wars* e *Foldit*, e desenvolvedores como Jane

McGonigal, estão canalizando nosso instinto natural de competição para resolver problemas.

Lembre aos críticos — e a você mesmo — que a Solução Gradual é sempre um investimento inteligente. Faça o esforço agora para economizar tempo e energia no futuro. Lembre-se de como a Green Dot está tendo custos menores do que os anteriores na administração da Locke; de como a dedicação à sua arte permite que os engenheiros da Fórmula 1 resolvam problemas numa velocidade de tirar o fôlego; de como matemáticos colaborando no Polymath Project encontraram uma nova prova para o Teorema de Hales-Jewett em apenas seis semanas.

Não obstante, a melhor forma de combater o vício pela solução rápida é com uma mudança sísmica mais profunda. Qual é o sentido de resolver melhor os problemas se nossas vidas continuam sendo uma corrida desesperada em direção à linha de chegada? Para dominar a Solução Gradual, precisamos viver num ritmo mais moderado. Isso significa dar a cada momento o tempo e atenção que ele merece. Em vez de nos torturarmos com as questões triviais que dominam uma vida apressada — Onde estão minhas chaves? Quando esse trânsito vai começar a andar? Por que esse elevador está demorando tanto? — podemos começar a enfrentar as verdadeiras Grandes Questões: Qual é o meu propósito? Que tipo de mundo quero ajudar a construir? E como podemos mudar o curso para chegar lá? Se a Terra precisa alimentar 8, 9 ou até 10 bilhões de pessoas, precisamos de uma revolução nas formas pelas quais vivemos, trabalhamos, viajamos, consumimos — e pensamos. Fazer isso acontecer será a maior Solução Gradual de todas.

É hora de uma confissão. Quando iniciei esta jornada, parte de mim esperava colocar várias soluções inteligentes sob o microscópio e produzir uma chave mestra para a resolução de qualquer problema. Siga a receita — faça isso, faça aquilo, e mais aquilo outro, e

CONCLUSÃO: SOLUCIONANDO O FUTURO GRADUALMENTE

a Solução Gradual estaria no papo. Isso não aconteceu por razões óbvias: uma fórmula universal, passo a passo, vai diretamente contra o espírito da Solução Gradual. Se aprendemos algo ao longo das páginas anteriores é que resolver problemas complexos é algo complicado — e seguir etapas de forma automática é um sinal claro de que você está cedendo à solução rápida. Como Jane Fulton Suri, da IDEO, diz: "Você não pode chegar à solução simplesmente seguindo uma lista de checagem."

Isso não significa que é ruim ter uma receita — contanto que você utilize-a de forma certa. Pense em como os pães são feitos. Seguir uma receita até a última grama ou o último mililitro nunca foi garantia para uma fornada de qualidade. Farinha, água, trigo, sal, açúcar, o forno e as condições atmosféricas são fatores variantes. Assim, os melhores padeiros adaptam e fazem ajustes nas receitas, acrescentando um pouco mais disso, tirando um pouco daquilo. O mesmo se aplica à solução de problemas complexos como a pobreza mundial, um casamento em crise ou o processo de paz no Oriente Médio. O segredo está em encontrar a melhor combinação de ingredientes da receita da Solução Gradual.

Recapitulemos esses ingredientes. Ao se deparar com qualquer problema complexo, não se esqueça de reservar o tempo necessário para: admitir erros; entender que realmente está errado; analisar os mínimos detalhes, pensar a longo prazo e ligar os pontos para adquirir uma visão holística; buscar ideias em todos os lugares, trabalhar com outras pessoas e dividir o crédito; adquirir conhecimento, mas ao mesmo tempo manter o ceticismo em relação a especialistas; pensar só e em conjunto; lidar com as emoções; escolher uma figura catalítica; consultar e até mesmo recrutar pessoas que convivam mais de perto com o problema; transformar a busca pela solução em um jogo; se divertir, seguir pressentimentos, se adaptar, usar o método de tentativa e erro, abraçar a incerteza.

Quando as circunstâncias exigirem uma solução rápida, é claro que você deve produzir uma, mas jamais a deixe passar sem testes. Retorne mais tarde, quando o tempo permitir, para forjar uma solução mais definitiva. E sejam quais forem os limites de tempo, sempre desconfie de soluções que pareçam boas demais para ser verdade, porque geralmente é o que são. H.L. Mencken estava certo ao alertar: "Para cada problema humano há uma solução — simples, plausível e errada."

Entretanto, a Solução Gradual torna-se mais fácil com a experiência. O que você aprende forjando uma solução pode ser aplicado em outros problemas semelhantes. Todos os anos estudando restauração urbana e modelando a transformação de Bogotá transformaram Enrique Peñalosa em uma Florence Nightingale que viaja o mundo ajudando cidades com problemas. "Agora, sou como um médico que só ao ver a cor do paciente sabe do que ele está sofrendo", conta. "Posso dirigir por uma cidade e basta olhar pela janela para dizer o que há de errado com ela e o que precisa ser feito."

A experiência com a Solução Gradual também pode ser transmitida de uma esfera para outra. Tendo usado o *Foldit* para transformar leigos em especialistas na manipulação de proteínas, Zoran Popovic atualmente desenvolve jogos que podem ajudar a produzir uma magia parecida para além dos laboratórios. "O que mais nos excita é que podemos aplicar a mesma experiência em desenvolvimento na sociedade como um todo", diz ele. "Hoje, estamos trabalhando em jogos para resolver problemas cruciais na educação, na saúde, e até mesmo na mudança climática e na política."

Aplicar a Solução Gradual no trabalho também pode ajudá-lo a resolver problemas em casa. Are Hoeidal descreve-se como um "pensador lento" mesmo quando não está na prisão Halden. "Na minha vida privada, estabeleço metas a longo prazo, e depois tra-

CONCLUSÃO: SOLUCIONANDO O FUTURO GRADUALMENTE

balho lentamente para alcançá-las", diz. "'Um tijolo de cada vez' — é assim que faço as coisas." Uma gerente da Norsafe agora usa a abordagem "pare e pense" de Geir Berthelsen em casa. Quando seu parceiro e sua filha tiveram uma grande briga recentemente, todos os moradores da casa se reuniram ao redor da mesa da cozinha para refletir sobre o que estava errado. "Como uma família, precisávamos ter uma grande discussão, com lágrimas, mas também precisávamos puxar a corda *Andon* e entender por que estávamos gritando e chorando, e para chegar a uma solução", conta ela. Foi exatamente o que fizeram, e então a harmonia foi restaurada. "Foi muito legal ver essa conexão da Solução Gradual entre o trabalho e a minha casa."

Seguindo uma linha de pensamento semelhante, Ashley Good sentiu-se encorajada a correr mais riscos em sua vida pessoal depois de colocar o website *AdmittingFailure.com* no ar. Ela começou a praticar escalada, triatlo e a pintar. Também se tornou um pouco mais humilde.

"A verdadeira mudança pessoal na prática é mais sutil e gradual", diz ela. "De certa forma, agora é muito mais fácil admitir meus erros e fraquezas e assumir a responsabilidade mesmo quando pode ser arriscado ser 100% honesta. Agora me surpreendo aceitando os limites do meu conhecimento e pressuposições, e ao fazer isso considero a possibilidade de estar errada em qualquer opinião que possa apresentar."

Cada um de nós chega à Solução Gradual de uma forma diferente. Você pode começar usando as lições deste livro para resolver um problema do trabalho ou da sua comunidade. Pode começar pensando de forma diferente sobre energia renovável e pobreza urbana, e recorrer aos representantes que elegeu para que façam o mesmo. Ou talvez comece em casa, aplicando uma Solução

Gradual à sua saúde ou aos seus relacionamentos. Acredito que assim que começar a investir tempo para resolver bem os problemas em uma esfera, o mesmo espírito começará a se infiltrar em tudo que você fizer.

E eu? Após anos de tentativas mal planejadas e empreendidas sem muita dedicação, finalmente introduzi a Solução Gradual à batalha de uma vida inteira contra a minha dor nas costas. O ponto de partida foi admitir que a abordagem das curas rápidas nunca funcionaria. Considerando todo o tempo, o dinheiro e o esforço que desperdicei ao longo dos anos foi mais difícil do que parece, mas me ajudou a recomeçar do zero. Depois de ter passado pela fase da *mea culpa*, consegui fazer uma longa e meticulosa reflexão sobre que tratamento seria mais adequado para mim, o que envolveu a leitura de artigos científicos e a consulta de especialistas e outras pessoas que sofrem do mesmo mal. Consideradas as evidências reunidas, decidi que a melhor opção seria a ioga comum. Era algo que eu já havia experimentado, mas pagar antecipadamente pelas aulas me ajudou a realmente me comprometer. Agora, mesmo nas manhãs em que saudar o sol é o último item da minha lista de desejos, me forço a ir para a aula de ioga. Também sempre reservo tempo para ir a aulas informais durante viagens.

Adotando a abordagem holística, deixei a ioga penetrar em todos os aspectos da minha vida. Agora, faço alongamento da hatha-yoga antes e depois de praticar esportes, e também monitoro minha postura ao longo do dia, usando ásanas sempre que meus músculos ficam tensos, e às vezes mesmo quando não estão. Isso não significa que vou fazer posições invertidas a todo momento, mas sim que estou mais consciente em relação à minha postura ao ficar de pé, sentado ou andando.

Está funcionando? Como qualquer Solução Gradual, curar minhas costas pela ioga é um trabalho em progresso. Houve reveses

CONCLUSÃO: SOLUCIONANDO O FUTURO GRADUALMENTE

ao longo do caminho. Após três meses, forcei muito num alongamento e tive uma distensão terrível na musculatura da virilha, a ponto de mal conseguir andar por uma semana. É difícil superar o hábito da solução rápida.

Entretanto, estou fazendo progresso de verdade. Logo depois de me recuperar, quando o professor pediu que fizéssemos o mesmo alongamento da virilha outra vez, fui cuidadoso, flexionando os músculos sem forçá-los. Minhas costas estão melhores do que estiveram em anos. Sinto-me mais flexível, posso passar mais tempo sentado sem incômodo e faz mais de um ano que não sinto dor nas pernas. Ainda falta muito para a cura, e talvez eu nunca chegue lá. Talvez, como o Chile com a doença de Chagas ou dos casais com "problemas perpétuos", o melhor que eu possa esperar encontrar é uma forma de conviver com as minhas dores lombares. Mas agora o prognóstico é muito bom: pela primeira vez desde o final da adolescência, sinto-me a caminho da recuperação.

Até mesmo o exigente doutor Woo está satisfeito. Quando volto à clínica para uma massagem shiatsu, ele está sentado na recepção esperando o próximo paciente de acupuntura. "Por onde você tem andado?", ele pergunta. "Já faz tempo que esteve aqui."

Conto-lhe sobre as aulas de ioga e como minhas costas estão melhores. Ele balança a cabeça afirmativamente e sorri.

"A ioga é muito boa para o corpo", diz. "Posso ver que você está se movimentando mais livremente agora."

Segue-se um silêncio nervoso. Decepcionei o doutor Woo por não ter dado uma verdadeira chance à acupuntura. Ele percebe meu constrangimento e procura me acalmar.

"Tudo bem, estou feliz por suas costas estarem melhorando", diz, colocando a mão num gesto paternal em meu ombro. "Mas, por favor, só me prometa uma coisa: desta vez, não vá perder a paciência e desistir cedo demais."

Identifico uma censura sutil em suas palavras, mas ela não dói mais — o que diz muito sobre o meu progresso. No que diz respeito às minhas costas, a solução rápida agora é uma memória distante. Após anos de um desempenho sofrível, agora tenho um plano de longo prazo para a cura, e vou mantê-lo. Não sou mais um paciente impaciente. Finalmente, posso olhar o doutor Woo diretamente nos olhos.

"Não se preocupe, aprendi minha lição", digo-lhe. "Você estava certo: há coisas que não podemos resolver rapidamente." E agora, finalmente, estou sendo honesto.

Notas

Introdução: Puxando a corda *Andon*

1. Da pesquisa realizada pela Pharmacopoeia para a sua exibição de 2003, "Cradle to Grave", realizada no Museu Britânico.
2. Traci Mann, Janet A. Tomiyama et. al., "Medicare's Search for Effective Obesity Treatments: Diets Are Not the Answer", *American Psychologist*, Volume 62, Número 3 (Abril de 2007), pp. 220-23.
3. Teri L. Hernandez, John M. Kittelson et. al., "Fat Redistribution Following Suction Lipectomy: Defense of Body Fat and Patterns of Restoration", *Obesity*, Volume 19 (2011), pp. 1.388-95.
4. Do Levantamento Nacional Sobre o Uso de Drogas e Saúde de 2010 pelo Office of Applied Studies.
5. De um relatório de 2009 feito pelo Instituto Nacional de Abuso de Drogas (NIDA —*National Institute on Drug Abuse*).
6. From *A Big Apple for Educators*, relatório de 2011 da Rand Corporation.
7. Franco Gandolfi, "Unravelling Downsizing — What Do We Know about the Phenomenon?", *Review of International Comparative Management*, Volume 10, 3ª Edição (julho de 2009).
8. Números anuais levantados em 2012 por Sue Bridgewater, da Warwick Business School for the League Managers Association.
9. Do Apollo Lunar Service Journal, disponível em http://www.hq.nasa.gov/alsj/a13/a13.summary.html.
10. De *Apollo 13 Mission Review, Hearing Before the Committee on Aeronautical and Space Sciences*, Senado dos Estados Unidos, 91º Congresso, Segunda Sessão, 30 de junho de 1970.

1. Por que a solução rápida?

1. Alexander Chernev, "The Dieter's Paradox", *Journal of Consumer Psychology*, *Volume* 21, Número 2 (2011), pp. 178-83.
2. Paul Rousseau, "Death Denial", *Journal of Clinical Oncology*, Volume 21, Número 9S (1º de maio de 2003), pp. 52-3.
3. Pride Chigwedere, George R. Seag, Sofia Gruskin, Tun-Hou Lee e M. Essex, "Estimating the Lost Benefits of Antiretroviral Drug Use in South Africa", *Journal of Acquired Immune Deficiency Syndromes*, Volume 49, 4ª Edição (dezembro de 2008), pp. 410-15.
4. Estudo anual da Booz & Company da mudança de diretores executivos, 63ª edição, verão de 2011.
5. Adrian Ott, "How Social Media Has Changed the Workplace", *Fast Company*, 11 de novembro de 2010.
6. Entrevista com Daniel Kahneman no programa de rádio *The Forum*, da BBC, transmitido em 20 de novembro de 2011.
7. De um estudo de 2011 da AXA.

2. Confissão: A magia dos erros e dos pedidos de desculpas

1. De "A Review of Flightcrew — Involved Major Accidents of US Air Carriers, 1978 Through 1990", Estudo de Segurança publicado em 1994 pela National Transportation Safety Board.
2. De um relatório de 2011 da Economist Intelligence Unit intitulado "Proactive response — How mature financial services firms deal with troubled projects".
3. James Surowiecki, *The Wisdom of Crowds* (Nova York: Anchor, 2004), p. 205. [*A Sabedoria das Multidões* (Rio de Janeiro: Record, 2006)].
4. James Surowiecki, *The Wisdom of Crowds* (Nova York: Anchor, 2004), p. 218.
5. Os detalhes completos da campanha estão disponíveis em http://www.pizzaturnaround.com/.
6. M.C.Whited, A.L.Wheat *et al*, "The Influence of Forgiveness and Apology on Cardiovascular Reactivity and Recovery in Response to Mental

NOTAS

Stress", *Journal of Behavioral Medicine*, Volume 33, Número 4 (agosto de 2010), pp. 293-304.

7. Postagem e vídeo disponíveis em http://blog.fedex.designcdt.com/absolute-ly-positively-unacceptable

8. Virgil Van Dusen e Alan Spies, "Professional Apology: Dilemma or Opportunity?" *American Journal of Pharmaceutical Education*, Volume 67, 4ª Edição, Artigo 114 (2003).

9. Thomas e Gilovich, Victoria Medvec Husted, "The Spotlight Effect in Social Judgment: An Egocentric Bias in Estimates of the Salience of One's Own Actions and Appearance", *Journal of Personality and Social Psychology*, Volume 78, Número 2 (2000), pp. 211-22.

3. Reflita: Recuar para melhor saltar

1. John M.Travaline, Robert Ruchinskas, Gilbert E. D'Alonzo Jr, "Patient-Physician Communication: Why and How", *Journal of the American Osteopathic Association*, Volume 105, Número 1 (1º de janeiro de 2005).

2. De "Councils urged to cut street clutter", um comunicado à imprensa do Department of Transport do Reino Unido, 26 de agosto de 2010.

3. Guy Claxton, *Hare Brain, Tortoise Mind: Why Intelligence Increases When You Think Less* (Londres: Fourth Estate, 1997), pp. 76-7.

4. Scott H. Decker and Allen E. Wagner, "The Impact of Patrol Staffing on Police-Citizen Injuries and Dispositions", *Journal of Criminal Justice*, Volume 10, 5ª Edição (1982), pp. 375-82. E também Carlene Wilson, "Research on One- and Two-Person Patrols: Distinguishing Fact from Fiction", Australian National Police Research Unit Report Número 94 (julho de 1990).

5. Brian Gunia, L.Wang *et al*, "Contemplation and Conversation: Subtle Influences on Moral Decision Making", Academy *of Management Journal*, Volume 55, Número 1 (2012), pp. 13-33.

4. O pensamento holístico: Ligando os pontos

1. "Turning Around the Dropout Factories: Increasing the High School Graduation Rate", um relatório de 2012 do Departamento da Educação americano.

320 SOLUÇÃO GRADUAL

2. Com base na pesquisa de Erik Brynjolfsson, especialista em produtividade da Sloan School of Management, Massachusetts Institute of Technology.

5. Pense a longo prazo: Planejando hoje o que fazer amanhã

1. William Lee Adams, "Sentenced to Serving the Good Life in Norway", *Time*, 12 de julho de 2010; Bouke Wartna e Laura Nijssen, "National Reconviction Rates: Making International Comparisons", *Criminology in Europe*, Volume 5, Número 3 (dezembro de 2006), p. 14.
2. M. Berg e B.M. Huebner, "Reentry and the Ties that Bind: An Examination of Social Ties, Employment, and Recidivism", *Justice Quarterly*, Volume 28, 2ª Edição (2010).
3. David Downes e Kirsten Hansen, "Welfare and punishment: The relationship between welfare spending and imprisonment", relatório da Crime and Society Foundation, King's College de Londres (novembro de 2006).
4. Daniel Pink, *Drive: The Surprising Truth about What Motivates Us* (Londres: Canongate, 2010), p. 57. [*Motivação 3.0* (Rio de Janeiro: Campus, 2010)]
5. Marianne M. Jennings, *Business Ethics, Case Studies and Selected Readings*, Sexta Edição (South- Western College, 2009), p. 505.
6. Hans Breiter, Itzhak Aharon *et al*, "Functional Imaging of Neural Responses to Expectancy and Experience of Monetary Gains and Losses", *Neuron*, Volume 30 (maio de 2001), pp. 619-639.
7. Pesquisa publicada em junho de 2009 por Bernd Irlenbusch, do Departamento de Gestão da London School of Economics.
8. Pink, *Drive*, p. 45.

6. Pense pequeno: O diabo está nos detalhes

1. Do website oficial da Steinway & Sons: http://www.steinway.com/about/history/.
2. Brigid Grauman, "Madame Bovary Goes Interactive", *Prospect*, 4 de maio de 2009.
3. Malcolm Gladwell, "The Tweaker — The Real Genius of Steve Jobs", *New Yorker*, 14 de novembro de 2011.

NOTAS

4. Robert Bacon *et al*, "Expenditure of Low-Income Households on Energy", *Extractive Industries for Development*, Série 16, Banco Mundial, 16 de junho de 2010.

5. Claudia Goldin e Cecilia Rouse, "Orchestrating Impartiality: The Impact of 'Blind' Auditions on Female Musicians", *American Economic Review*, Volume 90, Número 4 (Setembro de 2000), pp. 715-741.

6. Kees Keizer, Siegwart Lindenberg e Linda Steg, "The Spreading of Disorder", *Science 12*, Volume 322, Número 5908 (dezembro de 2008), pp. 1.681-1.685.

7. Atul Gawande, "Top Athletes and Singers Have Coaches. Should You?", *New Yorker*, 3 de outubro de 2011.

8. Jacob Ganz, "The Truth about Van Halen and Those Brown M&Ms", *The Record*, NPR (fevereiro de 2012).

9. Baseado na entrevista com J. Terrance Davis, Médico Chefe Associado que introduziu o programa no Nationwide Children's Hospital.

7. Prepare-se: Pronto para tudo

1. Malcolm Gladwell, *Blink: The Power of Thinking without Thinking* (Londres: Allen Lane, 2006), pp. 4-8. [*Blink: A Decisão Num Piscar de Olhos* (Rio de Janeiro: Rocco, 2005)]

2. Gladwell, *Blink*, pp. 18-23.

3. Frank Partnoy, *Wait: The Useful Art of Procrastination* (Londres: Profile, 2012), pp. 88-9.

4. Gladwell, *Blink*, p. 108.

5. Da National Transportation Safety Board dos Estados Unidos.

6. Gary Klein, *Sources of Power: How People Make Decisions* (Cambridge, MA: MIT Press, 1999), p. 163.

7. Klein, *Sources of Power*, p. 4.

8. Jessica Leavitt e Fred Leavitt, *Improving Medical Outcomes: The Psychology of Doctor-Patient Visits* (Nova York: Rowman & Littlefield, 2011), p. 103.

9. Philip Tetlock, *Expert Political Judgement: How Good Is It? How Can We Know?* (Nova Jersey: Princeton University Press, 2005).

10. Donald A. Redelmeier e Simon D. Baxter, "Rainy Weather and Medical School Admission Interviews", *Canadian Medical Association Journal*, Volume 181, Número 12 (8 de dezembro de 2009).

11. Leva, Danziger e Avnaim-Pesso, "Extraneous Factors in Judicial Decisions", *Proceedings of the National Academy of Sciences*, Volume 108, Número 17 (2011), pp. 6.889-6.892.
12. "Unusual Suspects — How to Make Witnesses More Reliable", *Economist*, 3 de março de 2012.
13. Gladwell, *Blink*, p. 225.

8. Colabore: Duas cabeças pensam melhor que uma

1. Michele e Robert Root-Bernstein, "A Missing Piece in the Economic Stimulus: Hobbling Arts Hobbles Innovation", *Psychology Today*, 11 de fevereiro de 2009.
2. Matt Ridley, "From Phoenecia to Hayek to the 'Cloud'", *Wall Street Journal*, 24 de setembro de 2011.
3. Evan Polman e Kyle J. Emich, "Decisions for Others Are More Creative than Decisions for the Self", *Personality and Social Psychology Bulletin*, Volume 37, Número 4 (fevereiro de 2011), pp. 492-501.
4. Ivan L.Tillem, *The Jewish Directory and Almanac*, Volume 1 (Nova York: Pacific Press, 1984), p. 221.
5. Bill Breen, "The 6 Myths of Creativity", *Fast Company*, 19 de dezembro de 2007.
6. Phillip A. Sharp, Charles L. Cooney *et al.* "The Third Revolution: The Convergence of the Life Sciences, Physical Sciences, and Engineering" (Washington: MIT, 2011).
7. Stefan Wuchty, Benjamin F. Jones e Brian Uzzi, "The Increasing Dominance of Teams in Production of Knowledge", *Sciencexpress*, 12 de abril de 2007.
8. Lee, Kyungjoon, Isaac S. Kohane *et al*, "Does Collocation Inform the Impact of Collaboration?", *Public Library of Science ONE*, Volume 5, Número 12 (2010).
9. Jonah Lehrer, "Groupthink: The Brainstorming Myth", *New Yorker*, 30 de janeiro de 2012.

9. *Crowdsourcing*: A sabedoria das massas

1. Lista complete da Sociedade da Língua Alemã disponível em http://www.gfds.de/aktionen/wort-des-jahres/

NOTAS

2. James Surowiecki, *The Wisdom of Crowds* (Nova York: Random, 2005), pp. xii-xiii.
3. Surowiecki, *The Wisdom of Crowds*, pp. xx-xxi.
4. Surowiecki, *The Wisdom of Crowds*, p. 276.
5. Baseado na entrevista com Scott Page.
6. Leia a história inteira em Dava Sobel, *Longitude: The True Story of a Lone Genius Who Solved the Greatest Scientific Problem of His Time* (Londres: Fourth Estate, 1998) [*Longitude: A verdadeira história do gênio solitário que resolveu o maior problema científico do século XVIII* (São Paulo: Companhia das Letras, 2008)].
7. Jake Andraka tirou o primeiro lugar na Feira Internacional de Ciência e Engenharia da Intel (Intel ISEF) 2012, um programa da Society for Science and the Public.
8. Do website da companhia, em https://www. collaborationjam.com/
9. "Innovation Prizes — And the Winner Is", *Economist*, 5 de agosto de 2010.
10. "The Case for Letting Customers Design Your Products", *Inc. Magazine*, 20 de setembro de 2011.
11. Baseado na entrevista com Ariel Ferreira, da Local Motors.
12. Da entrevista da *Business Week*, 25 de maio de 1998.
13. Baseado no estudo "Coding War Games", de Tom DeMarco e Timothy Lister.
14. Susan Cain, "The Rise of the New Groupthink", *New York Times*, 13 de janeiro de 2012.

10. Catalisador: O primeiro entre iguais

1. Do *Environmental Outlook to 2030 Summary* (OECD, 2008).
2. De um estudo de caso do projeto Cidades Sustentáveis, do Centro Holandês de Arquitetura.
3. Jon Cohen, "Calming Traffic on Bogotá's Killing Streets", *Science*, Volume 319, Número 8 (fevereiro de 2008), pp. 742-3.
4. Alasdair Cain, Georges Darido *et al*, "Applicability of Bogotá's TransMilenio BRT System to the United States", Federal Transit Administration (maio de 2006) pp. 24-5.

324 SOLUÇÃO GRADUAL

5. Kelly E. See, Elizabeth Wolfe Morrison, Naomi B. Rothman e Jack B. Soll, "The Detrimental Effects of Power on Confidence, Advice Taking, and Accuracy", *Organizational Behavior and Human Decision Processes*, Volume 116, Número 2 (novembro de 2011).
6. "What Makes a Leader?", *Harvard Business Review*, janeiro de 2004.
7. Adam Bryant, "Google's Quest to Build a Better Boss", *New York Times*, 12 de março de 2011.
8. Alfred Lansing, *Endurance: Shackleton's Incredible Voyage to the Antarctic* (Londres: Phoenix, 2000).

11. Delegar: Autoajuda (no bom sentido)

1. Debarati Roy, "Coffee Speculation Inflates Price, Hurts Demand, Starbucks Says", *Bloomberg*, 18 de março de 2011.
2. James Surowiecki, *The Wisdom of Crowds* (Nova York: Random, 2005), p. 71.
3. Don Fier, "The Principle of Subsidiarity and the 'Welfare State'", em CatholicCulture.org.
4. De "Model Growth: Do Employee-Owned Businesses Deliver Sustainable Performance?", relatório de 2010 da Cass Business School para o John Lewis Group.
5. Surowiecki, *The Wisdom of Crowds*, p. 210.
6. V. Dion Haynes, "What Nurses Want", *Washington Post*, 13 de setembro de 2008.
7. De Jan Carlzon, *Moments of Truth, New Strategies for Today's Customer-Driven Economy* (Nova York: Harper & Row, 1989) [*A Hora da Verdade* (Rio de Janeiro: Sextante, 2005)].
8. James P. Womack, Daniel T. Jones e Daniel Roos, *The Machine That Changed the World: The Story of Lean Production* (Nova York: HarperCollins, 1991) [*A Máquina que Mudou o Mundo* (Rio de Janeiro: Campus, 2004)].
9. Surowiecki, *The Wisdom of Crowds*, p. 212.
10. "Kenya's Turkana learns from Failed Fish Project", *Reuters*, abril de 2006.
11. Relatório completo do Banco Mundial disponível em http://web.worldbank.org/WBSITE/EXTERNAL/NEWS/0,,contentMDK:21447054~pagePK:64257043~piPK:437376~theSitePK:4607,00.html

NOTAS

12. Rowena Humphreys, "Periodical Review of the Cash Transfers for Development Project", *Oxfam Great Britain in Viet Nam*, dezembro de 2008.
13. Os números fornecidos pela KIVA, de até julho de 2012, foram de 98.98% de 245.905.375 em empréstimos pagos.
14. Fornecidas por Maija Gellin.

12. Sinta: Ajustando o termostato emocional

1. James K. Harter e Frank L. Schmidt, "Causal Impact of Employee Work Perceptions on the Bottom Line of Organizations", *Perspectives on Psychological Science*, Volume 5, Número 4 (julho de 2010), pp. 378-89.
2. Bill Breen, "The 6 Myths of Creativity", *Fast Company*, 19 de dezembro de 2007
3. Melissa Bateson, Daniel Nettle e Gilbert Roberts, "Cues of being watched enhance cooperation in a real-world setting", *Biology Letters*, Volume 2 (2006), pp. 412-14.
4. William Darryl Henderson, *Cohesion: The Human Element in Combat* (Washington, DC: National Defense University Press, 1985), pp. 22-3.
5. De coluna do *Entrepreneur*, 20 de abril de 2011.
6. Atul Gawande, *The Checklist Manifesto: How to Get Things Right* (Londres: Profile, 2010), p. 108. [*Checklist* — Como Fazer as Coisas Bem Feitas (Rio de Janeiro: Sextante, 2011)]

13. Jogue: Resolvendo problemas um jogo de cada vez

1. Salomí Goñi-Legaz, Andrea Ollo-López e Alberto Bayo-Moriones, "The Division of Household Labour in Spanish Dual Earner Couples: Testing Three Theories", *Sex Roles*, Volume 63, Números 7-8 (2010), pp. 515-29.
2. Rebecca C. Thurston, Andrew Sherwood *et al*, "Household Responsibilities, Income, and Ambulatory Blood Pressure Among Working Men and Women", *Psychosomatic Medicine*, Volume 73, Número 2 (fevereiro/março de 2011), pp. 200-205.
3. Wendy Sigle-Rushton, "Men's Unpaid Work and Divorce: Reassessing Specialization and Trade in British Families", *Feminist Economics*, Volume 16, Número 2 (2010), pp. 1-26.

326   SOLUÇÃO GRADUAL

4. Jane McGonigal, *Reality Is Broken: Why Games Make Us Better and How They Can Transform the World* (Nova York: Penguin, 2011), p. 6. [*A Realidade em Jogo* (Rio de Janeiro: Best Seller, 2012)]

5. Baseado nos números de 2012 da Entertainment Software Association.

6. Veja os últimos números em http:// mps-expenses.guardian.co.uk/

7. Dena M. Bravata, Crystal Smith-Spangler *et al*, "Using Pedometers to Increase Physical Activity and Improve Health — A Systematic Review", *Journal of the American Medical Association*, Volume 298, Número 19 (2007).

8. Relatório completo no projeto Tidy Street, disponível em http://www.changeproject.info/projects.html

9. "Adherence to Long-Term Therapies", relatório do Banco Mundial (2003). Lars Osterberg e Terrence Blaschke, "Drug Therapy: Adherence to Medication", *New England Journal of Medicine*, Volume 353, Número 5 (2005), p. 488.

10. Thomas Goetz, "Harnessing the Power of Feedback Loops", *Wired*, 19 de junho de 2011.

11. McGonigal, *Reality is Broken*, p. 63.

12. De um relatório de 2003 da OCDE intitulado "Problem Solving for Tomorrow's World — First Measures of Cross-Curricular Competencies from PISA".

14. Evolua: Já chegamos lá?

1. Todos os fatos e números relacionados à doença de Chagas baseados em documentos e comentários fornecidos por Alonso Parra Garcés, presidente do Controle de Vetores — Departamento de Saúde Ambiental do Ministério da Saúde chileno.

2. Todos os números internacionais foram fornecidos por Pedro Albajar Viñas, especialista na doença de Chagas da Organização Mundial de Saúde, em Genebra.

3. Explorado por John Gottman em *The Seven Principles for Making Marriage Work* (Londres: Orion, 2007) [*Sete Princípios Para O Casamento Dar Certo* (Rio de Janeiro: Objetiva, 1999)].

4. Charles Fishman, "This Is a Marketing Revolution", *Fast Company*, 30 de abril de 1999.

5. David Goldman, "Ex-Google Employee says Google+ Has Ruined the Company", *CNNMoney Tech*, 14 de março de 2012.
6. Tim Harford, "Positive Black Swans", *Slate*, 17 de maio de 2011.

Conclusão: Solucionando o futuro gradualmente

1. Do relatório de Gary Gardner para o Worldwatch Institute.
2. Mais detalhes em http://longnow.org/clock/
3. Explorado em Carl Honoré, *In Praise of Slow* (Londres: Orion, 2004) [*Devagar* (Rio de Janeiro: Record, 2005)]. Visite também www.carlhonore.com e www.slowplanet.com.
4. Frank Partnoy, *Wait: The Useful Art of Procastination* (Londres: Profile, 2012), pp. 99-100.

Referências bibliográficas

Li muitos livros, blogs, artigos e trabalhos acadêmicos para a minha pesquisa sobre a arte da resolução de problemas. Aí vão alguns dos que mais influenciaram o livro.

Butler-Bowdon, Tom. *Never Too Late To Be Great: The Power of Thinking Long*. Londres: Virgin Books, 2012.

Cain, Susan. *Quiet: The Power of Introverts in a World That Can't Stop Talking*. Londres: Viking, 2012. [*O poder dos quietos: Como os tímidos e introvertidos podem mudar um mundo que não para de falar*. Rio de Janeiro: Agir, 2012.]

Chang, Richard Y.; Kelly, Keith. *Step-By-Step Problem Solving: A Practical Guide to Ensure Problems Get (And Stay) Solved*. Irvine: Richard Chang Associates, 1993.

Collins, Jim. *Good to Great: Why Some Companies Make the Leap ... and Others Don't*. Londres: Random House, 2001.

Collins, Jim. *Good to Great and the Social Sectors*. Londres: Random House, 2006.

Edwards, David. *Artscience: Creativity in the Post-Google Generation*. Cambridge, MA: Harvard University Press, 2008.

Edwards, David. *The Lab: Creativity and Culture*. Cambridge, MA: Harvard University Press, 2010.

Fraenkel, Peter. *Sync Your Relationship: Save Your Marriage*. Nova York: Palgrave MacMillan, 2011.

Gawande, Atul. *The Checklist Manifesto: How to Get Things Right*. Londres: Profile, 2010. [*Checklist — Como fazer as coisas bem feitas*. Rio de Janeiro: Sextante, 2011.]

Gladwell, Malcolm. *Blink: The Power of Thinking without Thinking*. Londres: Allen Lane, 2006. [*Blink: A decisão num piscar de olhos*. Rio de Janeiro: Rocco, 2005.]

330   SOLUÇÃO GRADUAL

Gladwell, Malcolm. *Outliers: The Story of Success*. Londres: Allen Lane, 2008. [*Fora de série — Outliers*. Rio de Janeiro: Sextante, 2008.]

Heath; Chip; e Dan. *Made to Stick: Why Some Ideas Survive and Others Die*. Nova York: Random House, 2007. [*Ideias que colam*. Rio de Janeiro: Campus, 2007.]

Hewitt, Ben. *The Town That Food Saved: How One Community Found Vitality in Local Food*. Nova York: Rodale, 2009.

Howe, Jeff. *Crowdsourcing: How the Power of the Crowd Is Driving the Future of Business*. Londres: Random House, 2008. [*O poder das multidões: Por que a coletividade está remodelando o futuro dos negócios*. Rio de Janeiro: Campus, 2008.]

Johnson, Steven. *Where Good Ideas Come From: The Natural History of Innovation*. Londres: Allen Lane, 2010. [*De onde vêm as boas ideias*. Rio de Janeiro: Zahar, 2011.]

Jones, Morgan D. *The Thinker's Toolkit: 14 Powerful Techniques for Problem Solving*. Nova York: Three Rivers Press, 1995.

Kay, John. *Obliquity: Why Our Goals Are Best Achieved Indirectly*. Londres: Profile, 2010. [*A beleza da ação indireta: Por que a linha reta nem sempre é a melhor estratégia*. Rio de Janeiro: Best Business, 2011.]

Kay, John. *The Hare and The Tortoise: An Informal Guide to Business Strategy*. Londres: Erasmus, 2010.

Klein, Gary. *Sources of Power: How People Make Decisions*. Cambridge, MA: MIT Press, 1999.

McGonigal, Jane. *Reality Is Broken: Why Games Make Us Better and How They Can Transform the World*. Nova York: Penguin, 2011. [*A realidade em jogo*. Rio de Janeiro: Best Seller, 2012.]

Micklus, Dr. Sam. *The Spirit of Creativity*. Sewell: Creative Competitions, 2006.

Neustadt, Richard E.; May, Ernest R. *Thinking in Time: The Uses of History for Decision Makers*. Nova York: Free Press, 1986.

Partnoy, Frank. *Wait: The Useful Art of Procrastination*. Londres: Profile, 2012.

Pink, Daniel. *Drive: The Surprising Truth about What Motivates Us*. Londres: Canongate, 2010. [*Motivação 3.0*. Rio de Janeiro: Campus, 2010.]

Roam, Dan. *The Back of the Napkin: Solving Problems and Selling Ideas with Pictures*. Londres: Marshall Cavendish, 2009. [*Desenhando negócios: Como desenvolver ideias com o pensamento visual e vencer nos negócios*. Rio de Janeiro: Campus, 2011.]

REFERÊNCIAS BIBLIOGRÁFICAS

Robertson, Ian S. *Problem Solving*. Hove: Psychology Press, 2001.

Ridley, Matt. *The Rational Optimist*. Londres: Fourth Estate, 2010.

Rosenberg, Tina. *Join the Club: How Peer Pressure Can Transform the World*. Nova York: W.W. Norton & Company, 2011. [*Bem-Vindo ao clube: Como o poder dos grupos pode transformar o mundo*. Rio de Janeiro: Elsevier, 2012.]

Schulz, Kathryn. *Being Wrong: Adventures in the Margin of Error*. Londres: Portobello, 2010. [*Por que erramos? O lado positivo de assumir erros*. São Paulo: Larousse do Brasil, 2011.]

Shirky, Clay. *Here Comes Everybody: How Change Happens When People Come Together*. Londres: Allen Lane, 2008. [*Lá vem o mundo todo: O poder de organizar sem organizações*. Rio de Janeiro: Zahar, 2012.]

Silard, Anthony. *The Connection: Link Your Deepest Passion, Purpose and Actions to Make a Difference in the World*. Nova York: Atria Books/Beyond Words, 2012.

Steel, Dr. Piers. *The Procrastination Equation: How to Stop Putting Things Off and Start Getting Things Done*. Harlow: Pearson Education, 2011. [*A equação de deixar para depois*. Rio de Janeiro: Best Seller, 2012.]

Surowiecki, James. *The Wisdom of Crowds*. Nova York: Anchor, 2004. [*A sabedoria das multidões*. Rio de Janeiro: Record, 2006.]

Thaler, Richard H.; Sunstein, Carl R. *Nudge: Improving Decisions about Health, Wealth and Happiness*. Londres: Penguin, 2008. [*Nudge: O empurrão para a escolha certa — Aprimore suas decisões sobre saúde, riqueza e felicidade*. Rio de Janeiro: Elsevier, 2008.]

Watanabe, Ken. *Problem Solving 101: A Simple Book for Smart People*. Nova York: Penguin, 2009. [*Curso básico para resolver problemas e tomar decisões*. Rio de Janeiro: Sextante, 2011.]

Whybrow, Peter. *American Mania: When More Is Not Enough*. Londres: W.W. Norton & Company, 2005.

Agradecimentos

Foi difícil escrever este livro, e para isso contei com a ajuda de muitas pessoas.

Como sempre, meu agente, Patrick Walsh, foi o catalisador, com seu misto habitual de charme, inteligência e instinto comercial. Fui agraciado por uma equipe incrível de editores cuja paciência, imaginação e rigor foram uma verdadeira bênção: Jamie Joseph e Iain MacGregor da HarperCollins no Reino Unido, Gideon Weil da HarperOne em São Francisco e Craig Pyette da Random House no Canadá. Muito obrigado também aos meus revisores, Steve Dobell e Diana Stirpe, que ajudaram com os ajustes necessários.

Sou grato aos meus primeiros leitores, entre os quais Annette Kramer, Peter Spencer, Anthony Silard, Geir Berthelsen e Benjamin Myers, cujo retorno ajudou a moldar o livro. Agradeço especialmente ao meu velho amigo Thomas Bergbusch por ter passado um pente fino no manuscrito. Ele tem um talento singular para me enlouquecer e ao mesmo tempo em me forçar a aguçar o pensamento.

Tive a grande sorte de convencer Cordelia Newlin de Rojas a me ajudar. Ela é a pesquisadora perfeita: inteligente, persuasiva, meticulosa, conectada, tenaz, perspicaz, criativa e rápida para capturar o lado cômico das coisas. Também foi uma das primeiras leitoras, e nisso foi tanto precisa quanto generosa. Este livro não teria sido o mesmo sem ela.

É claro que não haveria livro nenhum sem todas as pessoas do mundo inteiro que conversaram comigo para a pesquisa. Agradeço de coração a cada um pelo tempo dedicado a compartilhar suas histórias a impressões — e por terem aguentado minhas intermináveis perguntas complementares e confirmações de fatos. Mesmo os que não foram mencionados no livro acrescentaram peças essenciais ao quebra-cabeça. Também tenho uma dívida de gratidão para com as inúmeras pessoas que me ajudaram a marcar entrevistas e visitas ao redor do mundo. Obrigado especialmente a Douglas Weston, María Teresa Latorre, Alonso Parra e Park Yong-Chui.

Além disso, eu gostaria de agradecer aos meus pais por terem me ajudado a conceber o livro. Minha mãe é uma grande conhecedora de sintaxe e gramática, e é sua voz que ouço sempre que meus dedos tocam o teclado. Como sempre, porém, meu mais profundo agradecimento vai para Miranda France, *la fille qui m'accompagne*.

Índice

acupuntura 11-2, 25, 315

AdmittingFailure.com 60-1, 313

Afeganistão 53, 128

África 128, 130-2, 162, 234-7

AIDS 38, 289

ajuda única 236-7

Alcoólicos Anônimos 63, 258

Alemanha 103, 178, 307

Alice no País das Maravilhas (Carroll) 67

Almodóvar, Pedro 248

Amabile, Professora Teresa 77

Amazon 117, 307

ambiente de trabalho 40, 49, 63, 65, 77, 232, 233, 254

American Mania (Whybrow) 21

amparo/caridade 60-1, 63, 128, 130, 131, 234-7, 279, 298

Anderson, Poul 287

Andretti, Michael 142

antibióticos 52, 137-8

Apollo 24, 25

Apotheker, Leo 40

Apple 16, 36, 58, 75, 129-30, 140, 146, 162, 173, 195, 196, 197-8, 209-10, 218, 296-8, 307

Aprendiz, O 49, 216

Aristóteles 15, 141

artistas: recompensa financeira e criatividade 119-20

asma 116

Associação Americana de Faculdades Médicas 170

Astudillo, Eduardo 291

atalhos 11-4, 28, 30, 31, 117, 123, 188

audições 132-3, 134, 149

Austrália 50-1, 241-3

autoajuda 35, 42, 206-44

aviação 45-66, 137, 145

Azambourg, François 166-7, 168, 299

Backbone Entertainment 196

Bacon, Francis 154

Baines Simmons 52

Banco Mundial 235, 277, 284

barbeiro 288-9, 290, 291, 292-3

Barker, Kirk 242, 243

Barker, Peta 242-3

Bartnik, Eddie 241-2

Barton, Dominic 40

basquete 38-9, 90, 134-5

Bastøy, Noruega 104, 107

Beethoven, Ludwig van 51

Being Wrong (Schulz) 51

Bell, Alexander Graham 154

Benayoun, Julien 168, 211

Bent, Mark 130-1, 132, 189

Berry, Wendell 221

336 SOLUÇÃO GRADUAL

Berthelsen, Geir 68-9, 70, 130, 147, 188, 309, 313
Bertrand, Marianne 61, 89
Bezos, Jeff 116-7, 120, 307
Bíblia 33
Bill and Melinda Gates Foundation 21
Blair, Tony 50
Blink (Gladwell) 143
BoGo lanternas 130-2, 189
Bogotá, Colômbia 27, 199-207, 209-15, 218-20, 276, 279, 294, 302-3, 309, 312
Bolsa Família 235-6
Boucher, Pierre 20, 21
Boyle, Robert 154
BP 26, 50, 57, 124
Brailsford, Coronel-Aviador Simon 53-4, 57, 74, 147, 208
brainstorming 36, 78, 160, 170, 181, 185-6, 192, 194, 208
Branson, Sir Richard 135, 260
Breivik, Andres Behring 107
Browne, John 26
BRT ("bus rapid transit") 200-7, 214, 302-3
Buffett, Warren 118
Burton Middle School, Porterville, Califórnia 124-7, 129, 130, 140, 146, 291
Bush, George W. 50
Button, Jason 149

cafeterias, Iluminismo e 161, 164-5
Caldera, doutor Loreto 293
Cama Celestial 14
Canadá 27, 60, 62, 193
Capela Sistina 164
Capital One 298
capitalismo 39-40, 43, 307
Carlyle, Thomas 179

Carlzon, Jan 232-3
Carnegie, Dale 265
Cass Business School 228
catalisador (liderança) 199-220; e a Apple 209; e compreensão profunda do problema 214; e debate em grupo 215-16; e métodos de liderança 215-19; necessidade de uma única figura no centro da Solução Rápida 207-19; e a TransMilenio 199-208, 209-16, 219-20
Centre for Global eHealth Innovation 274
Centro Médico do Departamento de Assuntos de Veteranos, Lexington 62
cérebro: aversão à mudança 35-6; falibilidade crônica 31-9, 49, 63, 72, 78, 150, 259, 308; tendência à confirmação 38, 39, 128; efeito Einstellung 35, 36, 39, 49, 308; preferência por soluções conhecidas 35; problema do legado 36-7, 38, 39, 63, 128, 308; tendência ao otimismo 34-5, 39; preferência por recompensas de curto prazo 33, 308; e soluções rápidas 31-9; Ilusão da Salada 37; tendência ao status quo 35-6, 38, 39, 63, 128, 308; Sistema 1 31-4, 39, 143, 144; Sistema 2 31-4, 119, 144; visão em túnel 38, 89-90, 173
Chagas, doença 288-93, 294, 309, 315
Charter Management Organisations (CMOs) 85, 86
Chernev, Alexander 37
Chile 287-93, 294, 309, 315
China 72, 128, 156, 203, 231, 260
Cho Hyun Tae 282, 283

ÍNDICE

Chore Wars 267-72, 279, 309

Chouinard, Yvon 74-4, 215

Christie, Professor Nils 106, 113

Cidade de Nova York 17-8, 115, 301

ciência: a imaginação artística na 154-5; cérebro *ver* cérebro; e colaboração 158-61, 164-70, 172-75; e falhas 51-2; e jogos 278, 284-5; e tentativa e erro 294-7; e incerteza 294-99 *ver também cada disciplina individual*

Clarke, Ken 102-3

Cleese, John 169

Clinton, Bill 49-50, 65, 291

Cohesion: The Human Element in Combat (Henderson) 258

colaboração 153-75, 290; prêmios e 162-3; entre disciplinas (colisões) 160-2; e o mundo corporativo 173; e competição 156-7; e o interesse por diferentes disciplinas 154-6; desconfiança em relação a 163; e garrafa comestível 165-6; e o ego 163, 180; e Erro Fundamental de Atribuição 162-3; e pensamento de grupo 159-60, 171; história 154-7; compartilhamento de ideias 170-1, 174; e a IDEO 169; e instituições 163, 171-2 e Le Laboratoire 164-9; e aprendizagem 171-2; e MATLAB 158, 164; e medicina 169-70, 171; e o Monty Python 169; e a NASA 173; e ganhadores do Prêmio Nobel 155, 158 e a P&G 174; e Polymath Project 170-1; e a Renascença 153, 154, 155; recompensa 163-4; e avanços científicos 158, 169; resolvendo problemas de outras pessoas 156-7;

verdadeira convergência 169; dentro de um único campo 157-8

Collins, Jim 216, 301

Comissão de Serviços Para Deficientes, Austrália Ocidental 241-2

companhias de petróleo 26, 50, 57, 58, 63, 71, 119, 120, 123-4, 140

compartilhamento de ideias 171, 174-5, 192-3

computação em nuvem 117

Concorde 127

confissão (admitir erros e pedir desculpas) 45-66; e a Apple 58; e Clinton 49-50; e a Domino's Pizza 57-8; e educação 63-4; e Engenheiros Sem Fronteiras 60-1; e a ExxonMobil 57, 62, 119, 120; e a FedEx 59; e o Japão 49; "dádiva" do incidente 57; e ações legais 50; e a medicina 51-2, 60-73; e o hábito de culpar outras pessoas 45; e relacionamentos pessoais 61; e a política 49-50; pedidos públicos de desculpas 59; e a RAF and 45-8, 51-7, 63, 64-5; utilidade 51; e ambientes de trabalho 64-5

conservadores 35

controle de trânsito 76-7, 199-208, 209-215, 219-220, 302

cooperativas 307

Coordenação de Área Local 241-3

Copérnico 154

corda *Andon* 18, 19, 25, 33, 73, 74, 188, 233, 313

Coreia do Sul 280-2

cortes de gastos 18

Costa Rica 221-32, 254

coup d'oeil 143-4, 147

criatividade 77; e imaginação artística 155, 161-2; e catalisador 214; e colaboração 157-8, 162, 165; e competição 168; e *crowdsourcing* 182, 185-6, 191, 196-8; e emoção 254; e erros 63-4, 65; e recompensa financeira 119-20; e jogos 270, 277, 278-9, 280, 282; e riscos 60-1; e a pressa 77; e a solidão 196-8; e o pensamento 78, 190-1

crime 301

crise 41, 42, 51, 163, 259, 307

crise financeira, 2008 25, 177-8, 162, 306-7

crowdsourcing 177-98, 256, 289; e a capacidade de trabalhar só 195-80; multidões, sabedoria das 179-181 e a Fiat 193; e a IBM 192; e a IDEO 194; e a InnoCentive 188-92; limites do 195-8; longitude 187; e Netflix 192-3; e a política 177-9, 182-87

culpando outras pessoas 49

curto-prazo 40, 103, 104, 107, 116, 118-21, 278, 282

da Vinci, Leonardo 154, 155

Dali, Salvador 51

Darwin, Charles 78, 153, 288

Davis, Jeff 173

Delgado, Victoria 201, 206-7

democracia 27, 41, 177-87, 208, 237, 256-7

Departamento da Educação, Washington 99

Departamento de Defesa dos Estados Unidos 277

desculpas *ver* confissão

detalhes *ver* pense pequeno

dieta 14, 16-7, 19, 37

Dinastia Sung, ceramistas 128, 130

doenças 20, 194, 288-94, 309, 315

Domingo Sangrento, massacre, Irlanda do Norte, 1972 50

Domino's Pizza 58-9

dor nas costas 11-4, 17, 25, 28, 87, 314

Doyle, Arthur Conan 77-8

Doyle, Patrick 58-9

drogas 17, 39, 86, 102, 108, 113, 139, 205, 236

Dyson, Esther 145

economia 39, 40, 43; crise financeira, 2008 235-40, 257-8; Islândia 177-8; e soluções rápidas 39-40, 43, 68, 119; e a Solução Gradual 162

Economist 188

Edison, Thomas 163

educação: e o Bolsa Família 235-7; delegação de poder na 235-40, 257-8; admitir erros na 64; e jogos 272, 274, 279-40; Islândia 182, 186; relacionando a renda dos professores ao desempenho escolar 17-8; enfatizando a paciência na resolução de problemas 308; e a prisão 115; escolas, resgatando aquelas em dificuldade 17, 27, 83-99, 115, 120, 140, 145, 209, 214, 218, 254-5, 262, 295-6, 302, 303, 309, 310; metas na 118-9; programa VERSO 238-40, 257-8 *ver também* escolas

Edwards, David 153-4, 155, 164-5, 166, 198, 209, 211, 213, 299, 309

efeito halo 37

"efeito holofote" 66

ÍNDICE

Einstein, Albert 7, 21, 52, 69, 197, 198, 278, 299, 305
Einstellung, efeito 35, 36, 39, 49, 308
Eliot, T.S. 309
Emich, Kyle 157
Endurance 217
energia renovável 284, 307, 313
Engenheiros Sem Fronteiras (ESF) 60
Erro Fundamental de Atribuição 163
erros, admissão *ver* confissão
escolas 17-8, 27, 43; admitindo erros / falhas nas 64-5; Afeganistão 128; e o Bolsa Família 235-6; relacionando a renda dos professores ao desempenho das 17-8; e Odyssey of the Mind *ver* Odyssey of the Mind; resgatando escolas em dificuldades 17-8, 27, 83-99, 116, 120-1, 140, 145, 209, 213, 218, 254, 261, 295, 303, 309, 310; e metas 17-8, 118; e acidentes de trânsito 76; e o pensamento holístico 83-99; VERSO 237-40, 257; jogos eletrônicos, ensinando através de 272, 280
escova de dentes 296-7
Espanha 27, 246-63, 269, 295-6
esportes profissionais 19, 134, 162-3
Estados Unidos 26, 34, 39, 43, 85-99, 103, 106, 113, 114, 121, 140, 145, 208, 213, 218, 254, 262, 295, 303, 306, 307, 309, 310
Estônia 36
Etiópia 131
EVOKE 284-5
evolua 221, 44; e projetos de amparo 234-5; e indústria do café 221, 7, 228-32; desvantagens 231-2; e participação de funcionários 228-

9, 232-4; e questões ambientais 230; e fábricas 233-4; exemplos históricos 227-8; e Coordenadores de Área Local na Austrália 241-4; e microcrédito 237; e o Peace First 240; e serviços públicos 241-4; e a reação a mudanças no mercado 230-2; e tecnologia 232; e o VERSO 238-40
evolução 287-303; adaptando-se a / evoluindo com um problema 294-303; doenças, evolução do problema 288-93, 294, 309, 315-6; problemas que nunca podem ser resolvidos 292-4; e tentativa e erro 297-8; incerteza / mistério, importância 298-301
Exxon Valdez 57
ExxonMobil 57-8, 59, 63, 71, 119, 120, 139

Facebook 41, 107, 175, 182, 292
Fassbender, Peter 193
Federação Nacional dos Cafeicultores da Colômbia 222-3
FedEx 59-60, 61
feedback 58-9, 146, 214-5, 217, 270, 274-7, 284, 285
Fiat 193
Finlândia 237-40, 269
Flaubert, Gustave 129, 140
Fleming, Sir Alexander 52
Foldit 283-4, 309, 312
Força Aérea Real da Tailândia 48
Ford, Henry T. 33, 65, 116, 195, 301
Fórmula 1 126, 141-3, 145-6, 149, 151, 173, 283, 290, 310
Freud, Sigmund 28, 161
Frey, Bruno 256

340 SOLUÇÃO GRADUAL

fundo de amparo 103, 114

futuro, solucionando-o gradualmente 305-7

Gandolfi, Franco 18

garrafa comestível 166-9

Gates, Bill 21, 117

Gellin, Maija 238, 240, 257

General Motors 104

Georgetown University Hospital, Washington, D.C. 232

Giobbi, Edgardo 150

Global Leadership Institute 208, 211

Goleman, Daniel 216

Golfo do México 26, 47, 57, 124

Gomez, Marta 245, 249, 251-2

Good to Great (Collins) 216

Good, Ashley 60, 313

Google 15, 155, 169, 181, 217, 226, 300

Gottman, doutor John 293

Grande Prêmio da Europa, Donington, 1993 142

Grande Prêmio de Mônaco, 2011 141-2

Grécia Antiga 227

Green Dot 86, 88, 90, 91, 92, 93, 95, 98, 99, 120, 139, 209, 261, 262, 295, 309, 310

Grupo Virgin 135, 260

Guardian 273

Gudjonsson, Gudjon Mar 182, 257

Guerra do Iraque 20, 50, 53

guerra e diplomacia 19-20, 144-5

Gulati, Ranjay 25

Gulley, Ned 159, 160

Guttmacher, Alan 173

Halden, prisão, Noruega 101-14, 115, 139, 199, 208, 213, 312

Hales-Jewett, teorema de 171, 310

Hamilton, Alexander 34

Hamilton, Lewis 141-2, 149

Hanbury, Heather 64

Harrison, John 187, 195, 285

Harvard Business School 25, 77, 119

Harvard Medical School 171, 256

Haumont, Raphaël 166, 167, 168

Hawken, Paul 84

Helsar de Zarcero 225, 226, 227, 255

Hermansen, Hans Peter 72

Hernandez, Danny 276

Hewlett-Packard 40, 225, 233

Hilton, Conrad 135

Hodgman, Peter 142, 145, 146, 147, 148, 151, 290

Hoeidal, Are 101, 102, 103, 105, 108, 109, 110, 117, 121, 148, 208, 213, 312

Holanda 156

Homebrew Computer Club, Califórnia 161, 198

How to Win Friends and Influence People (Carnegie) 266

Huizinga, Johan 269

humildade 42, 151, 215-6, 250, 259, 309, 313

Hurley, Kelly 208-9, 213, 218

IBM 192

ideaken 187

IDEO 75, 76, 90, 127, 150, 169, 188, 194, 198, 208, 241, 258, 298, 299, 311

Igreja de São Pedro, Viena 30

Iluminismo 33, 161, 165

imaginação artística: cientistas e 155

incerteza / mistério 298-9, 301, 311

indústria do café 221-32, 309

ÍNDICE

iniciativas verdes 183, 199, 203, 205, 207, 273, 307

InnoCentive 188, 190, 191-2

Instituto Nacional de Saúde Infantil e Desenvolvimento Humano dos Estados Unidos 173

Instituto Santa Fé, Novo México 301

inteligência emocional (IE) 216

intuição 31, 41, 143, 145, 147-51, 241

Invasão à Baía dos Porcos, 1961 160

ioga 13, 39, 314, 315

Islândia 27, 178-87, 208, 222, 257, 309

Ive, Jonathan 209

Jackson, Maurice 92

Jakobsdottir, Katrin 183, 184, 185, 186

Japão 18-9, 24, 49, 148, 156, 230, 233, 305-6

Jobs, Steve 129-30, 140, 162, 196, 209, 218, 278

jogar 265-85; e feedback 275; estimula o pensamento criativo 279-85; jogos 267-85; e a medicina 273-4, 283-4; pedômetro 273, 276; moldam nossa mente para a Solução Gradual 277-81; componente social 269-72; na resolução de problemas sociais 284-5; no ensino 272-3; e Toyota Prius 276-7; e indicadores eletrônicos de velocidade 275, 276

jogo do ultimato 253

John Lewis, grupo 229

Johnson, Michael 161

Johnston, Samuel 34

Jónsson, Dagur 257

Jung, Carl 245, 294

Kahneman, Daniel 41, 308

Keats, John 298

Kellogg School of Management 37

Kennedy, administração 160

Kepler, Johannes 154, 194

Kirch, doutor Darrell G 170

Kiva 237

Klein, Gary 147

Knowledge Is Power Program (KIPP) 303

Knox, Amanda 149-50

Kohane, Isaac 171-2

Kundera, Milan 77

Kütt, Andres 36-7

Kyoto, Protocolo 203

Le Laboratoire, Paris 165-9, 172, 181, 198, 209, 211-2, 299

Líbia 48

Lin, Ellen 261

Lipp, Marty 116

listas de checagem 136-8, 311

Local Motors 193

Locke High School, Los Angeles 27, 85, 115, 121, 139, 145, 213, 218, 254, 262, 295, 303, 309, 310

Locke, Alain Leroy 85

Locke, John 33

London School of Economics 119

longitude 187, 191

Los Angeles 27, 31, 85-99, 115, 121, 139, 145, 213, 218, 254, 262, 295, 303, 309, 310

Lotilan Middle School, Finlândia 239

Lucas, John 190-1, 192

M&Ms 135-6, 309

Mabinogi 281-2, 284

Magma 68-71, 72

Marinha Real 187

Mark, Poul 231

SOLUÇÃO GRADUAL

Marlow Industries 259-60

Marquez, Julia 96

Marte 179-80

Massachusetts Institute of Technology (MIT) 146, 155, 157

Mathletics 272

MathWorks 158, 273

Matisse, Henri 278

MATLAB 158, 160, 165, 273

Mbeki, Thabo 38

McDonald, Bob 174

McDonald's 277

McGonigal, Jane 276-77, 278, 280, 284, 285, 310

McKinney, Jacob 93-4

McKinsey and Company 40

McLaren 141-2, 146, 149

McNutt, Hoss 123, 124, 125, 126, 127, 129

Mea culpa 45-66, 142, 314

medicina 11-3, 15-6; e a admissão de erros 51, 2; e listas de checagem 136-8; e colaboração 170; e *crowdsourcing* 289-90; delegando poder nos hospitais 232; e jogos 273-4; e abordagem holística 89; e *Mea Culpa* 61-2; aplicações para faculdades de medicina 150; sobrestimando a especialização / subestimando erros 148-9; e soluções rápidas 11-7, 20-1; efeitos colaterais ajudam a resolver problemas 139; e metas 119; e reflexão 58-9

Medicina Tradicional Chinesa 12

medindo o progresso 118

Memorial Hospital and Health System de South Bend, Indiana 75

Mena, Francisco 209-10

Mencken, H.L. 312

mercados financeiros 15, 119, 144, 181, 195, 226, 230

Mestral, Georges de 139

metas 118-9, 121, 300

Michelangelo 164

Michigan State University 124

Micklus, Sam 23-4, 148

microcrédito 237

Microsoft 117, 296

mídia 19, 42, 50, 103, 106, 135, 140, 272, 292

Mika, Mike 196

Miller, Henry 102

Minix, Stephen 87-8, 92, 95

Mio, Fiat 193

Mockus, Antanas 209

modelo de parceria 229

Monty Python 169

Moreira, Paulo 236

Morse, Samuel 154

Movimento Devagar 307-8

Murray, Glenn 57-8, 119, 120

música clássica 132, 134, 149

Nações Unidas 131, 214, 252

Nationwide Children's Hospital, Ohio 137

negação 38, 39

Netflix 192

Never Too Late to Be Great (Butler-Bowden) 42, 116

Newton, Sir Isaac 158, 187, 197, 198, 278

Nickerson, Barry 260

Nordberg, Marcus 111, 113

Norsafe 67-74, 130, 188, 295, 309, 313

Noruega 27, 67-74, 101-13, 213, 234, 254, 309

ÍNDICE

Nova Déli 204

Napoleão 143-4, 159

negócios: admitir erros nos 49; atenção aos detalhes nos 129-30, 140; e catalisador 209-10, 218-9; e colaboração 161-4, 173-4; e *crowdsourcing* 192-8; delegando poder nos 221-33; sobrestimando a especialização / subestimando erros 148-9; solução rápida 15, 18-9, 30, 40, 41, 42, 43, 302; e a reflexão 69-78; e o pensamento a longo prazo 115-9, 120-1; tentativa e erro / evolução nos 296, 297

NASA 23, 24, 25, 28, 173, 179, 188, 189, 198

Obama, Barack / Obama, administração 41, 85, 266

objetivos 37, 107, 115-6, 117, 118, 119, 140, 168, 204, 271, 277, 284, 302, 307, 309, 312

objetos a serem mantidos na mesa 79

Odyssey of the Mind 23, 28, 78, 124-7, 148, 279, 295

Optimism Bias, The (Sharot) 34

oração 30

Organização Mundial de Saúde (OMS) 20, 249

Organização Nacional de Transplantes (ONΓ) (ONT), Espanha 247

Organização para a Cooperação e Desenvolvimento Econômico (OCDE) 280

Oriente Médio 27, 88, 149, 311

Ortega, Manuel 199-01, 203

OTAN 171

Oxfam 236-7

paciência 11-3, 15, 23, 191, 250

Page, Scott 180

Partido Conservador, Reino Unido 103

passo a passo, avanço 301-2, 310

Patagônia 73, 74, 78, 215

Patounas, Comandante de Voo Dicky 45-7, 48, 56, 65, 259, 309

Peace First 240

Pearl Harbor 305-6

Pellecchia, Joseph 62

Peñalosa, Enrique 209-16, 219-20, 254, 260, 309, 312

penicilina 52

pensamento a longo prazo 101-201; e a Amazon 117; tranquilidade da visão de longo prazo 117; críticas ao 120; e a Zona Infantil do Harlem Children 115; medindo o progresso 118-9; e a Microsoft 117; e prisões 101-15; e recompensas 118; e lucros de curto prazo 117; e a Toyota 117

pensamento de grupo 160, 161, 171, 181-2

Pensamento Gradual 73, 77, 309, 312

pensamento holístico 83-99, 290; dificuldade 89-90; e a medicina 89; e relacionamentos 89; e escolas 83-99, 115; e tecnologia 88-9

pensar pequeno 123-40, 291; e o sistema de ensino do Afeganistão 127; e amparo na África 127; e a Apple 129; e audições 132; e o basquete 134-5; e as lanternas BoGo 130-2; e a "teoria das janelas quebradas" 133, 140; e listas de checagem 136-8; diferença entre uma vitória e uma derrota 130-

2; e Flaubert 129; e o aprendizado com os erros 140; e a medicina 136-8; e Odyssey of the Mind 124-7, 129; e companhias de petróleo 123-4; revendo detalhes antes descartados como irrelevantes 132; e segurança 123-4; e ver as coisas sob uma nova luz 138-40; e os ceramistas Sung 128;e o Van Halen 135

Pérez, Ricardo 221, 223, 224, 225, 226, 227, 228, 229, 230, 231-2, 233, 254-5, 309

Perkins, Tim 78

Perry, Dave 74

Petruzzi, Marco 43, 88, 139, 262, 295, 303

Philosophical Transactions 158, 198

Picasso, Pablo 197, 278

Pio XI, Papa 238

Planck, Max 155

Platão 253

Plutarco 14

policiais 78, 87, 118, 150, 205, 274-5, 272,

política: admitindo erros na 49-50; catalisadores para mudanças na 209-16, 218-9, 254, 261-2, 309, 312; e sentimentos / emoções 256-7; e a crise financeira de 2008 25; e compartilhamento de ideias 170-1; e prisões 106; soluções rápidas na 15, 40; a reforma da democracia na Islândia 27, 177-87, 208, 222, 259, 309

Polman, Evan 157

Polymath Project 170, 310

Popovic, Zoran 284, 312

Pratt, John 114

prazos 49, 68, 77, 129, 167, 295, 300

Prêmio do Erro Brilhante 63, 279, 301

Prêmio Nobel 41, 52, 155, 158, 163, 278, 280, 284, 285

preparação 141-51; e aperfeiçoamento contínuo 148; *coup d'oeil* 144, 147-8; e a Fórmula Um 141-3, 145-7, 149; e intuição 143-4, 147-5; sobrestimando a especialização / subestimando erros 149; e a prática 145; e a resolução de problemas em alta velocidade 141-4; e "thin-slicing" 144-5, 150

Price, Lewis 83-5, 90, 94, 96-7, 99, 253, 254, 262

Price, Sandra 97

Price-Thomas, Steve 237

prisões 27, 101-15, 120-1, 139, 148, 149, 157, 208, 213, 254, 256, 309, 312

problema do legado 36, 38, 39, 63, 128, 308

problemas perpétuos 293, 315

Proctor & Gamble 173-4

programas de transferência direta de renda 235-6

Pronto para Decolar 138

Quadragesimo Anno 228

RAF 45-7, 52-7, 58, 59, 63, 65, 71, 74, 79-81, 89, 120, 127, 145, 147, 199, 208, 276

RAF Coningsby 48, 52-5, 56-7, 71, 79-81, 127, 145, 147

Rápido e devagar: duas formas de pensar (Kahneman) 41

Rational Optimist, The (Ridley) 156

reabilitação 27, 105, 106-14, 115, 309

Real Sociedade 158, 187

ÍNDICE

Reality Is Broken: Why Games Make Us Better and How They Can Change the World 277

recompensas: para equipes 228-9; para impulsionar os negócios 224, 226; foco nos indivíduos 163-4; por erros 62-3, 279-80; os jogos e 272-3; segurança 52

redes sociais 40, 42

reflita 67-81; pensadores rápidos, prestando menos atenção a 78; e IDEO 75-6; e moralidade 78; e neurologia 77-9; e Norsafe 67-73; e Patagônia a 73-4; e relacionamentos pessoais 74-5; e policiais 78; e a RAF 74, 79-80; e controle de trânsito 76-7

regeneração de comunidade 27, 227, 236-7

Reina Sofía, hospital, Córdoba 245-63

relacionamentos pessoais 21, 26, 61, 63, 74, 89, 293, 315

religião 33, 39, 197, 245-6

Rembrandt 196

Renascença 153, 154, 155, 160, 165, 173

revolução dos micromoinhos 224-32, 233, 254-5

Robles, doutor Juan Carlos 248, 250-51, 252, 253, 296, 309

Rolls-Royce 129

Roma Antiga 14

Roth, David Lee 136

Rumsfeld, Donald 20

Rutherford, Ernest 307

Sartre, Jean-Paul 157-8

SAS 232-3

Savile Row 129

Schlag, Monsenhor Martin 30

Schultz, Howard 223

Schulz, Kathryn 51

Sears 118

Segovia, Marco 287-89

Semel Institute for Neuroscience and Human Behavior, Universidade da Califórnia, Los Angeles 31

Senado dos Estados Unidos 41, 51

"senso de quadra" 143

sentir 245-63; lidando com as emoções 255-6; e a comunicação 259-60; e democracia 256-7; apoio emocional, gerando 256-8; e empatia 256; e empreendedores 255; canalizando a necessidade emocional de aceitação 259; e humildade 259; e prisioneiros 254; e reestruturação 259-60; e a escola 254-5, 258-9, 262; e doadores de órgãos espanhóis 245-53; investindo tempo na compreensão e na canalização de emoções 253; e trabalho em equipe 254; jogo do ultimato 253-4; e o VERSO 257-8; ambiente de trabalho, sentimentos e 254

sete Ps (Prior Planning and Preparation Prevents Piss-Poor Performance) 20, 145

Shackleton, Ernest 217

Shakespeare, William 11, 89

Shannon, Maggie 229

Sharot, Tali 34-5

Shaw, George Bernard 45

Silard, Tony 208-9, 211, 218

Simpson Coronel-Aviadora Stephanie 55, 79-81, 120

Singapura 224, 254

Skaala, Geir 71-2, 73, 205
Skype 36
sociologia 20, 133, 253, 269
Soh Wai Wah 115
solução rápida 11-28; e Apollo 13 25; e BP 26; e o cérebro 31-9; e os negócios 18-19, 40, 43; e o capitalismo 39-40, 43; e a cultura 22; e dieta 16-7; e drogas 17; história da 14-5; mídia 42-3; e medicina 11-4, 15-6; e dinheiro 16, 17; cultura do escritório 40; política 40-1; e escolas 17-8; indústria da autoajuda 42; e vida social 16; redes sociais 42; e os esportes 19; e a indústria da tecnologia 20-1; e guerra e diplomacia 19-20; alertas históricos contra a 33-4; o que é? 29-43
soluções conhecidas, preferência por 35
Sony 194
Sources of Power (Klein) 147
Spence, Peter 197
Spradlin, Dwayne 188, 190, 191
Starbucks 223, 224
Steinway, Henry 129
Stephan, Paula 158
Suécia 246
Suíça 241
SurePayroll 63
Suri, Jane Fulton 75-6, 90, 127, 150, 169, 258, 298, 299, 311

Taça da Excelência, prêmio 224, 226
Talmude 160
tarefas domésticas, famílias 266-7
Tasmânia 156
técnicos de futebol, o pouco tempo que passam no cargo 19

tecnologia 21, 89, 117, 156, 162, 169, 187, 232, 296
tendência à confirmação 38, 39, 128
tendência ao otimismo 34, 39
"tendência ao status quo" 35-6, 38, 39, 63, 72, 308
tentativa e erro 61, 275, 279, 297, 311
Teorema de Que a Diversidade Vence a Habilidade 180
"teoria das janelas quebradas" 133-4, 139
Teoria da Relatividade 294
terapia de compras 16, 17
testar ideias, importância 55, 70, 79, 119, 136, 151, 165, 171, 181, 216, 278, 293, 296, 297, 298, 300, 302
Thoreau, Henry David 179
Toyoda, Akio 19
Toyota 18-9, 33, 58, 65, 69, 117, 233, 275, 308
tranquilidade, e a visão de longo prazo 116-7, 214
TransMilenio 199-208, 209-15, 302, 303
transplante de órgãos 27, 245-63, 269, 295-6, 309
transporte público 27, 186, 199-208, 209-15, 218-20, 303
Tudo Sobre Minha Mãe (filme) 248
Turkana 234, 235
Twitter 41, 175, 182, 216
Typhoon, caça 45-8, 55-6, 79-80, 120, 309

UCLA 134
União Europeia 228
União Soviética 228
Union Oil 123
Universidade da Califórnia, Berkeley: competição Big Ideas 172

ÍNDICE

Universidade da Geórgia 158
Universidade de Columbia 116, 172, 181
Universidade de Cornell 66, 157, 232
Universidade de Groningen 133
Universidade de Harvard 116, 153, 165, 189
Universidade de Michigan 180
Universidade de Nova York 157, 172
Universidade de Princeton 172, 181, 197
Universidade de Stanford 83, 178
Universidade de Washington 190, 284
Universidade do Estado de Colorado 136
Universidade Johns Hopkins 78
Universidade Victoria de Wellington 114

Vale do Silício 20, 108, 184, 277
vendo as coisas sob uma luz diferente 138-40
Valdez, Juan 222-3
Van Halen 135-6, 309
Velcro 139
VERSO 236-40, 257, 269
Viagra 139
Vietnã 27, 231, 236
Vigilantes do Peso 252
visão em túnel 38, 89, 160, 173

Walker, Andre 93
Wall Street 144, 237
Wasike, Cheanati 235

Watts, Los Angeles 83-99, 115, 262
Where Good Ideas Come From (Johnson) 161
Whinot 187
Whybrow, Peter 31, 32, 33, 259
WikiCells 168, 211, 299
Wikipedia 195, 296
Wilde, Oscar 70
Williams, equipe 173
Wimbledon High School 64
Wisdom of Crowds, The (Surowiecki) 179, 181
Wolfson, Phil 209, 218
Woo, doutor 11-12, 13, 14, 15-6, 315
Wooden, John 123, 134
Woods, Tiger 42
Wordsworth, William 197
Wozniak, Steve 197, 198

YouTube 38, 90, 182

Zona Infantil do Harlem [*Harlem Children's Zone*, ou HCZ] 115

Este livro foi composto na tipologia Warnock
Pro Light, em corpo 11,5/16, e impresso em
papel off-white no Sistema Cameron da Divisão
Gráfica da Distribuidora Record.